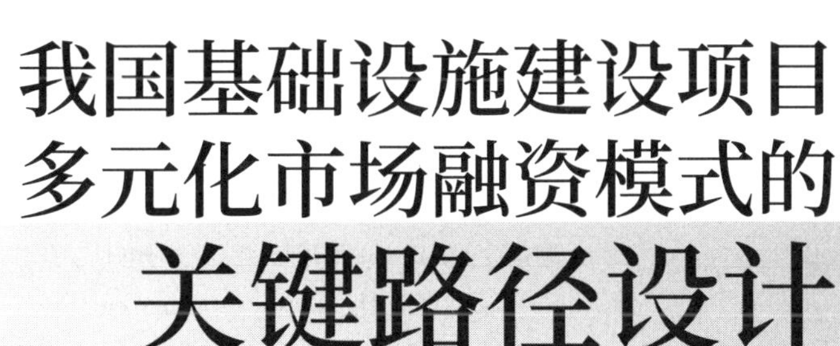

我国基础设施建设项目多元化市场融资模式的关键路径设计

马若微◎著

中国财经出版传媒集团

经济科学出版社
Economic Science Press

图书在版编目（CIP）数据

我国基础设施建设项目多元化市场融资模式的关键路径设计/马若微著．—北京：经济科学出版社，2019.12

ISBN 978-7-5218-1101-8

Ⅰ.①我… Ⅱ.①马… Ⅲ.①基础设施建设-融资模式-研究-中国 Ⅳ.①F299.24

中国版本图书馆 CIP 数据核字（2019）第 287135 号

责任编辑：孙怡虹 刘 博
责任校对：齐 杰
责任印制：李 鹏

我国基础设施建设项目多元化市场融资模式的关键路径设计
马若微 著
经济科学出版社出版、发行 新华书店经销
社址：北京市海淀区阜成路甲 28 号 邮编：100142
总编部电话：010-88191217 发行部电话：010-88191522
网址：www.esp.com.cn
电子邮件：esp@esp.com.cn
天猫网店：经济科学出版社旗舰店
网址：http://jjkxcbs.tmall.com
北京季蜂印刷有限公司印装
710×1000 16 开 12.5 印张 260000 字
2020 年 4 月第 1 版 2020 年 4 月第 1 次印刷
ISBN 978-7-5218-1101-8 定价：58.00 元
（图书出现印装问题，本社负责调换。电话：010-88191510）

前言

《关于加强城市基础设施建设的意见》(2013年)和《国家新型城镇化规划(2014—2020年)》明确提出,未来新型城镇化建设将更多采取市场化方式,要建立完善多层次、多元化的城市基础设施投融资体系。但在具体实施中,部分领域和项目出现较大投资缺口、项目融资结构不合理、融资模式不匹配等问题会直接导致资源利用率不高、融资效率低下,最后严重影响基础设施建设项目的落地率。因此研究我国基础设施项目的多元化市场融资模式,发现融资困境中的关键问题,提出解决方案和路径设计,成为迫切需要解决的问题,也是基础设施建设项目成功落地的关键环节。

根据项目区分理论,基础设施建设项目分为经营性基建项目、准经营性基建项目和公益性基建项目三类。针对三种不同基础设施项目,本书从融资主体、融资效率、融资工具、融资方式等多角度重新审视现有市场融资模式,抓住多元化市场融资分析框架建立和关键路径设计这两个技术关键点,寻求理论发展和实践应用上的突破。对于公益性项目,采用影子定价法和向量自回归方法对民间资本如何进入公益性基础设施建设进行初探;对于准经营性项目,基于博弈论、委托代理理论以及帕累托最优理论,对资本结构、股权结构和债权结构进行动态分析,探讨准经营性项目中公私双方的边界问题;对于经营性项目,运用模糊层次分析等研究方法,讨论融资模式的效率评价问题。

本书主要得到以下结论:首先,相对于国有资本,民间资本通过改善企业融资、管理、生产能力,能够显著提升公益性基础设施项目运营效率,且不同来源的民间资本的影响效果有所差异;其次,公私双方股权结构的决策过程符合帕累托最优理论,由于现实约束条件的存在,对PPP项目股权结构的研究可从最优值拓展到可行区间,并且公私双方的议价能力是重要影响因素，而投资额与项目收益的影响可近似忽略，特许经营期会对可行区间产生一定影响；最后，根据城市经营性基础设施特有经济属性所构建的融资模式效率评价指标体系与模型，可以使评价结果更加科学合理。

Preface

On Strengthening the Construction of Urban Infrastructure Opinion (2013) and the National New Urbanization Planning (2014—2020) clearly put forward: the future new urbanization will adopt more market-oriented means, to establish perfect multi-level, diversified urban infrastructure investment and financing system. But in the concrete implementation, some areas and investment projects have the problem of unreasonable structure of project financing, unmatchable financing pattern will directly lead to problems such as low resource utilization and financing efficiency. These have a serious impact on landing rate of infrastructure projects. So researching the diversity of marketable financing of infrastructure projects in China, finding the key issues in the financing dilemma and proposing solutions and path design have become the urgent problems that need to be solved. It is also a key link in the process of landing infrastructure projects successfully.

According to the project distinction theory, the construction of infrastructure projects are divided into three patterns: business project, prospective business project and public welfare project. For three different infrastructure projects, this topic re-examines the existing market financing pattern from the angle of financing subject, financing efficiency, financing tools, financing mode etc. by seizing the two technical key points: the diversified financing analysis framework and the critical path design to seek the breakthrough of theory development and practical application. For public welfare project, using shadow pricing and vector autoregression method to make a preliminary study on how private capital enter the public welfare infrastructure construction; for quasi-operational projects, providing dynamic analysis on capital structure, equity structure and debt structure, and discuss the boundary between pulic and private in quasi-operational projects based on game theory, principal-agent theory and Pareto optimality theory. for operational projects, using the research methods such as fuzzy hierarchy analysis to discuss the efficiency evaluation of the financing mode.

The main conclusions of this book are as follow: first, relative to the state-owned capital, private capital can significantly improve the operational efficiency of public infrastructure projects by improving corporate finance, management, production capacity, and different sources of private capital have different influences; second, decision-making process between public and private equity structure conforms to optimal theory of Pareto, because of the existence of realistic constraint, the study of the PPP project equity structure can expand from optimal value to feasible interval, and both public and private bargaining power are important influencing factors, and the influence of investment and project benefits can be ignored, franchise operation period will have certain influence on feasible interval; finally, according to specific economic of the urban management infrastructure, we construct the efficiency evaluation index system and model of the financing pattern which can make evaluation result more scientific and reasonable.

目录

第 1 章

导　论

1.1 研究背景

基础设施历来是国家经济增长的重要源泉，是社会发展与居民生活质量提高的物质基础，也是政府扩大内需和促进就业的重要政策措施。同时基础设施也是国民经济发展、城镇居民生活所必须的物质载体，例如，水电热气等公共资源供给设施，高速公路、轨道交通等交通设施，市政道路、医疗养老等公益性设施，这些基础设施在现代社会中发挥着不可替代的作用。有效的基础设施建设还能起到提升管理效率、降低经济活动成本的作用。因此，完善的基础设施对于一国经济和社会发展都具有极为重要的意义，对国民生活水平的提高与经济发展的推动作用就更为明显。

完善有效的基础设施建设需要大量的资金投入，融资作为基础设施建设的首要环节，其重要作用毋庸置疑。但是，现阶段我国基础设施建设资金的结构失衡，其筹措已进入“瓶颈”状态。主要体现在：一方面，资金供求缺口较大。资金需求方面，根据《国民经济和社会发展第十三个五年规划纲要（2016—2020年）》目标设计，2020 年我国城镇化率保守估计将达到 60%，其直接带动的基础设施投资累计将达到 95 万亿元。而 2018 年全国一般公共预算收入是 18.33 万亿元，[①] 不难看出，如果单纯依靠财政资金是无法满足我国基础设施投资的快速增长需要。另一方面，依靠贷款以及非贷款融资渠道获得资金难度加大。面对城镇化水平加速所带来的额外基建开支，在依靠自身财力已经难以支撑庞大资金需求的基础上，地方政府不得不通过举债应对。但是随着《关于加强地方政府性债务管理的意见》（2014 年）、《关于进一步规范地方政府举债融资行为的通知》（2017 年）、《关于坚决制止地方以政府购买服务名义违法违规融资的通知》（2017 年）等一

① 2018 年国民经济和社会发展统计公报，www.stats.gov.cn。

系列文件出台，可以看出，地方政府设立平台公司通过银行贷款以及非贷款融资渠道获得资金的难度也在加大。因此，进行基础设施项目融资模式的市场化改革成为优化供求结构的关键所在。

近几年来，我国政府为有效推进基础设施建设，加快市场化融资进程，在借鉴国际理论成果和实践经验的基础上，出台了一系列政策措施，旨在鼓励和引导民间资本进入基础设施建设领域。2013 年中共十八届三中全会通过的《中共中央关于全面深化改革若干重大问题的决定》中指出"允许社会资本通过特许经营等方式参与城市基础设施投资和运营"；2014 年中共中央、国务院印发的《国家新型城镇化规划（2014—2020 年）》明确指出：未来新型城镇化建设将更多采取市场化方式，要建立完善多层次、多元化的城市基础设施投融资体系；2014 年 10 月，李克强总理主持召开国务院常务会议，要求积极推广公私合营模式（public-private-partnership，PPP）；之后财政部及国家发展和改革委员会也分别印发了《关于印发政府和社会资本合作模式操作指南（试行）的通知》《国家发展改革委关于开展政府和社会资本合作的指导意见》《政府和社会资本合作项目通用合同指南》等一系列政策意见，鼓励和引导社会投资进入基础设施建设领域。

但是，在新型城镇化建设市场化融资的具体推进过程中，也遇到了一些现实困境，这些问题直接导致基础设施建设项目落地率低，建成后不能充分发挥其经济作用，制约了社会资源的高效利用。

第一，民间资本如何进入公益性基础设施的问题亟待解决。鉴于公益性基础设施的特定属性，不能依靠自身经营产生相应收入，必须依靠政府补贴，而目前我国仅仅依靠政府财力并不能有效支撑对于公益性基础设施的庞大需求。如果以国有资本为主要资金来源，其低下的运营效率不仅不能满足日益扩大的公益性基础设施发展规模的要求，还会造成公益性基础设施空有其表，重数量轻质量的畸形发展趋势。而由于民间资本自身的逐利性和利润最大化的目标导向，目前公益性基础设施对民间资本吸引力不足。因此如何拓宽融资渠道，促进公益性基建与民间资本的深度融合是急需解决的问题。

第二，在准经营性基础设施建设中，资本结构失衡和利益分配不公也是导致项目融资陷入困境的重要原因。就目前我国政府积极鼓励采用的政府和社会资本合作（public-private-partnership，PPP）模式为例，截至 2018 年底，我国 PPP 项目累计成交数量虽然达到 8 654 个，项目规模也超过 13. 2 万亿元，但项目整体落地率仍然只有 54. 2%。[①] 通过对已有的 PPP 项目合同进行分析，我们发现，首

① 全国 PPP 综合信息平台项目管理库 2018 年报，www. chinappp. cn。

先，项目各参与者之间能否达成公平有效的风险分担与利益分配机制是项目成功的关键，而这需要以合理的资本结构为前提；其次，由于PPP模式的实质是一种股权杠杆，合理的项目融资结构才能实现项目参与各方满意的利益分配和合理的风险责任分担，因此，一个合理的PPP项目股权结构对项目的成败也有着至关重要的影响。最后，在现实中，PPP项目公司的债务结构往往存在不均衡、不协调的情况，很可能导致债务融资方式的选择无法正向推进PPP项目成功完成。

第三，缺少为经营性基础设施项目选择最为匹配的市场融资模式。我国经营性基础设施建设已经有较长时间的市场化融资实践，但是我们较少关注融资模式与项目的匹配设计，也缺乏融资效率的量化评价模型，这可能会增加公司运营成本，导致融资效率低下，融资成本攀升，公司整体利益下滑甚至亏损，从而影响基础设施建设。

因此，如何实现各类基础设施建设项目的市场化融资，民间资本通过何种渠道进入公益性项目，准经营性项目公私合作的最优边界与风险收益分担机制如何确定，如何对经营性项目中各类市场融资模式进行效率评价与路径选择，成为进一步需要解决的实质性关键问题。本书将在这些方面集中呈现问题，寻求解决问题的手段，从多角度重新审视现有市场融资模式，抓住多元化市场融资分析框架建立和关键路径设计这两个技术关键点，寻求理论发展和实践应用上的突破。

1.2 研究价值与意义

按照“政府主导、社会参与、市场运作”的方针，建立多元化多渠道投资保障体系，保障资金供给能力是解决我国基础设施建设（以下简称“基建”）资金的“瓶颈”状态的途径。建立多元化多渠道投融资体系就要求按照项目区分理论将项目区分为公益性、准经营性与经营性三类，根据项目属性决定项目投资主体、运作模式、资金渠道及权益归属等。从融资过程和融资模式概念看，融资模式应该包括融资主体、融资渠道和融资工具三个基本要素。对基础设施融资模式的研究就是研究三类基础设施项目的融资主体、融资渠道和融资方法，而基础设施多元融资架构是指以多元融资主体、多元融资渠道以及多元融资工具为主线而建立的三类基础设施的融资框架。因此，本书的研究意义将分别以公益性、准经营性和经营性基础设施项目展开论述。

1. 对公益性基建项目的研究意义

首先，在公益性基础设施中引入民间资本，能够有效改善民营经济疲软的不良局面，同时迫使公益性基建企业主动实施改革，从民间资本中寻求改革的动力与相应的资源。公益性基础设施中引入民间资本是化解项目资金供求与国家财力之间冲突的有效手段，有利于解决公益性基建设施资金短缺问题；其次，在基建领域改革中纳入民间资本，能够彻底改变现有的公益性基建领域的垄断格局，在多行业形成开放的市场机制，提高公益性基础设施的运营效率和服务水平。最后，民间资本的引入可以改变长期以来形成的将大量的国有资本滞存在众多公益基础设施企业中所造成资金利用率低下的僵化局面，通过有限制的放开公益性基础设施产权的做法，将产权资本化，实现公益性基础设施产权明晰，激发民间资本内在活力，在追逐自身利益最大化的过程中实现公益性基础设施运作的高效率。

2. 对准经营性基建项目的研究意义

首先，确定公私双方的边界问题可以有效提高项目的运营效率，对私人部门形成激励。由于公私双方在共同完成基础设施项目建设时，会分别从自身的角度出发，一是以自身效用最大化为目标来进行项目协议的谈判和协商。双方的边界问题需公平合理，不仅要达到吸引私人部门参与到基建项目中的目的，同时也需要项目能够高质高效地完成，此时公私双方的边界问题成为重要问题；其次，对于准经营性基建项目来说，一个合理的资本结构不仅能保障基础设施项目顺利高效地建设运行，还有助于实现资源的有效配置，提高资金的利用效率，让资金在最适合的位置上发挥最大的效用，还可充分实现整个项目价值最大化，更能保证各投资者的利益。最后，对于准经营性基建项目融资的债权资金，一个合理的债务布置结构可以更好地促进项目成功，并通过加快债务融资效率，更好地保证项目的顺利实施。

3. 对经营性基建项目的研究意义

通过对经营性基建项目融资效率评价指标体系的构建，对经营性基础设施的融资模式做效率评价，可以为具体项目选择匹配的融资模式提供科学依据，短期来看提高资源的配置效率，使民间资本的收益最大化，以此实现高效的资源利用。长期来看可以促进基础设施建设与经济发展。根据科学的融资模式效率评价，为城市经营性基础设施选择最优融资方案，不仅可以极大地加快城市基础设施的建设进度，而且为经济的腾飞提供源源不绝的动力。

1.3 研究思路与结构安排

本书的具体研究思路如下：按照项目区分理论将基础设施划分为公益性基

建、准经营性基建和经营性基建，并分别对其国内外已有的研究进行回顾和述评，指出现有研究的不足和本书主要研究方向。首先，通过采用影子定价法和向量自回归方法对民间资本进入公益性基础设施建设进行引入渠道的探讨；其次，基于博弈论、委托代理理论以及帕累托最优理论，对股权结构、资本结构和债权结构进行研究，探讨准经营性项目中公私双方的边界问题；最后，运用模糊层次分析等研究方法，对经营性基础设施的融资模式效率评价进行深入研究。本书的研究思路如图 1.1 所示。

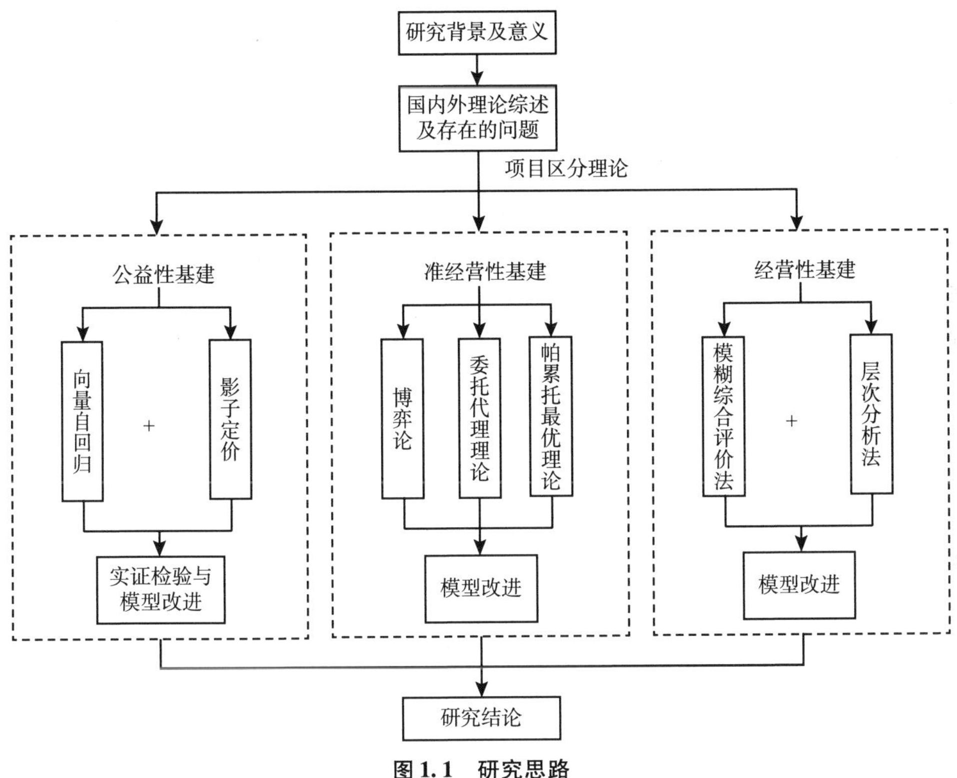

图 1.1　研究思路

本书的技术路线如图 1.2 所示。

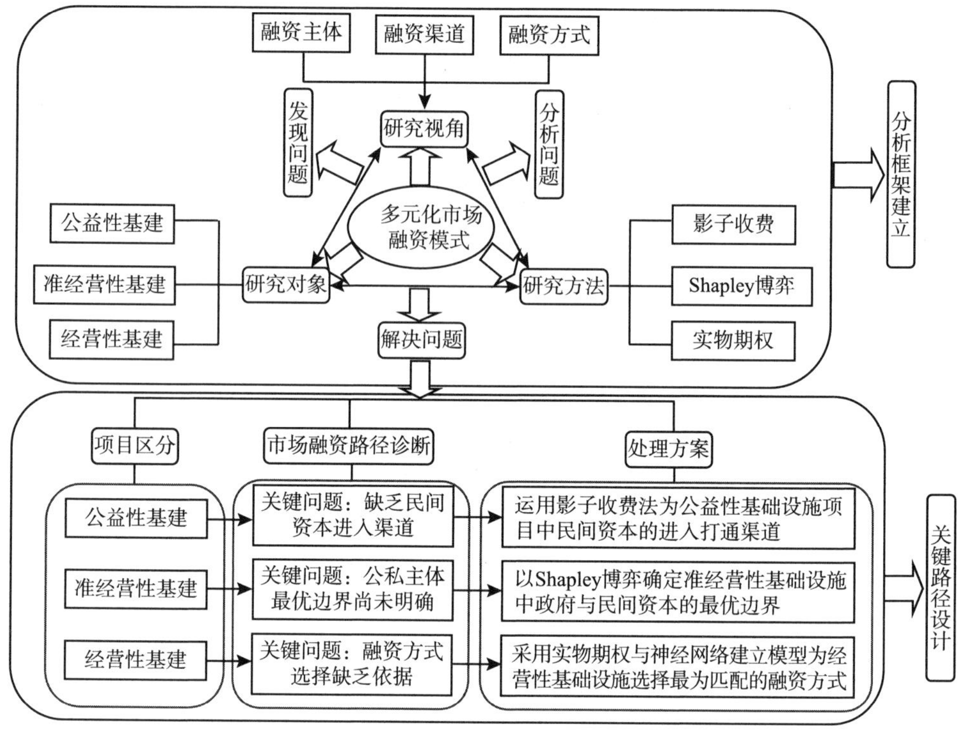

图 1.2　技术路线图

1.4　研究方法

本书对基础设施建设市场化融资模式的研究方法具体包括以下几种。

第一，规范分析法。本书在 PPP 项目公司债务布置结构的研究过程中，通过规范分析法，对国内外有关基础设施融资模式以及融资结构等方面的相关文献进行整理，为后续债务布置结构模型提供理论基础。

第二，定性与定量研究结合法。本书采用定性分析的方法，对基建项目融资模式、PPP 模式融资流程及利益相关者分析以及基建项目市场化融资的关键问题阐述等内容进行了理论分析。在定量研究方面，本书以影子定价模型对公益性项目政府补贴进行量化研究，通过权衡理论研究了准经营性项目的最优资本结构，基于委托代理理论和帕累托最优对准经营性 PPP 项目股权结构进行模型推导和定量研究。

第三，采用数值模拟法。本书在 PPP 项目股权结构以及 PPP 项目公司最优债务布置结构的研究过程中，通过经验数据的补充以及数学工具的应用，对模型变量进行一系列量化处理，在此基础上加以推导、演算和分析，对所构建的模型的适用性进行优化和分析。

第四，采用演绎与归纳相结合的分析方法。本书的研究将在总结和归纳相关理论及国内外相关领域采用项目融资实践经验的基础上，运用模糊层次分析法（fuzzy analytic hierarchy process，FAHP）建立经营性基础设施融资模式效率评价模型，对我国城市经营性基础设施项目融资模式的优选提出解决办法。在对经营性基础设施项目的概念进行界定时，通过对其项目特征的分析，如融资需求不确定、时间价值变化等，采用归纳法给出经营性基础设施项目的概念。

第2章

文献综述

最初关于基础设施项目融资模式的研究起源于17世纪的英国，英国允许私人资本建造灯塔，这也是“建设—经营—移交”（build-operate-transfer，BOT）融资模式的最早雏形。18世纪中期，欧洲政府允许私人资本参与运河、铁路、公路建设。19世纪这种融资模式被推广到基础设施建设的其他项目。1999年英国工党执政，创新性地提出公私合营（PPP），即政府和私营资本采取特许权协议方式建立公司合营关系，从而引入私营资本融资。现在典型的基础设施项目融资模式有四种：BOT模式、“移交—经营—移交”（transfer-operate-transfer，TOT）模式、“资产证券化”（asset backed securitization，ABS）模式、PPP模式。中国基础设施融资体制的变迁经历了单一的财政融资到改革开放以后旨在强化投资主体的风险和效益意识的债务融资。20世纪80年代中后期，以市场为基础的多元化融资模式引入，首先实行BOT模式。在中共十六届三中全会后，《中共中央关于完善社会主义市场经济体制若干问题的决定》正式通过，决定中明确指出修改限制非公有制经济发展的相关政策，放宽市场准入的政策，允许非公有资本进入到基础设施等行业，为私营部门进入基础设施建设创造了机会，PPP模式在基础设施项目融资中出现并推广。①

2.1 基建项目融资模式研究

西方国家在理论研究与实务应用方面都处于领先地位，其研究方式经历了由案例分析到一般理论研究的过程。

起初的研究大多以案例分析的方式进行。斯科特与蕾妮（Scott & Renee，1998）等选取美国达拉斯、波特兰、匹兹堡、亚特兰大等七个城市作为研究对象，分析了各个城市的公共产品供给量与公私合营模式的相关关系。该研究发现

① 中华人民共和国中央人民政府网。

在政府难以持续为公共基础设施提供建设资金的情况下，私人部门以公私合作方式进入基础设施建设领域可以显著改善基础设施服务供给量；并且各个城市的基础设施供给量和服务水平与私人部门进入基础设施领域的时间呈正向关系[1]。

乔纳森·P. 多与拉维·拉马穆里特（Jonathan P. Doh & Ravi Ramamurit, 2003）分析了失败了的公私合营项目，其研究结论认为项目之所以失败，绝大部分原因是政府方面定位错误。在公私合营项目进程中，政府方面应该营造较为完善的法律规则、控制项目失败的政治风险、以项目产品消费方的角色接受产品价格，而非过多的与私人投资方争夺项目收益或者运用行政手段过多控制私人投资方[2]。

迈克·古德利夫（Mike Goodliffe, 2007）以英国航空业为研究对象，其认为航空运输业具有一定外部效应且能带动相关产业的发展，在政府对航空服务进行价格限制的情况下，政府方面以公私合营方式进入航空运输业，可以促使航空业在提供产品（或者服务）数量和价格两方面满足私人企业和社会大众的利益[3]。

阿隆索康德、克莉丝汀与苏亚雷斯（Alonso Conde, Christine & Rojo Suarez, 2007）从有效激励的角度分析了公私合营项目，其认为政府方面必须能够使私人投资方获取其可以接受的最低投资回报率来确保对私人投资者的有效激励，只有这样才可以吸引民间资本进入公私合营项目，而政府方面可以通过保证、特许经营等方式实现有效激励[4]。

布鲁克与瓦卢（Brook & Vailu, 1999）等认为如果只有公共部门参与的项目不具有透明性，容易产生贪污腐败；而公私合营模式中各参与方基于互利共赢形成合作关系，能够促使合营项目运营、管理以及政府监管具备较高的透明度，最大限度地降低腐败产生的可能性，提高项目运行效率，使项目整体获取更大的经济收益[5]。

库马拉斯瓦米与张（Kumaraswamy & Zhang, 2001）从社会管理者的角度，探讨了政府在公私合营项目中的责任和角色定位问题，其认为政府的首要工作是在私人投资和社会公众间寻找一个利益平衡点。首先，政府需要创造良好的政策和经济环境，从而使得私人投资可以获得应有的投资收益；其次，政府必须保证公共产品（或者服务）供给的数量和质量。基于上述目标，政府需要分析评估公共产品的属性，以确定该公共产品能否适用公私合营模式，同时政府需要明确整个公私合营项目政策和措施，以确保公私双方能实现互利共赢[6]。

最初学者对于基建项目市场融资模式的研究，主要集中在 BOT 模式、“建设—移交”（build-transfer, BT）模式等。陆维（2012）认为 BOT 融资模式由于投资额巨大、投资回收期长，但在建成后具有稳定收益，而且行业竞争性不强，因此适用于例如石油、天然气、发电厂，通讯系统等行业的投资[7]。李竞（2012）、葛培健与张燎（2009）创新地提出了“BT融资代建制”。通过该创新型模式，可以将项目承包商们绑定为利益共同体，实现项目的共同建设与管理，有效地改善了BT模式在实际运作中的问题[8][9]。周毓林与潘光文（2012）认为BOT融资模式能保证市场机制得到有效发挥，因为其在募集社会资本时采用招投标的方式，保证了公开透明的环境，相当于引入了竞争机制，有利于控制成本和获得利润[10]。董丽、陈宇峰（2011）认为BT适用范围广，尤其针对经营性基础设施，可以在建设期内依赖社会资本，建成后由政府回购，完成移交[11]。尹贻林与杜亚灵（2010）认为BT适用范围广，尤其针对经营性基础设施，可以在建设期内依赖社会资本，建成后由政府回购，完成移交，是比BOT模式更加适用于基础上是融资的市场化模式[12]；陈靖升（2017）对BT融资模式下的水路交通项目的风险进行分析和评价，构建水路交通BT项目评价体系，提出了风险应对相关措施，为下一步运作BT模式下水路交通项目提供参考和借鉴[13]。其中重点关于公益性基础设施融资模式的创新性研究，目前文献主要参考通行的几类融资模式，将之应用于公益性基础设施民资引入的模式设计当中，并加以评价。国外研究方面，陈克与多洛伊（Chen & Doloi，2008）主要考虑民间信贷渠道，通过分析民间资本投资策略在利益上的最大化目标而建立一个博弈模型，并且用博弈论方法研究通过信贷渠道引入民间资本的可行性以及最优信贷规模[14]。阿博杰特（Abhijit，2013）建立了一个以BOT模式为基础的绩效影响因素体系，并集合公益性基础设施生产周期，揭示了各绩效影响因素之间的相关关系和相互作用路径，以此确定民间资本的最佳引入时机[15]。贾马尔、奥维达与科拉瑞耶姆（Jamal，Awida & Kollarayam，2007）根据对公路项目回购总价款的解构以及影响因素分析，对BT模式的风险进行了分解并对其风险分担进行了案例研究[16]。M. C. 贝克尔与H. 斯特恩（M. C. Bekker & H. Steyn，2009）分析了在免费公路交通PPP项目中，政府单独承担八项关键风险因素以及与私营部门共担的九项关键风险对内部收益率的影响机理，在此基础上，根据风险溢价确定对于民间资本的利润补贴[17]。闪静（2018）针对PPP融资模式概述以及其在轨道交通建设中的应用优势进行了探究与分析，并提出了PPP融资模式在轨道交通建设中的应用策略[18]。

之后学者研究了一种新型的市场化融资模式，即PPP模式。柯永建、王守清与陈炳泉（2008）等对国内外公私合营项目的风险进行了详细的梳理，并划分政治风险、运营风险、法律风险、市场收益风险等八大类；总结了风险分配对项目总体价值的影响，分析了风险分配的时点和要点，并总结了不同的风险分配原则及其会产生的影响[19]。杜亚灵与尹贻林（2010）等认为公私合营项目是政府为了满足社会公众的日常生活需求而发起设立的，其首要目标是公共利益，所以项目的治理目标不可以像出于商业利益的公司治理一样局限于一方的利益，而应该考虑项目众多利益相关者的利益，实现利益相关者的协调，只有这样才可以实现项目的价值[20]。叶晓甦与徐春梅（2013）在分析国内外关于公私合营模式内涵研究的基础之上，认为公私合营模式的确切内涵为：公共部门和私人部门为提供公共产品或服务、实现特定公共项目的公共效益而建立的项目全生命期关系性契约的合作伙伴、融资、建设和经营管理模式[21]。李晓东（2010）认为公私合营的本质是公共部门和私营部门优势互补，公共部门与私营部门都参与基础设施建设过程，进而实现帕累托最优的过程[22]。李启明（2010）认为公私合营项目的主要参与方有政府、私营企业和社会公众，虽然这三方在公私合营项目中的目标差别较大，但其目标也并非完全独立或者相斥的，而是一种相互交织的关系。所以政府方面在公私合营项目中应该定位于促进、主导和管理职能，同时又是项目参与方之一，政府方面明确的定位有利于公私合营项目建设和运行[23]。王颖林（2017）提出政府为了保证公众的利益也会对投资者提出一些限制条件，从而来避免投资方的投机行为，此时政府的定位起到监督作用，进一步提高公私合营项目的运营效率[24]。马丁·哈兰、迈克尔·麦考德与诺曼·哈奇等（Martin Haran，Michael McCord & Norman Hutchison et al.，2013）分析论证了PPP融资模式的内涵与延伸，以及与其他市场化融资模式相比，对于基础设施融资的可行性与优越性，并提出了在未来运用PPP模式融资的具体意见[25]。卢克·E. 勒鲁斯（Luc E. Leruth，2012）对PPP融资模式分别进行了风险、政府收益及投资者收益的讨论，结论是对于经营性基础设施项目来说PPP融资模式不失为一种可行的选择[26]。M. C. 贝克尔与H. 斯特恩（2009）分析了在城市轨道交通PPP项目融资中，政府单独承担的五项关键风险因素以及与私人部门共担的七项关键风险对项目预期内部收益率的影响，在此基础上研究了政府与私人部门分担风险的界限与方式[27]。李晓明（2018）对PPP项目进行风险识别、风险分配、风险防范与控制的研究，总结了风险分担原则、风险成本原则[28]。塔玛·费兰科与马克·法根（Tamar Frankel & Mark Fagan，2009）针对目前在国内开展ABS存在制度性障碍的情况下，提出以“基础设施收费模式”+“离岸模式”作为发展中国家开展ABS的有效路径[29]。

2.2 基建项目融资渠道研究

前人对于基建项目融资渠道的研究主要是从股权融资、债权融资和内部资本结构三方面来进行研究，对于每一方面又从各个角度展开相关融资研究。

2.2.1 股权融资

对于基建项目股权融资渠道，主要经历由控制权的研究到利益相关者股权占比研究、再到股权主体的研究。

1. 控制权的归属

针对股权结构的研究，国内外学者早期主要集中于所有权理论以及控制权理论，并涉及剩余控制权的研究。哈特与莫尔（Hart & Moore，1990）等学者以不完全契约理论的视角研究了私人生产过程中各部门间的配置权问题，他们认为合作生产中最重要的博弈方应该获得绝对控制权[30,31]。在前人研究的基础上，哈特、施莱弗与维什尼（Hart，Shleifer & Vishny，1997）将公共部门引入模型（HSV 模型）中，并且指出在不考虑产出品性质的情况下与不同对象合作会影响权力的配置[32]。班纳特与艾奥莎（Bennett & Iossa，2006）综合考虑了配置权的选择和多重任务的组织结构。当建造对运营有正外部性时，在私人所有权下将建造和运营捆绑起来的“套牢”问题最小；而当建造对运营有负外部性时，在公共所有权下分别寻找建造和运营商则应为首选[33]。张喆，贾明与万迪昉（2009）考虑企业自利性投入，将控制权全部赋予对项目评价高的一方不是最佳的控制权分配方案；当企业对项目的评价较高时，最佳的控制权配置应该是给予非营利组织一定的控制权从而抑制企业的自利性投入而降低负外部性影响，而向非营利性组织转移控制权的比例则取决于企业自利性投入的负外部性程度[34]。张捷（2010）从 PPP 的契约本质出发，运用契约理论、公共产品理论、规制俘获理论等，借鉴国外 PPP 的研究评价模式，从 PPP 的控制权、偿付机制、剩余价值、政府行为等多方面深入探讨基于 PPP 的特点和运作机制的组织模式的选择[35]。易朋成（2011）研究了影响控制权的因素并对其内在关联进行研究，基于控制权的理论深入研究 PPP 项目合作效率[36]。叶秀贤（2011）对最优剩余控制权进行分析，发现其配置受到初始契约中规定的收益分配方案、合作双方的技术因素以及双方对合作最终预期收益的乐观程度三个方面的影响[37]。胡振（2012）发现“物有所值评价”（value for money，VFM）效果与项目公司拥有的控制权呈二次曲线关系，该种关系决定了控制权的最佳配置[38]。卢言红（2013）除考虑自利性投入外，还考虑了政府的公益性投入，对政府的控制权比例进行研究，发现影响公私部门之间的剩余控制权的配置问题是影响 PPP 项目双方合作效率的关键[39]。李晓光（2018）从运营管理、收益分配、产品（服务）定价、再谈判和特许经营期控制权五个方面设计量表，以参与 PPP 项目的大型建筑企业、咨询和金融机构为数据来源，分别以信任为前因和中介变量，运用结构方程模型方法实证揭示了契约治理对 PPP 项目公司控制权的作用机制[40]。

2. 利益相关者的股权占比

在前人对公私合营项目有关研究的基础上，后续的研究主要着重于项目中各利益相关者的股权比例问题，而不再仅仅关注于控制权的归属。对于该部分研究，国内外学者主要从项目的收益分配以及项目的风险分担两个角度进行研究。

在项目的收益分配方面，耶与托因（Ye & Tiong，2003）通过对 PPP 项目中不同平均现值的计算的方式分析该项目所带来的预期收益以及相关的收益结构，同时结合方差以及“净现值”（net present value，NPV）风险共同进行探讨分析[41]；客什与刘（Cache & Liu，2006）通过构建具体的模型针对 PPP 项目进行分析，相关研究的基础建立在政府所提供的保障之上[42]；斯潘·马克卜·贝格派普（Span Markup Bagpipe，2012）借助蒙特卡罗模拟的方式对 PPP 项目参与交通领域行业的收入的上限和下限进行研究[43]。加里森与客什（Garrison & Cache，2004）根据 BOT 项目的特点，解释变量决策的原理，建立期权评估模型[44]；杨与王（Yang & Wang，2008）通过自身研究阐述在政府提供 PPP 项目最低保证收入的基础上，可以使用自动回归移动平均模型的方式，针对 PPP 项目的预期收入以及实物期权等相关表现进行模拟研究，并通过实证分析的方式进一步检验了自身的研究成果[45]；刘洪积（2010）从收益分配的角度提出了多阶段的非完全信息的动态博弈模型，求解政府和私营资本在均衡状态下的收益分配比例和最优投入水平[46]。孙慧、范志清与石烨（2011）对 PPP 模式下修建并运营一条高速公路中，私营财团在 PPP 模式下对高速公路进行收费定价和政府确定私营财团持股比例问题，发现私营财团在追求自身收益最大化的目标下，自主制定高速公路收费价格，PPP 模式高速公路收费价格与 BOT 模式的收费价格相同[47]。高颖（2014）通过比较意外事件发生前后私人部门的收益以及消费者剩余，求解出最优收费价格以及对应的每年需求量，同时考虑当政府延长运营期后，对私人部门的收益以及消费者剩余的变动进行分析。研究发现，并不是在所有需求量下降的情形下政府都需要通过调节运营期来进行补偿，而是在政府应当补偿的情形下，运营期延长机制在一定条件下才能够实现私人部门收益和消费者剩余的帕累托改进，并且有效的运营期延长范围与政府和私人部门的运营成本以及各自的重新谈判成本有关[48]。刘广平（2014）通过博弈模型从项目收益的角度，通过比较 PPP 高速公路项目交通量饱和期和特许经营期两个时点大小，分别对政府机构以及私人部门构建了公私合作双方投资比例的决策模型，研究发现项目的价格越高，项目公司收回投入成本并且获得收益的速度越快，而政府投资者随着建设成本和建设期的增加，其投资比例也相应增加[49]。宋波与徐飞（2011）发现由于政府价格规制区间会导致公私部门之间定价权配置的差异，从而影响 PPP 项目的定价[50]。杭卓珺（2014）通过比较 BOT、PPP、“民间主动融资”（private finance initiative，PFI）等融资方式，对我国铁路投融资模式进行了研究，从利益相关方的收益分配角度，分析了铁路 PPP 项目融资的资金结构[51]。夏尔（Scharle，2002）认为 PPP 模式是一种利益相关者之间的社会博弈，并建立博弈模型研究公私双方合作规则和回报机制，他指出公共部门从社会福利出发追求长期收益，私人公司则通过评估风险和回报进行决策，应建立合理的股权结构使项目利益共享[52]。钟云、丰景春、薛松等（2015）运用结构方程考察了外部环境、利益均衡分配、信任水平和惯性因素四个动力因子与 PPP 项目股权结构关系的演化路径，得出利益均衡分配与外部环境对于推动 PPP 项目股权结构关系演化起到了较大的正效应作用，信任水平对于 PPP 项目治理能力提升有正效应，惯性约束则为负效应[53]。郭威与郑子龙（2018）从私人部门与公共部门各自的比较优势入手，构建政府与私人部门合作博弈的理论模型，并结合微观项目数据的实证分析探究影响最优股权架构的主要因素与内在逻辑，发现公私双方融资成本差异越小或者私人部门参与带来的成本节约效应越强，混合股权架构的有效选择越多，双方在协商股权架构时空间越大[54]。

从项目的风险分担角度来看，弗朗西斯卡·摩登（Francesca Medda，2007）在风险分担问题的 PPP 项目中，公共和私人各方之间建立了博弈模型。该模型可用于分析风险分担双方的行为以及可采取的对策[55]；亓霞、柯永建与王守清（2009）通过对中国 PPP 项目失败或出现问题案例的汇总分析，从中找出导致这些项目失败或出现问题的主要风险因素，对其产生原因和内在规律进行深入分析。杨宇与穆尉鹏（2008）提出了在 PPP 项目融资风险分担过程中应用灰色关联模型，针对 PPP 融资模式的特征，深入剖析了其融资风险因素，从项目参与方的角度建立了多层次评价指标体系，采用灰色关联模型分析和评价各项目参与方对项目待分配风险的承担能力以及控制能力，进而选出对待风险分配最优控制力的参与方作为风险的管理者和承担者。韩红云（2008）、李文佩（2011）从高速公路的风险角度出发，通过对项目投资风险进行评价，并分别对在特许经营期以及项目整体发生风险的概率进行测定，发现对于特许经营的高速公路在特许经营期期间发生风险的概率较低，并认为在各级风险对策启动的条件下高速公路特许经营项目可以实施，且风险可控[58][59]。叶晓甦、吴书霞与单雪芹（2010）以风险分担情况和合作投资比例为利益分配的决定性因素，通过将理论出资比例与政府实际出资比例进行对比，发现公共部门承担了更多的投资和风险，而收益却并不对等；但从场馆的运营和维护保养的角度，政府则实现了最佳的公共效益[60]。何涛与赵国杰（2011）考虑政府和私人财团的风险偏好程度，构建了允许风险转移的最有合作风险分担模型，发现如果将风险从较规避方向较不规避方予以适度转移，既可确定的最优风险分担比例，又可以使项目的总风险降低，提高 PPP 的合作效率[61]。胡丽、张卫国与叶晓甦（2011）通过考虑公私双方的风险，综合考虑了投资比重、风险分配系数、合同执行度和贡献度四个关键性因素，以此建立了基于 Shapely 修正的 PPP 项目利益分配模型，以协调各方利益分配。该模型有效协调各利益相关者之间的利益冲突，从而实现各利益相关者的平衡治理，使各方利益都实现最大化，确定出最优的股权结构安排[62]。魄罗普灵、埃斯蒂克与卡波纳瑞（Propelling，Acidic & Carbonara，2013）在自身研究种果中提出通过风险管理框架的方式，对 PPP 项目所关联的成本和收益两方面的表现进行阐述[63]；陈、艾伯特与莱姆（Chan，Albert & Lam，2015）和奥耶德尔与卢库莫（Oyedele & Lukumon，2015）分别研究了影响供水 PPP 项目的关键风险因素。文章运用文献分析法，德尔菲法和面对面访谈的方式进行研究，并筛选出 16 项影响项目风险。最终根据研究，筛选出完工风险、通货膨胀和定价改变对供水项目的影响最大[64][65]。林丽（2018）基于随机合作博弈角度，结合修正的 Shapley 值构建政府部门和私人部门的随机合作博弈模型，并以北京奥运会国家体育场项目为例进行分析，得出相关结论，并提出以下建议，健全完善 PPP 项目相关法规，建立公平合理的合作机制，加快基础设施 PPP 融资模式项目试点建设[66]。

3. PPP 项目股权主体选择研究

早期国内学者对于 PPP 项目股权合作主体的研究集中于政府和私营部门两方的探讨。何守奎（2010）建立了管理效率模型，设计最优契约分析管理效率对合作投资契约的影响。通过对私人部门的努力程度和管理水平进行研究，得出在信息对称时政府愿意与管理水平较高的私人部门合作；在信息非对称时政府可在 PPP 项目前期可与私人部门合作分担风险[67]。张喆、贾明与万迪昉（2009）通过探讨中国医疗领域的 PPP 合作案例，运用不完全契约提出合作参与度影响私人部门的收益水平，合作嵌入度影响双方的投入水平，合作参与度和嵌入度的提高可以降低自利性投入，最大化各方效率[68][69]。柯永建、王守清与陈炳泉（2009）以问卷数据为基础，采用打分的形式评价政府部门对私营部门的激励措施，其中税收减免担保、对融资的协助和政府投资赞助三项得分最高，提出政府和私人部门都应合理选择激励措施[70]。陈菲与叶晓甦（2008）认为利益分配是解决公私双方冲突的核心，其通过对核心利益者的研究建立了基于投入比重、风险分摊和努力程度的理论模型，以期达成一个较为合理的利益分配方案[71][72]。叶晓甦、李丹丹与马烈等（2017）从公众感知度出发，将公众感知予以量化，研究公众感知对于公共价值的影响作用。建立了基于公众感知度的政府、社会资本、项目公司三方的收益分配模型，并将公众感知作为资源投入到下一阶段[73]。

后续国内外学者通过研究 PPP 项目股权的多方参与者，尝试找出影响 PPP 项目的因素，以合理的安排最大化各方利益。奥（Ho，2011）和萨瓦斯（Savas，2011）通过理论研究认为项目公司股东多元化更有益于项目建设，可将其分为两类专业投资者如承包商、建设商、运营商和设备供应商等；纯投资者如金融机构等[74][75]。法鲁齐与斯密斯（Faruqi & Smith，2012）和尤克本利（Ucbenli，2011）认为应该让 PPP 项目各环节的主体均参股项目公司，建设商参股有益于工程项目的如期完成，运营商参股能够对运营计划做出全面周到的安排[76][77]。许叶林、彭毅与钱奎娜（Xu，Peng & Qian，2015）通过杭州为毕业生提供公共住房的 PPP 案例和蒙特卡洛模拟说明了私人建造商参股比例对项目启动的影响至关重要[78]。左延亮与赵力立（2007）将 BOT 项目的投资者简化为纯投资者和专业公司两类，通过委托—代理建立模型，对参股方全是纯投资者和包括专业公司两种不同情形下的项目公司和股东收益进行了比较，认为由专业公司参股能最大化各方利益。在其之后的研究中采用博弈论理论证明了承包商和设备供应商参股能够大大减少在项目建设中作假的概率，使项目公司更加稳定[79][80]。白祖纲（2014）通过文献与案例研究，探讨公私合作伙伴的关系与地方公共物品供给机制，对新制度经济学理论下委托代理理论、交易成本理论、公共选择理论与公私伙伴关系进行阐述，并通过中国台湾地区高铁的案例对参与主体多元关系按照模式匹配原则进行了分析[81]。

2.2.2 债权融资

国内外现有对于债务布置结构的文献，主要集中于债务布置结构与企业价值的关系、债务布置结构对公司治理的作用、债务布置结构的影响因素、PPP 项目债券市场和 PPP 项目资产证券化五个方面。下面将分别对这五个方面进行文献梳理。

部分学者研究债务布置结构与企业价值之间的关系。比勒特、金与大卫（Billett，King & David，2007），黄莲琴与屈耀辉（2010），李建军（2014）分别以美国上市公司、我国沪深两市 A 股上市公司和我国中小板和创业板上市公司数据为样本，对债务来源结构对企业价值的影响情况进行实证研究。他们将债务分为经营负债和金融负债两类，研究结果均表明经营负债更有利于提升企业的价值和成长性，二者之间呈正相关关系，即企业拥有较大比例的经营负债时，提升公司价值和成长性的效果较为明显[82][83][84]。也有学者研究公开债务与非公开债务之间的比例对企业价值的影响。约翰逊（Johnson，1997），王璐、余丽霞与温文（2014），耿越（2016）等学者对非公开债务和企业价值的关系进行检验，结果表明非公开债务与企业价值呈负相关关系[85][86][87]。达维多夫与瓦哈玛（Davydov & Vähämaa，2013）通过实证研究，得出与上述相反的结论，即公开债务融资额越大，企业价值越低[88]。

国内外的部分学者研究债务布置结构对公司治理的作用。黄文青（2010）以A股市场为研究对象进行实证检验，考察债务布置结构对公司治理的影响情况，研究结果表明企业债券对公司治理具有显著的作用，而银行借款对公司治理不仅没有帮助，反而会增加公司的治理成本[89]。

关于债务布置结构的影响因素，国内外学者主要从融资成本、企业信用、股东控制权、信号理论等方面进行研究。在融资成本方面，皮亚内塞利与扎吉尼（Pianeselli & Zaghini，2014）通过考察债券市场上企业公开发行债券的融资成本，发现如果企业发行公开债务的融资成本较高，企业会选择以非公开债务方式融资，降低债券的融资比例[90]。在企业信用的研究方面，戴尔蒙德（Diamond，1991）和丹尼斯与米霍夫（Denis & Mihov，2003）等学者研究企业信用对债务布置结构的影响情况，通过构建模型，分析得出信用质量较差的企业往往以非公开债务为主，并且很少从银行借款；信用质量居中的企业也是以非公开债务为主，但是主要依赖于银行；信用质量较高的企业则倾向于公开债务的融资方式[91][92]。在股东控制权方面，阿尔马桑与苏亚雷斯（Almazan & Suarez，2003）、林与马拉泰斯塔（Lin & Malatesta，2013）、刘星（2015）等学者认为债务布置结构与股东所有权和控制权的集中程度密切相关[93][94][95]。通过进行理论分析和实证检验，阿尔马桑、苏亚雷斯与林等学者的研究结果表明，股东的所有权和控制权分离程度越大，银行借款的比例越高；而刘星等学者的研究结果恰恰相反，股东的所有权和控制权分离程度越大，银行借款的比例越低。从信号理论的角度看，国内外学者的主要关注点在信息披露上。约沙（Yosha，1995）通过研究发现，当企业发行公开债务需要公开披露信息的成本越高，企业越倾向于选择非公开债务融资，并且非公开债务融资避免企业因公开披露信息而使关键信息泄露[96]。

关于PPP项目债券市场研究。PPP项目需要巨额资金的投入支撑，自有资金仅占项目的20%～30%，其余资金需要项目公司采取多渠道进行融资。而银行贷款作为最为普遍的融资方式，其贷款期限受限，不能满足PPP项目建设的需求，由此可见通过发行PPP债务为PPP项目融资正是尤为重要的方式。从另一角度来讲，理财、基金、资管产品对PPP模式下债券产品也存在越来越多的需求。吴文军（2015）认为现行 PPP 模式下，融资压力由政府方转向社会资本方，地方政府存量债务大幅降低，相比之下相关企业债券发行规模稳步上涨，PPP 模式下的债券市场的发展将趋于多元化趋势[97]。姬江帆、曹渝与王志飞等（2015）认为，PPP 模式下债券市场的发展着重于两个层面的研究[98]。一是开展 PPP 模式在降低地方政府债务风险层面可以发挥多少作用；二是在基于城投债退出背景之下，PPP 模式的发展将会对债券供给产生怎样的影响，具体来说债券总量和结构将会发生何种变化。曹萍（2015）则指出 PPP 模式下，债券融资将在地方政府债务模式中占据重要地位，因而形成一个切实有效的保障机制，对多方利益的有效分配形成保障，将是我国最终成功推行 PPP 模式、鼓励民间资本进入公共服务领域的关键所在[99]。赵鹏（2016）通过问卷调查的方式了解到目前 PPP 项目的建设资金大多来源于金融机构贷款，成本较高且融资方式单一狭窄，在现存背景下对发行项目收益债券的可操作性进行研究，在一定程度上为 PPP 项目融资方式提供了新思路，对我国积极推行 PPP 项目发展存在重要借鉴意义[100]。王平（2017）认为，PPP 作为新常态下基础设施建设的关键，理应积极探寻 PPP 模式下的债券市场融资路径，充分运用债券市场低成本、长周期的特点，结合债券市场产品种类繁多的优势，做到资本市场与 PPP 模式的全方位对接，有效提高 PPP 项目落地率，充分发挥 PPP 债券市场的融资功能[101]。

在 PPP 项目资产证券化研究方面。随着金融市场日新月异的变化，寻求新型融资方式作为我国基础设施建设长期以来的关键路径选择，得到政府和社会公众的密切关注。许多国内学者基于我国的现实情况，对我国 PPP 模式资产证券化的可行性、定价方法等进行了理论层面的深入研究。苗纪江（2005）首次将 ABS 这种新型融资方式全方位、系统化地应用到基础设施领域，搭建了基础设施资产证券化融资研究体系，运用资产证券化融资理论针对上海市基础设施建设进行了具体实施方案的合理设计[102]。随后戴晓凤、伍伟与吴征（2006）依据证券化模式选择原则指出国有资产管理公司设立“特殊机构”（special purpose vehicle，SPV）的方案是目前法律框架下的最优选择。由国有资产管理公司设立 SPV 不但符合进行资产证券化的基本要求，而且与为实现证券化主体收益最大化所规定的资产规模和持续期限相匹配[103]。余宏（2006）对市政基础设施项目资产证券化的含义、交易架构和有效模式进行了系统探析，并对市政基础设施项目资产证券化发展提出了相关建议[104]。谢晓霞（2014）把“隧道股份 BOT 专项计划资产管理计划”作为范例，对发展我国公共交通项目资产证券化的核心点展开剖析，分析公共交通设施资产证券化存在的优势并揭露潜在风险，认为应当提高行业评级的专业性，充分发挥政府在引导层面的积极作用，使资产证券化的融资效益最大化[105]。何承胜（2015）在详细分析轨道交通设施中现存多种融资方式的基础上，研究发现采用资产证券化融资方式进行当前F市的轨道交通建设更为合理，最终设计出囊括建立项目资产池、组建SPV、信用增级、还本付息、财务效应分析等较为完善的整套融资方案[106]。

近年来，不少学者发现研究PPP项目资产证券化产品利差的合理定价，对于项目投资人制定投资决策、充分发挥资产证券化的融资功能来说具有重要意义。褚晓凌，褚晓凌、刘婷与陆征等（2017）以我国近年来公开发行的PPP项目资产证券化产品与基础设施资产证券化产品的数据为支撑，通过建立多元线性回归模型对影响PPP项目资产证券化产品利差定价的关键因素进行实证分析。后经实证结果验证后发现资产证券化产品的期限、信用评级、发行规模及发行年份均对利差具有显著性影响。基础资产的价格和对资产证券化产品的定价是资产证券化整体流程中的核心关键环节。而考虑到我国PPP项目资产证券化发展尚处于初级阶段，目前缺乏系统的相关定价模型[107]。李鹏（2013）在充分考虑利率波动性的前提下，选用“期权调整利差法”（option-adjusted spread，OAS）模型对交通基础设施BT项目资产证券化产品的理论价格进行探究；最终在对债券市场调查研究后，找到了按照各类债券差异实行逐层逐级风险补偿的类比定价法，进而为基础设施项目资产证券化定价研究提供了新的研究思路[108]。戴溦（2017）在对我国发展PPP项目资产证券化的必要性及可行性进行分析的基础上，结合以往学者对于基础设施收费权资产证券化定价的研究，基于“静态利差法”（static spread，SS）模型及我国基础设施现金流特点构建出了具有实用性和创新性的基础设施收费权ABS产品的定价模型，为我国PPP项目资产证券化产品定价提供了一种新思路[109]。

2.2.3 资本结构

以日益蓬勃发展的城镇化进程为背景，基础设施建设的需求量大幅提升，长期以来借助于税收、银行贷款等资金融通方式所获资金量无法与所需资金量相匹配，政府当局在背负巨大压力的同时仍手足无措。为有效扩增基础设施建设资金供给量，同时缓解政府方资金供应压力，各国政府积极引入社会资本方，意在基于二者合力共同开展基础设施建设，PPP模式应运而生。然而社会资本方资金量毕竟有限，目前在我国的基础设施建设中，PPP项目大多数借力于银行贷款、发行债券、PPP产业基金以及信托等方式进行项目融资。裴玉波（2016）认为PPP项目融资模式应依赖于“股、债、贷”等多元化融资渠道，针对PPP项目所处阶段的实际融资需求特点，制定相关投贷联动融资方案，充分发挥多元化融资的优势，以达到为 PPP 项目提供切实可行的金融产品的目的[110]。张继峰（2016）在分析适用于不同层面的多种融资方式后，认为银行、保险等相对低价的资金是 PPP 项目融资的主要来源，产业基金、资管计划等融资方式要想具备价格优势，其最大的“出资方”最终仍为银行、保险；形象化来讲，两者可以看作 PPP 资金来源的“批发方”和“零售方”。更重要的是除政策性金融工具外，债权融资部分竞争优势最大的是银行贷款和发行相关债券，也就是说银行贷款和债券市场融资功能的充分利用，将有利于进一步降低 PPP 项目的融资成本[111]。杜红静（2017）认为我国多数乡镇地区的融资需求与信贷服务匹配性低，根据乡镇地区的发展现状建议通过搭建招商引资平台协助制定 PPP 项目的全方位融资[112]。古寒月（2018）在基于城市化进程日益加快、基础设施建设需求也越来越大的背景下，对 PPP 融资现状、目前存在的问题及意义进行合理分析，认为政府应当加强引导，加强二级市场建设，积极推进资产证券化进程[113]。

随着 PPP 融资模式的兴起，国内外学者对此进行多方面的研究，其中，PPP 项目资本结构的研究是学者们研究的焦点之一。下面将梳理现有 PPP 项目融资结构的相关文献，主要从 PPP 项目资本结构的影响因素和模型优化、PPP 项目的股权结构和债务结构四个方面进行。

目前，许多国内外学者对 PPP 项目资本结构的影响因素进行了研究。部分学者通过 PPP 融资模式的现状、特点和在基础设施建设中的应用进行分析，从中总结出 PPP 项目资本结构的影响因素。瓦勒、詹姆斯与阿奎莱拉（Vaaler，James & Aguilera，2007），德马可、曼加诺与邹（De Marco，Mangano & Zou，2012）等学者通过研究发现项目资本结构的影响因素有宏观环境方面、财务状况方面、发起人能力大小等[114][115]。胡一石、盛和太与刘婷等（2015）基于文献和问卷的调研数据，再结合相关理论，认为政府部门支持度、股东的话语权等是关键因素，此外也包含一些非重要的影响因素[116]。

也有学者运用理论模型研究影响 PPP 项目资本结构的因素。边叶与刘哲奇（2016）首先定性分析 PPP 项目资本结构的影响因素，在此基础上，构建了信息不对称下的资本结构模型[117]。李超与张水波（2014）根据政治因素、行业因素以及自身因素，并运用 DEMATEL 模型对各影响因素进行考察，最终得出 PPP 项目资本结构的关键影响因素[118]。

还有学者研究 PPP 项目资本结构优化方面，安东尼奥与伊昂努（Antonio & Ioannou，1995）、张萌（2017）等学者认为优化 PPP 项目的资本结构，对于提高 PPP 项目运作效率、控制风险等方面有很大帮助，各学者运用不同的理论模型研究 PPP 项目的最优资本结构。安东尼奥等学者运用资本资产定价模型来优化资本结构，是通过研究 PPP 项目风险和收益之间的关系，认为当项目预估的净现值达到最高时，则为最优的资本结构。张萌基于项目的各参与方达到共赢的角度，运用理论模型对各参与方的收益情况进行分析，再通过数值仿真模拟求出 PPP 项目资本结构的最优值，并且分析各参数对最优值的影响情况[119][120]。云、汉与金（Yun，Han & Kim，2009），莱尔与薛希尔（Lyer & Sagheer，2012）等学者基于蒙特卡洛模拟出项目中存在各种风险的可能性，再运用模型来求得 PPP 项目的最优资本结构[121][122]。

也有部分学者探讨 PPP 项目的股权结构。在 PPP 项目股权结构的影响因素方面，盛和太、王守清与黄硕（2011）基于国外 PPP 项目认为股权结构直接影响项目的经营和运行，股东权益是否合理对 PPP 项目防范未知风险至关重要，并且探讨某养老 PPP 项目的股权结构[123]。对于 PPP 项目最优股权结构，部分学者进行了研究。杨文安与李敏（2015）基于私人部门和政府部门双方的合作意向程度，构建了 PPP 项目股权结构优化模型，并分析了影响最优股权结构的主要因素[124]。

极少部分学者对资本结构的确定进行过量化研究，他们主要是通过现金流量模型针对特定项目进行模拟仿真，具体实现办法采用的是线性规划或是蒙特卡洛仿真模拟法，如巴卡真与梅延（Bakatjan & Metin，2003）；张学清（Xueqing Zhang，2015）、林则夫与郭建（2011）等均用线性规划的方法，以项目净现值（net present value，NPV）或者内部股权收益率（internal rate of return on equity，IRRE）最大化为目标，考虑项目偿债备付率（debt service coverage ratio，DSCR）的约束建立了一个确定项目资本结构的线性规划模型。不同之处在于张学清加入了权益在险价值比例（proportion of equity value at risk，REPR）和负贷偿债能力比率（loan life coverage ratio，LLCR）的约束[125][126][127]。林则夫等则根据我国对项目的管理规定另外设置了担保条件和项目资本金的约束。雷定猷、戴时清与王娟（2011）以风险最小化条件下使多个投资人的投融资收益最大化为目标，建立了 BOT 模式下的高速公路项目最优资本结构组合模型，模型本质上使用的还是线性规划法[128]。运用线性规划方法的优势在于可以直接使用规划软件，求解简便，大大降低了计算量。然而由于无法保证项目参数都呈线性，因此使得线性规划模型的现实运用受到很大的限制，故转而尝试使用蒙特卡洛方法来研究项目的资本结构选择［例如，吴萍与鞠春宏（2006），袁永博、叶公伟与张明媛（2011），云、汉与金（2009），莱尔与萨希尔（2012）[129][130][131][132]］。这些学者考察了对项目现金流有重要影响的风险因素，运用蒙特卡洛模拟得到这些风险因素的概率分布，并以此计算不同资本结构下的项目净现值和偿债备付率。在限定偿债备付率的条件下，以项目净现值最大化为目标建立项目资本结构决策模型。唐科尔与达菲（Donkor & Duffey，2013）则在此基础上对债务种类进行细分，考虑了多种不同期限的债务工具构成的资本结构组合[133]。吴孝灵、周晶与王冀宁等（2012）也在BOT项目“有限追索权”的融资特征基础上，进一步假设贷款方和项目公司均按照资本资产定价方法进行投融资决策，建立了二者博弈的理论模型，对BOT项目最优资本结构进行了研究[134]。吴春海（2018）对建筑施工行业内的企业资本结构和公司量化的业绩指标净资产收益率之间做了一个关系的研究，进而从优化资本结构的角度提出了提高企业整体业绩的建议[135]。

2.3 基建项目融资效率研究

总结相关文献，对于基建项目融资效率的研究主要集中概括为两个方面：一方面，研究融资效率的影响因素，不断丰富和扩大对影响因素的验证。另一方面，研究如何对融资效率做出评价，利用不同方法实现对效率的评价和检验。

2.3.1 融资效率的影响因素

纵观国内外有关企业的研究，对企业融资效率的内涵并未给出明确的界定，通常是学者根据自己的研究内容给出各自的释义。尤其在国外文献中，较少涉及企业融资效率这一概念，这大概与资本主义的产权制度有关，同时对融资效率研究也较少。

关于国内文献研究，宋文兵（1997）是我国最早对企业融资效率做出系统性研究的学者。他将企业融资研究分为直接融资与间接融资两个方面，通过对资本市场股票融资与银行贷款融资两种方式的研究，率先提出了企业融资效率的概念，认为“经济学中的效率指达到帕累托最优的状态，而企业融资的效率应当包括配置效率和交易效率”[136]。阳晓小与赖明勇（2006）认为民资企业不能完全孤立于原企业而存在，其总是会与原始企业发生一定形式的“互动”，互动的过程中通过示范、促进竞争、设立行业新标准来产生积极影响[137]。蒋殿春（2008）认为技术溢出是民间资本的一种功能且必然发生。但是，能否产生提高所入驻企业技术水平的结果却是不确定的。技术溢出效应受到民资企业技术先进程度、投资方式、人才当地化程度以及目标市场结构、技术能力和产业关联度等方面的影响[138]。凌勇（2009）、张晓琴（2009）认为民间资本的影响能否得到扩散要受到主观因素与客观因素的制约，前者取决于民间资本的投资动机而后者则包括目标发展水平、市场竞争状况、经济开放度等因素[139][140]。刘生龙与胡鞍钢（2011）、宋英杰（2013）发现交通基础设施呈现出明显的高效配置状态，其对区域可持续发展能够产生巨大影响，且随着质量等级不同其效率也在发生明显的变化[141][142]。王艺瑾（2012）从首发募集净额、股权集中度、资产负债率、净资产收益率、主营业务收入增长率、每股收益六因素，建立了与股权融资效率相关的输入输出指标体系，对我国创业板上市公司的股权融资效率进行研究[143]。娄洪（2004）、刘伦武（2006）、徐智鹏（2013）等对中国基础设施水平与经济增长的区域比较分析表明，基础设施投资与经济增长之间并非线性关系，要保证基础设施长期处于高效率运行状态，保证其对经济增长有一个稳定的输出，必须不断调整投资对象结构来适应经济发展的需要[144][145][146]。陈婷婷与王俏尹（2013）认为企业的融资效率应当考察融资风险与收益成本比率两个方面，高效的融资应当同时满足最低风险与最高的收益成本比率，即企业在融资过程中所实现的效能和功效，然后从融资效率的影响因素入手，从融资成本、资金利用率、融资主体自由度、资金清偿力、融资风险等方面，分析各种融资方式对中小企业融资效率的影响[147]。李立孔（2013）从财务指标和非财务指标两方面来研究影响融资效率的因素，其中财务指标因素包括资产规模与资本结构、融资成本与融资结构、企业运营能力、盈利能力、成长能力，非财务指标因素包括宏观经济因素、企业经理人的经营管理水平、企业内部的规章制度以及其他影响企业经营的因素[148]。熊维群（2013）认为企业的融资效率应当遵循经典的经济学效率定义，即资源配置应达到帕累托最优状态，只有达到帕累托最优才能实现利润最大化的企业经营目标。其中融资风险与融资结构是直接影响融资效率的两个重要因素。加之在资金筹集和使用过程中面临的不可抗力因素，可知企业融资效率应包括以下内容：一是资金融入效率、二是资金使用效率、三是要以比较和动态的观点来看待上市公司融资效率即融资风险[149]。李芳（2014）运用广义三级数据包络分析法（data envelopment analysis，DEA）方法，从融资成本、融资规模、偿债能力、营运能力、获利能力、发展潜力六个因素构建创新性中小企业融资效率评价体系[150]。高文君与马众（2016）则认为政府应该加强与民间资本的沟通，尤其是在政策落实方面更要加强联系，关注民营资本的发展情况，对民营资本的发展提供应有的支持，以此来提高民营资本的经营效率[151]。周海波（2017）采用规范与实证相结合、静态与动态相结合、比较和系统相结合的研究方法，发现交通基础设施的发展可以有效提升资源配置效率，交通基础设施的优化资源配置效应还会受到地区经济发展水平等因素的影响[152]。梁菁菁（2018）从影响融资效率的因素出发，并通过提出假设、变量选取、模型构建、结果分析等，对企业融资模式进行实证研究，结合企业自身发展情况的同时，采取相应的融资模式[153]。

在国外文献中，艾克斯（Acs，2006）发现新的小企业倾向选择容易得到优质基础设施的地方，因此合理的资源分配会大大增加小企业的数量并改善小企业的空间分布，以此带动经济发展[154]。阳小晓与赖明勇（2006）使用基础设施生产状况解释包括104个地区的经济增长，发现交通运输和电信基础设施对增长率均有较大的影响，资源配置应适当予以倾斜，并指出将高效率领域的管理模式加以推广来改善基建企业的整体效率水平[155]。斯蒂格利茨（Stiglitz，2008）分析指出民间资本的作用具有外部性，其发生是非情愿的，这种外部性有时会对目标产生积极影响，即表现为外部经济性。但也不能忽略的是，挤出效应也可能发生[156]。格里姆斯（Grimes，2014）根据28个发达国家的历史时间序列数据，以基础设施与经济发展的相关系数作为权重建立效率评价模型[157]。

2.3.2 融资效率评价

何平与梁国源（Ho & Liu，2002）在研究基础设施融资模式的选择时，将粗糙集理论引入灰色关联分析中，建立了项目融资模式选择模型，并将所建模型运用到具体案例中验证其可行性[158]。亚格（Ayag，2002）提出用综合模糊层次分析法来取代原来的层次分析法（analytic hierarchy process，AHP）方法，并将其应用到生产线项目选择中来解决项目的价值评估问题[159]。陈克与多洛伊（2008）利用资本资产定价模型（capital asset pricing model，CAPM）进行项目公司借贷双方的投资决策分析，通过双方在投资策略利益上的冲突关系建立起一个博弈模型，结合博弈论的经典理论研究该模型最优解的存在性[160]。林赛（Lindsey，2009）分析了收费公路的定价—收益运作机理，在此基础上研究经营性基础设施项目的融资模式选择问题，认为具有可靠的未来收益的基础设施项目应当通过资本市场实现融资需求[161]。赵振宇、左建与齐兰特（Zhao，Zuo & Zillante，2013）创新地提出了“BT融资代建制”。通过该创新型模式，可以将项目承包商们绑定为利益共同体，实现项目的共同建设与管理，有效地改善了BT模式在实际运作中的问题[162]。韩晓娟、张华、余晓冷等（Han，Zhang，Yu et al.，2016）利用粒子群算法对融资效率进行评估及优化计算[163]。

刘宁（2012）利用实物期权的方法，针对BOT项目价值不确定性的基本特征，分别建立了BOT项目单一实物期权价值决策模型、基于复合实物期权的BOT项目多阶段决策模型，并结合城市地铁项目进行了融资模式的选择研究[164]。王琳（2012）运用传统的态势分析法（strengths weaknesses opportunities threats，SWOT）分析了公益性基础设施融资的优劣势以及威胁与机遇，并提出引入影子收费来解决公益性基础设施融资难的问题[165]。赵辉与王雪青（2010）在研究基础设施融资模式的选择时，将粗糙集理论引入灰色关联分析中，建立了项目融资模式选择模型，并将所建模型运用到具体案例中验证其可行性[166]。王娟（2010）通过城市对基础设施融资模式的产权与经营权、特点、适用范围等进行比较分析，综合分析结果在项目区分理论的基础上，针对不同性质的基础设施提出了可能的市场化融资方式，最后为基础设施融资方式的选择提供了合理建议[167]。乔恒利（2009）在基础设施分类的基础上研究其融资问题。他首先将基础设施分为不可经营性、准经营性与可经营性三大类，然后将因子分析法以及BP神经网络结合建立基础设施融资评价选择模型，通过对具体案例的实证分析构建出多元化的基础设施融资模式选择的综合方法[168]。魏喆（2006）创新地提出将实物期权的定量分析方法引入基础设施项目的评价分析中来，解决未来各种不可预见因素对基础设施项目价值的影响问题[169]。宋丽锋、许静与孙钰（2018）在原始DEA模型的基础上引入代表政府期望的虚拟最优决策单元来建立高速公路特许经营者选择评价模型。不仅可以克服传统DEA模型对指标与决策单元之间的数量限制，还能够有效衡量不同特许经营者与政府期望之间的差距[170]。郑树荣与陈阳（2011）在对高速公路项目融资效率进行模糊综合评价时，从融资风险、成本结构、渠道方式、政策法规等几个方面展开分析，结论是外源融资更高效[171]。王卫玲（2010）通过建立融资风险、融资成本、融资适用性、融资结构和融资速度五个指标模型来研究我国大型旅游项目的融资效率问题，通过对现有融资模式的实证检验，得出创新型现金流量贴现法（discounted cash flow，DCF）融资模式对于大型旅游项目来说融资效率最高[172]。王健琴（2005）将宋文兵对企业融资效率的界定继续展开，对融资效率所包含的配置效率与交易效率给出明确的解释：所谓配置效率，即项目所融得的资金与资源能否充分利用；而交易效率，即项目是否能以最低的成本与风险融得所需资金[173]。朱萌（2018）采用数据包络分析法，从盈利能力、营运能力、发展能力、成本费用及股权结构五个方面，分析影响股权融资效率的主要因素，通过因子分析，提取出主要因子，并进一步进行多元线性回归分析，得出我国PPP项目上市公司股权融资效率偏低，发展因子、营运因子及股权结构因子与股权融资效率有显著的相关性，盈利因子对股权融资效率没有显著的影响[174]。

2.4 文献述评

通过对以往文献的梳理发现，国内外学者对于PPP项目关于基建项目多元化市场融资模式的研究主要集中于融资模式的选择、融资渠道和融资效率三大部分。

对于融资模式的选择研究，主要从案例研究和理论研究两方面着手。在案例研究方面，主要分析公私合营双方的角色定位和职责划分等。在理论研究方面，主要是从公私合营项目风险与分配、项目治理、政府定位以及项目内涵与本质等角度展开对于公私合营模式的研究，而且很多主要是针对准经营性 PPP 项目的合营模式。对于基建项目的市场化融资模式，主要是将现有的几种融资模式运用到基建项目中，主要有 BOT、BT、TOT 等，后来 PPP 模式作为融资模式的创新运用到基建项目中，大量学者开始研究基建项目 PPP 模式。

对于基建项目融资渠道的选择，分为两大类，股权和债权。起初大部分学者集中于对股权融资的研究，主要从控制权、利益相关者的股权比例、股权主体等方面展开研究，为以后 PPP 项目股权结构的研究打下基础。相关学者对于 PPP 项目的股权结构做了大量研究，在公私合营模式概念与本质、公私合营模式解决准经营性基础设施建设的适用性、公私合营项目中双方属于合作博弈等几个方面取得了丰硕的研究成果。对于债权研究方面，主要集中于债务布置结构与企业价值的关系、对公司治理的作用、债务布置结构的影响因素、PPP 项目债券市场、PPP 项目资产证券化五个方面。对于资本结构的研究，主要集中在债务布置结构与企业价值的关系、对公司治理的作用以及债务布置结构的影响因素三个方面，而且这些研究较多的是定性方面的研究，定量研究资本结构的较少。无论是股权结构还是债权结构，也大部分倾向于研究准经营性 PPP 项目，对于公益性和经营性的 PPP 项目的融资渠道以及资本结构研究较少。

对于基建项目市场化融资效率的研究，主要是从融资效率的影响因素和融资效率评价进行分析。从融资结构、融资风险、融资主体等角度分析对融资效率产生的影响，然后展开对融资效率的评价。

经过对相关文献的搜集整理和分析，笔者发现国内研究文献研究还存在以下问题：

第一，缺少系统化的基础设施市场融资理论框架。现阶段虽然文献对各类基础设施融资均有涉及，但仅限于对单一融资模式的案例分析上，较为零散和孤立，还没有形成系统的理论和方法，亟须建立一个系统的多元市场融资框架进行分析，深入分析针对各类基础设施的不同性质，如何融入市场资金、如何进行资本运作等问题。

第二，从公益性基建项目来看，缺少引导社会资本进入公益性基础设施领域的微观渠道研究。目前国内学者主要强调政府之于公益性基础设施的主导作用，可能忽视了社会资本在此类项目中带来的积极影响，因此也未提出具有可操作性的市场融资渠道。现阶段仅从我国来看，公益性基础设施发展仍处于较低水平，其对经济增长的贡献受到一定程度的制约，究其原因在于公益性基础设施建设的资金供求结构以及运营效率存在问题。要想切实提高公益性基础设施运营效率，就要设法摆脱国有资本的束缚，摒弃一切依靠财政的经营理念，将社会资本引入公益性基础设施的建设中，激活公益性基建企业自身发展的内在潜力。鉴于公益性基础设施的特定属性，其并不能依靠自身经营产生相应收入，必须依靠政府补贴，而一次性的补贴将会显著加大政府支付压力，极易形成政府债务并长期拖欠，同时，补贴的主观性造成了其不合理的定价，从而不能按照参与方实际贡献进行相应补偿；而民间资本出于自身逐利性与利润最大化目标，对以上问题尤为敏感，因此在目前状况下，公益性基础设施对民间资本吸引力不足，缺乏相应融资渠道促进公益性基建与民间资本的深度融合。

第三，缺少公私主体在准经营性基础设施中最优融资结构的定量研究。现有的关于准经营性基础设施融资理论的研究多数注重具体投融资方式和渠道的分析，而忽视各种融资方式中不同资本组合比例的确定，即融资结构的研究，而这恰恰是准经营性基础设施项目融资理论的核心问题。我国为解决上述问题，在十八届三中全会上提出基础设施公私合作模式（PPP）并在政策层面给予大力支持以促进其发展。然而目前 PPP 模式在我国高速发展的同时，仍然存在以下问题：（1）缺乏明确的项目结构设计，PPP 项目实施过程中政府与社会资本存在边界条件不清晰、交易结构和运作方式不明确的问题；（2）政府对于选择怎样的社会资本合作缺乏一套行之有效的决策体系；（3）缺乏明确的社会资本的退出机制，社会资本是逐利的，对于 PPP 项目不同周期具有不同的投资需求，因此没有明确的退出机制使得社会资本不敢轻易进入 PPP 项目。这些问题都导致了我国 PPP 模式被高度关注但项目落地率仍然不高的现状。因此，采取有效的措施提高 PPP 项目的落地率成为目前我国 PPP 基建项目亟待解决的问题。公私合营模式的实质是一种股权杠杆，合理的项目融资结构才能实现项目参与各方满意的利益分配和合理的风险责任分担，对项目的成败有着至关重要的影响。如果政府对私人部门的激励不足，就必定导致私营企业对于 PPP 项目望而却步，如何确定 PPP 项目中公私双方的最优边界的问题应运而生。双方所确定的包括资本结构、股权结构和债权结构在内的最优边界，既要能够吸引私人部门参与到基建项目中，达到对私人部门激励的目的，同时也要使项目的社会效益得到保证。因此确定一个合理的最优边界成为基建项目能否成功落地的关键因素。

第四，缺少经营性基础设施融资模式绩效评价与路径选择的系统研究。国内学者对经营性项目的研究多集中于单一融资模式在国内应用的论证，缺乏对多种融资模式的融资绩效分析和选择机制研究。西方发达国家自 20 世纪起就开始实行基础设施的市场化融资，通过各种渠道与方式引入私人资本参与基础设施建设，在实际建设过程中推出了多种创新型融资方式，以满足各类基础设施的融资需求。由于我国资本市场形成较晚，基础设施建设的市场化改革更是比西方国家推迟几十年之久，无论是融资机制创新、渠道拓展等建设方面，还是风险控制、特许经营等管理方面，都有许多有待学习借鉴之处。面对纷繁的市场化融资模式，如何挑选出适合具体项目的模式，从而提高融资效率与资源利用率，仍然是我国城市经营性基础设施建设中亟待解决的问题。

综上所述，如何实现各类基础设施建设项目的市场化融资，民间资本通过何种渠道进入公益性项目，准经营性项目公私合作的最优边界与风险收益分担机制如何确定，如何对经营性项目中各类市场融资模式进行效率评价与路径选择，成为进一步需要解决的实质性关键问题。因此，本书将在这些方面集中呈现问题，寻求解决问题的手段，从多角度重新审视现有市场融资模式，抓住多元化市场融资分析框架建立和关键路径设计这两个技术关键点，寻求理论发展和实践应用上的突破。

第3章

我国基建项目市场化融资理论研究框架

本章首先对相关理论进行系统化梳理，对比分析了我国基础设施项目市场化融资中的传统融资模式与创新型融资模式，并以PPP模式为例具体进行了融资流程与利益相关者分析。最后以项目区分理论为依据，分别论述公益性、准经营性和经营性这三类项目在市场化融资中的关键问题，并试图针对各自关键问题提出解决方案。本章将为后续章节提供研究框架和理论支持。

3.1 基建项目市场化融资的相关理论

项目区分理论是基建项目划分的依据，而本书要研究的实质是项目融资。本节以此为基础，对公益性、准经营性和经营性基建项目融资过程中的重要理论进行梳理。

3.1.1 基于收费机制的项目区分理论

项目区分理论以是否有收费机制（资金流入）为标准，将项目区分为非经营性与经营性项目（纯经营性和准经营性），从而根据项目的属性决定项目的投资主体、运作模式、资金渠道及权益归属等。非经营性项目，投资主体由政府承担，按政府投资运作模式进行，资金来源应以政府财政投入为主，并配以固定的税收或收费得以保障，当然其权益也归政府所有。但在投资的运作过程中，也要引入竞争机制，严格按照招投标制度进行操作，并力求提高投资决策的科学性、规范性，促进投资效益的进一步提高。而经营性项目则属于全社会投资范畴，其前提是项目必须符合城市发展规划和产业导向政策，投资主体可以是国有企业，也可以是民营企业，包括外资企业等，通过公开、公平、竞争的招投标，其融资、建设、管理及运营均由投资方自行决策，所享受的权益也理应归投资方所有。但在价格制定上，政府应兼顾投资方利益和公众的承受能力，采取“企业报价、政府核价、公众议价”的定价方法，尽可能做到公众、投资方、政府三方都满意。

根据项目本身是否具备收费机制及净收入等指标可以以项目的经营系数作为城镇基础设施项目属性的量化分类指标，具体如下：

$$a = V/C \tag{3-1}$$

其中，C 是项目的建造成本（新项目可指项目成本预算，已建成项目可指账面净资产）；V 是项目的市场价值。V = H/I，其中，H 是指项目具有收费机制条件下可测算出的项目年净收入；I 是市场上可以接受的投资收益率。将 V 代入式（3-1），则计算式为：

$$a = (H/I)/C \tag{3-2}$$

（1）当 $a=0$ 时，表明项目市场价值为零，项目属性为公益性。市场投资人不可能接受该项目，政府投入也无法变现，只能作为公益性投资。

（2）当 $a<1$ 时，属于准经营性项目。项目市场价值小于项目投资成本，政府投资只可以部分变现。如果是新建项目，则很难由民间投资单独完成，需要由政府适当参与。从定量角度说，该项目在市场上可以变现的资金只占项目投资的几成，需要政府的财政支持、优惠措施及通过调整市场价格等得以运作。

（3）当 $a=1$ 时，表明项目市场价值等于项目投资成本，项目属性为纯经营性，政府投资可以完全变现。如果是新建项目则可以由民间投资经营，政府不必介入。

（4）当 $a>1$ 时，属于高回报的经营性项目。项目市场价值大于项目投资成本，政府投资可以溢价售出。如果是新建项目，可由民间投资经营，政府可以设定特别“税收”，将溢价部分收回。

以项目区分理论为基础，按照项目是否存在收费机制，以及收费机制下的资金流入是否可以完全覆盖项目成本这两个标准，将基础设施项目分成三类：

一是公益性基础设施项目：此类项目无收费机制，目的是为了获取社会效益和环境效益，这类投资只能由代表公共利益的政府财政来承担。

二是准经营性基础设施项目：有收费机制和资金流入，具有潜在的利润，但因其政策及收费价格没有到位等客观因素，成为无法收回成本的项目；具有一定的公益性和竞争性，但由于其经济效益不够明显，市场运行的结果将不可避免地形成资金供给的诸多缺口，要通过政府适当贴息或政策优惠维持营运，待其价格逐步到位及条件成熟时，可转变成纯经营性项目（通常所说的经营性项目即为纯经营性项目）。

三是经营性基础设施项目：此类项目有收费机制，有资金流入。可通过市场进行有效配置，其动机与目的是利润的最大化，其投资形成是价值增值过程，可通过全社会投资加以实现。

3.1.2　项目融资的特征

项目融资是近些年来在国际上兴起的新型融资方式，在基础设施领域应用得最为广泛，其中 PPP 项目是较多利用项目融资的方式。因为基础设施项目所需投资金额巨大，即使政府与私人资本两者联合起来也无法完全满足项目的资金需求，而一般来说，采用 PPP 项目具有稳定的现金流，能产生足够的收益，可以有稳定的还款来源，非常适合采用项目融资。

所以，项目融资是为某一特定项目所安排的融资活动，贷款人在做出贷款决策时不依赖项目相关方的信用水平或所涉及的有形资产，而以该项目的现金流量和收益作为偿还贷款的资金来源，所考虑的贷款风险也围绕项目自身风险特征来进行，这使得项目融资能不受投资方因素的影响。狭义的项目融资指抵押项目的预期收益、自身资产等进行的有限追索或无追索权的融资活动；广义的项目融资则指建设一个项目所进行的融资活动。

项目融资的主要特征如下：

首先，以项目为导向。项目融资不以项目发起者或投资者的资信状况而是以项目的现金流和资产为依据进行筹资活动。放贷方主要衡量项目在贷款期内能否产生足够现金用于贷款偿还，所以利率高低、放贷数量以及融资结构设计都与项目预期现金流与项目资产价值紧密联系在一起。

其次，采取无追索权或有限追索的贷款融资。在传统的贷款融资方式中，投资者的整个资产都可能用于提供贷款担保或者偿还债务，银行对债务有完全的追索权，即使项目失败，也会有担保人偿还贷款，因而对金融机构来说贷款风险较小，利率也较低。而在项目融资中，债务人只承担有限债务责任，银行一般在贷款的某个特定阶段或特定范围内可以对债务实行有限追索。

最后，项目融资为表外融资。所谓表外融资就是项目的债务不体现在投资者公司的资产负债表中。表外融资可以使得一些财力有限的公司能够从事更多的投资，特别是在从事超过自身资产规模的投资时，这种融资方式的价值会充分体现出来。

项目融资最终决策形成了项目公司资本结构的安排。从资金构成整体上看，项目融资的资金构成由权益资本和债务资本构成，权益资本又由项目发起者共同筹集从而构成了项目公司的股权投资结构，债务资本通常由大型商业银行等金融机构提供。采用项目融资时，项目发起者或投资者通常作为公司股东共同为项目融资、建设运营与管理成立一家特殊目的项目公司（即 SPC）。SPC 作为主体，是以项目建设运营后的现金流和全部收益作为偿还债务的来源，并且以 SPC 的全部资产作为资信和担保的主要措施。项目融资是与公司融资相对的，区别主要表现在以下几个方面：

1. 融资主体

项目融资的主体是成立的项目公司，贷款者或者投资者是根据项目运营后的盈利能力及项目公司自身资产状况作为提供资金的条件。投资者自身或者母公司的资信情况、财务状况不会影响融资决定。在传统公司融资中，融资主体是项目发起人，贷款者或者投资者主要根据项目发起人的资产、信誉和财务情况做出融资决定。

2. 追索特征

项目融资的特点在于通常采用有限追索权或者无追索权的融资。当项目破产失败时，贷款者无法追索到项目资产以及相关担保资产以外的任何项目投资者的资产。而在公司融资中，通常是采用具有完全追索权的融资方式。一旦公司破产清算而无法偿还债务时，债权人是可以通过追索公司其他资产来弥补的。

3. 还款来源

项目融资仅以项目公司的资产价值以及项目运营期间的收入为主要还款来源。公司融资的还款来源则是融资主体的所有业务收入和资产。

4. 资金来源渠道

项目融资主要应用于基础设施项目，由于基础设施具有建设周期长、投资规模大、收益偏低等特点，通常由更具有成本优势和规模优势的大型金融企业提供，比如政策性银行、商业银行、保险公司、基金公司等。在公司融资中，资金来源渠道更具弹性，可以发行股票债券筹资，还可根据项目需要、资金成本等方面灵活地选择不同的资金来源，体现其资本筹集的优势。

3.1.3 公共物品理论与公益性基建项目的技术溢出效应

公共物品理论最早由保罗·萨缪尔森提出，在对物品进行分类时引入了竞争性和排他性的概念：竞争性代表当一个人使用某物品则干扰了其他人对该物品使用的权利；排他性代表在收费后可将未付费者排除在外的特性（见图3.1）。

如图3.1所示，竞争性和排他性的范围在0和1之间。A点释义为纯私人性物品，本身具有极强的竞争性和排他性；B点和D点则是介于二者之间的物品。而对于B点和D点来说，具备竞争性或排他性特质中其一，既不属于公共性物品也不归为私人物品，此类物品归属于准经营性物品。而C点代表纯公共性物品，即指具备完全的非竞争性和非排他性的物品。非竞争消费性是指成本并不会随着消费者数目的增加而增大，也就是说公共物品能够以零的边际社会成本为新增的消费者提供服务。公共物品的消费过程中，参与者平等地分摊等额利益，为额外消费者进行供给并不会影响其他人的境况。而非排他性（即非排他消费性），是指由于不存在合法的排他技术或即使存在排他技术，此举所付出的代价远大于进行排他行为所得到的福利，由此形成不经济的状况，从而无法排除他人消费这种公共物品。

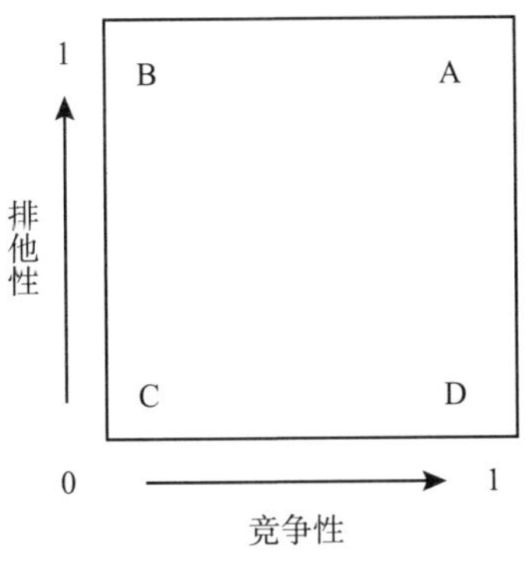

图3.1　物品的分类

鉴于公共物品的上述两种属性，当公益性基础设施供求达到均衡状态时，由于缺乏相应的市场参照价格体系，消费者难以准确描述出符合自己真实状况的需求曲线，公共物品配置状况下的价格因素与其在私人物品供求中所扮演的角色并不相同，私人物品供给时，出价的多少决定了消费者所能要求的物品数量，而对于具有非竞争消费性的公共物品而言，无论消费者给付多少价格，它所能得到的物品数量固定与其他人相同，价格机制并未起到应有的作用。

以桑德莫为代表的现代公共物品理论倡导者将目光由保障公益性基础设施供给转移到了其本身的效率问题上来，通过对供给现状的分析，得出政府作为唯一参与主体的若干弊端：

首先，对于公益性基础设施来说，政府供给无疑形成了委托代理关系中的双边垄断格局。市政工程机构作为唯一的公益性基础设施提供者，垄断了卖方市场，而政府行政机关代表全体消费者进行项目购买决议，拨付项目款项，成为唯一的买方，政府的这一双重角色放大了项目工程中的权力因素，而弱化了市场竞争，最终会导致公共权力的滥用与公益性基础设施供给效率的低下。其次，公益性基建项目其成本的最终承担者并非原始生产者与建造者，利润最大化也并非政府部门所追求的最终目标。脱离成本与收入之间的相互制约使得政府无法准确衡量公益性基础设施的准确供给数目，使得供给与需求相偏离，在政府通过行政手段干预公共物品市场重回均衡的过程中不可避免地会产生多余的成本，造成社会资源的浪费。最后，现实中，在政治领域活动的政府公务员同样具有“经济人”特征。即政府及其公务员除了公利性外也毋庸置疑地存在着自利性。由于政府及其公务员存在自利性，使其在使用具有垄断性质的公共权力时，在管理公共事务、供给公共物品时往往考虑自身利益而减少公共物品的数量，降低公共物品的品质，甚至根本“不作为”。

基于以上理论分析，在公益性基础设施的建设运营中，为了摆脱“政府失灵”的种种弊端，需要引入新的参与者弥补政府的不足，在保障公益性基础设施供给的同时，确保其自身运营效率合乎要求。而关于利用民间资本解决公益性基础设施运营效率低下难题的理论基础就是民间资本自身所具有的技术溢出效应。

所谓民间资本的技术外溢，是指资本内含的人力资本、R&D 投入等因素通过各种渠道导致技术的非自愿扩散，促进了入驻企业乃至整个行业生产率增长，对入驻对象长期发展做出贡献。总的来说，民间资本技术溢出效应其影响机制可以归纳为以下几类。

1. 技术示范与模仿

民间资本参与生产往往以成立民资企业的形式进行，由于民资企业与原始企业之间存在着技术差距，新装备，新技术，新工艺往往会随着民间资本一同进入原始企业作业流程当中。非物质化技术与经验诸如管理策略，营销理念也随之逐渐渗透其中。示范效应是技术溢出效应中重要的表现渠道。其中，民资企业与原始企业在相互接触过程中，后者能够直接或间接地获取产品创新信息以及管理模式，并进行主动模仿。

2. 人力资本流动

人力资本由凝结在个体中的知识、健康、能力等要素组成，主要通过投资活动形成，通过个体行为，扩散并物化于商品与服务，在提供商品与服务的过程中获得收益。人力资源开发往往伴随民间资本而来，民资在入驻企业之后会主动进行人员培训，改善原有企业生产管理人员素质，从而提升人力资本质量。此外，相关人员可以借由民资引导，进入投资方集团企业，主动寻求技能、知识、经验的提升。随着民资企业员工在行业内企业之间自由流动，其所掌握的先进技术也随之扩散，技术溢出由此出现。

3. 竞争市场

竞争效应即民间资本的引入使得原有目标市场的均衡状态被打破，原始企业面临愈发剧烈的市场竞争，不得不想方设法改善劳动生产率，而民资企业在技术差距不断缩小的情况下也必须主动寻求原有基础上的技术突破。原始企业与民资企业之间的竞争效应随着二者关联程度的提升而不断加剧。一方面，面对共同的目标市场，在分割市场份额时，民营企业的参与无疑使市场争夺更加激烈，迫使原始企业提高现有资源利用效率，吸引新的资源，研发新的技术，提高竞争力以应对民资企业冲击；另一方面，鉴于现实中公共物品市场的垄断格局，引入的民资企业能够有效排除行业中的垄断因素，改善整个公共物品领域的供给效率，促进产业转型。此外，民资企业也无法安于固守现状，随着其与原始企业关联程度的不断加深，技术壁垒被不断渗透，促使民资企业或引入新的技术，或研发新的产品来应对被动性的技术溢出。原始企业为了应对激烈的市场竞争，在革新产品服务时需要相关供应商的支持与配合，同时民资企业的进入也必然会对供应商提出更高的要求，在供应商升级过程中，民营企业也会积极主动地从信息、技术、资金等方面提供援助，由此形成纵贯整个产业链条的改革。

鉴于以上影响机制，就公益性基础设施而言，仅从理论层面分析可得：民间资本的引入将附带先进的融资，管理，生产技术，对公益性基建企业的运营效率产生直接的影响，同时通过企业之间的经济贸易往来，民间资本入驻的公益性基建企业所具有的高技术水平将通过示范效应得以扩散至整个基建行业；此外民间资本进入所带来的高技术人员流动，以及行业垄断格局的打破，会使各企业在充分竞争，人才充裕的市场环境中自发改善其运营效率。

3.1.4　契约理论与准经营性基建项目的帕累托最优

1. 委托代理理论

委托代理理论（principal-agent theory）早期主要起源于企业的经营管理中，为防止逆向选择和道德风险的产生，企业管理中提倡所有权与经营权分离，以此来提高企业的运营效率，使公司价值达到最大。委托代理理论是契约理论中最重要也是最核心的理论之一，是指在一个项目或是经济行为中，一方通过明示或是暗示的方式，指定或雇佣另一方来共同完成这一项目。在这一过程中，雇佣的一方会授予被雇佣一方一定的权利，并根据被雇佣一方的表现来给予一定的报酬。其中，雇佣的一方为委托人，而被雇佣的一方则为代理人。委托代理理论即针对该双方所提出的　种经济学理论。

这一理论为公司金融中的一主要理论，其主要建立在非信息对称的理论基础之上。非信息对称理论即在经济活动中，交易双方并不能互相知道对方的所有信息，有些信息是一方知道而另一方不知道的。在 20 世纪 30 年代，美国经济学家伯利（Berle）和米恩斯（Means）发现，在企业经营管理的过程中，若企业的所有权和经营权都集中在同一人手中，则会使该所有者与经营者同时运用两种权利，出现为提高自身利益而损坏企业利益的行为。此外，由于每个人都有自己更擅长的技能，而随着经济的不断发展，生产力的不断增强，更需要引入专业的一方来进行企业或是项目的运营，以此来提高运营效率。因此，委托代理理论也就在这种情况下应运而生。

在 PPP 模式中，也存在着复杂的委托代理问题。政府通过招标的方式引入私人部门来共同进行项目的建设、运营和维护。在这一过程中，私人部门则为政府部门引入的专业的一方，通过基于私人部门一定的建设、运营或是维护的权利，来共同完成基建项目的建设，如 PPP 项目中的特许经营权，即为政府部门所给予私人部门的权力之一。因此，在 PPP 项目中，政府部门充当了委托人，而私人部门则充当了代理人。在项目建设过程中，政府部门与私人部门都会存在自身的利益诉求，也会存在上述提到的逆向选择和道德风险，PPP 项目中的公私双方即存在经济学中的委托代理问题。因此，需要设计一个公平合理的合同来对私人部门达到一个有效的激励，并达到社会公众福利最大化，以此保证政府部门与私人部门在满足自身利益的基础之上，顺利完成项目的建设，成为 PPP 项目中亟待解决的问题。

2. 不完全契约理论

随着经济学理论的不断演化，格罗斯曼和哈特（1986）、哈特和莫尔（1990）等对委托代理理论进行了改进，将委托代理理论推广到不完全契约理论，这是契约理论中又一突破性的进展。由于格罗斯曼、哈特、莫尔等提出了不完全契约理论，因此不完全契约理论也称为 GHM 模型，或是所有权—控制权模型。该理论以合约的不完全性为起点，研究最终所有权或控制权的归属问题。

不完全契约理论是契约理论中的又一突破，它主要研究在公司治理的过程中，控制权的配置是否合理会影响到能否形成激励。格曼斯曼、哈特与莫尔认为，契约是不完全的，由于人们的有限理性以及信息不对称的存在，双方是无法在事前规定一个完全的合同，因为在项目或是公司治理的过程中，双方都会存在行为的不确定性。此时，当在执行过程中出现合同中未规定的事项时，剩余控制权能够给予所有者全部的讨价还价能力，使其拥有利润。此外，双方可能会根据外界情况或是其他因素的变化而变化，因此，事前双方无法签订一个完全的契约合同，此时，所有权或剩余控制权将成为激励的重要工具。

在 PPP 模式的实际应用中，由于 PPP 项目具有很长的建设运营周期，因此在项目开展之前，政府部门与私人部门都无法预测未来项目建设中可能会发生的所有情况，前期双方所签订的协议也就无法覆盖到所有的情况，政府部门也就无法在合同中对于项目建设运营的标准做出完全的规定。虽然政府部门与私人部门相比，在讨价还价方面政府似乎占据着主导地位，但由于契约的不完全性，政府部门需要对私人部门形成激励，因此所有权的安排将直接决定能够吸引私人部门参与到项目中，从而促成项目的落地。

3. 帕累托最优

帕累托最优（Pareto optimality）也被称为帕累托最优效率，在经济学中有着广泛的应用。帕累托最优状态是资源分配的一种理想状态，当存在一些人和一个可进行分配的资源时，这些资源可以在这些人中任意分配，但是总会有一种分配方式可以使每个人都能达到自己最优的状态，此时便达到了帕累托最优状态。也就是说，当资源的任意变动都会使一方情况变好的同时令另一方情况变坏，此时便达到帕累托最优状态，也即帕累托最优理论。

人们追求帕累托最优的过程，其实就是管理决策的过程。而这个追求帕累托最优的过程，也被称为帕累托改进。由于市场机制的存在，社会中的理性人都会追求自身利益最大化，在这个帕累托改进的过程中，会存在一种资源的分配可以使各方的利益都得到提高，使每个人都感到满意。这种帕累托改进的情况会一直持续下去，直到资源的分配达到一种状态，在这种状态中，任何一个人的情况变好都会导致另一个人的情况变坏，即不存在可以在保证其他人效用不变的情况下时一个人效用提高，此时便实现了帕累托效率。市场机制是一双看不见的手，它会推动人们按照首先以自利的角度来考虑交易过程，在市场机制的作用下，每个人都能够达到在自己看来利益最大化的情况，交易双方自然能够在交易过程中使资源达到最优的状态。其实在经济生活中，只要涉及资源的分配，市场机制都会自然遵循这种方式，而按照帕累托最优理论进行的资源分配也是最有效的配置方式。

在 PPP 项目中，双方进行股权结构的确定过程就是资源分配的过程。由于股权结构的安排可能影响双方的出资比例或是最终的收益分配，因此 PPP 项目的股权结构的确定即为管理决策的过程。公私双方都会从自身的利益出发，政府部门需要保证项目的社会公益性，而私人部门参与到 PPP 项目中需要考虑最终的项目收益，因此，在 PPP 项目中政府部门和私人部门在进行股权结构安排时也需遵循帕累托最优理论。公私双方最终所确定的股权结构，应该使双方都不存在改进的空间，若存在某一新的股权结构能够使双方的效用都得到提高，则双方会按照该新的股权结构进行决策，以提高双方自身的利益，这也是帕累托改进的过程。只有当任意一方的利益得到提高都会导致另一方利益减少时，股权结构才是合理并且最优的，此时也就达到了帕累托最优状态。因此，公私双方在 PPP 项目中进行股权结构决策的过程符合帕累托最优理论。

3.1.5 项目参与者视角下的利益相关与成本收益理论

1. 利益相关者理论

在20世纪60年代以前，利益相关理论还处于萌芽期。1929年提出的“企业为利益相关者服务”标志着利益相关者有了雏形。但该概念真正形成，是在20世纪60年代。1963年，斯坦福大学研究院提出了利益相关者的定义：利益相关者是这样一些团体，没有其支持，组织就不可能生存。而雷恩曼（Rhenman）引入利益相关者与企业之间的影响关系，经济学家安索夫（Ansoff）将利益相关者的概念运用到经济学和管理学中，使得利益相关者的概念得到进一步发展，形成了一个独立的理论分支。

20世纪80年代至今，利益相关者理论在众多学者的研究下发展迅速。许多学者对利益相关者的概念进行界定，其中，最具有代表性的概念是弗里曼（Freeman）和克拉克森（Clarkson）所提出的。1984年，在《战略管理：利益相关者方法》一书中，弗里曼对利益相关者的界定是：利益相关者是指能影响企业实现目标，或者受到企业实现其目标的过程中所影响到的人。1994年，克拉克森进一步强调了企业与利益相关者的关联性：利益相关者在企业中投入了具有一定价值的东西，包括人力、物力、财力等方面，从而组成了一个企业，企业为利益相关者创造财富，而利益相关者也承担相应的风险。克拉克森对于利益相关者的定义更加具体化。米切尔（Mitchell）总结了学者们对利益相关者概念的27种表述。通过雷恩曼、安索夫、弗里曼、克拉克森、米切尔等学者的不断研究，利益相关理论形成了比较完善的系统，并且被广泛应用于实践当中。我国于20世纪90年代引入利益相关者的概念，贾生华、陈宏辉在国外学者对利益相关者界定的基础上提出了自己的定义，认为利益相关者是在企业中进行专用性投资，并承担相应风险的个体和群体，其活动与企业目标的实现存在相互影响的情况。

目前，利益相关者的分类主要有两种：一是多维细分法，二是米切尔评分法。弗里曼、克拉克森等学者在多维细分法方面都有研究，他们通过不同的角度对利益相关者进行分类，并没有一个统一的结论。米切尔评分法是米切尔根据企业利益相关者的三个属性来界定利益相关者，这三个属性是合法性、权力性和紧急性。根据三个属性对其进行评分，通过分值的高低来判断其是否为企业的利益相关者。

2. 成本收益理论

成本收益理论（cost-benefit theory）是经济学和管理学中的基本理论，运用成本收益理论，通过分析企业的利润，可以帮助企业实现利润最大化的目标。在企业做投资决策或生产决策的过程中，成本收益理论对企业有着不容小觑的作用。

19 世纪，法国经济学家朱乐斯·帕帕特（Jules Dupuit）首次提出成本收益的概念，随后，经济学家帕累托（Pareto）又将成本收益的概念进行重新的定义。到了 20 世纪，卡尔多（Kaldor）和希克斯（Hicks）总结了成本收益概念已有的研究成果，提出了卡尔多—希克斯准则。到这一时期，成本收益理论初步成型。随着生产活动的增多、经济水平的发展，成本收益理论越来越多的运用到实践中，逐步渗透到项目投资领域。在项目中运用成本收益理论，就是在项目投资之前，全面充分地考虑项目的影响，将项目所带来的正效用计入收益函数，而负效用计入成本函数，权衡项目的收益函数和成本函数来评估项目的经济效益。通过对比多个项目的经济效益，分析项目的可行性，为投资决策提供有效的参考意见。

通过上述对项目中成本收益的分析，可以知道成本收益理论的原理，即在充分考虑在正向和负向影响的条件下，将正向影响归入收益，负向影响归入成本，再对收益和成本综合在一起进行权衡。对于项目选择来说，通常有三种选择方法：第一种方法是，当多个项目的收益相同时，选择成本低的项目；第二种方法是，当多个项目的成本相同时，选择收益高的项目；第三种方法是，当多个项目的成本和收益均不相同时，比较净收益，即收益与成本之差 =（收益 - 成本），选择净收益高的项目。以上三种方法在运用时，均应该计算项目的净收益是否为正，一般来说，只有当净收益为正时，项目才有投资的可行性，否则，项目不可行。

对于生产的企业来说，成本收益理论同样适用，企业通常都是追求利润最大化的。一般的，企业的经营者在决策时主要有三种情况：第一，当多种选择的生产成本相同时，追求最高的利润。由于企业经营者具有无限追求利益的特点，因此，企业的行为往往也是趋利性的。第二，当多种选择的利润相同时，选择最低的生产成本。企业在生产之前会面临着多样的选择，在经济学中，假设行为人都是理性人，在多种选择面前，会倾向于选择生产成本最低的一种，以降低企业的支出。第三，当多种选择的利润和生产成本均不相同时，企业的经营者也会衡量净利润，即利润与生产成本之差 =（利润 - 生产成本），以最小的生产成本获取最高的利润。

因此，可以看出成本收益理论具有两个特征：一是行为人都在追求以最小的成本赚取最高的收益，具有极强的逐利性；二是行为人会根据其投资的收益和成本的大小计算净收益，通过计算，选择出最优的一种行为。

在 PPP 融资模式下，PPP 项目公司作为一个企业，它的行为活动就是对 PPP 项目进行投资、建设和运营。在整个项目阶段，PPP 项目公司决策的过程就是企业进行投资的过程，完全适用成本收益理论。PPP 项目公司的股东有政府部门和私人部门两类，私人部门会从自身的利益出发，对 PPP 项目的盈利性更加关注，期望以最少的投入获取最高的项目收益。而政府部门是从社会效用角度出发，尽可能使 PPP 项目成功落地，在投入使用后给社会带来公益效果。综合来看，PPP 项目公司所要达到的目标就是政府部门和私人部门双方的目标，不仅要满足 PPP 项目成功落地这一条件，而且要使 PPP 项目公司的投资具有最优的经济效益。

3.2 基建项目的传统融资模式及创新

本节首先分别介绍基建项目中的传统融资模式与创新型融资模式，并通过比较分析，得出创新型融资模式的优势所在。

3.2.1 传统融资模式种类及适用范围

目前运用于我国基础设施的传统融资模式主要有以下几种：

1. 债权融资

（1）银行贷款。我国的银行贷款主要包括国内商业银行贷款以及国外银团贷款等。国内商业银行的贷款至今仍是基础设施建设资金的主要来源，在基础设施资金结构中的占比很大。这是由于我国的资本市场成立较晚，且计划经济遗留下的诸多问题得不到有效解决，使得资本市场发展缓慢，基础设施融资方面的政策法规以及经济环境不健全，项目预期回报得不到保障，故私人投资者不能积极投资基础设施项目，在资金难以到位的情况下，政府只能继续沿用传统融资方式，以政府信用为担保向商业银行举债。

银团通常由国际大型商业银行以及实力雄厚的财团组成，主要从事国际市场上的大型投资活动。银团贷款指由少数资金实力雄厚的银行牵头，若干家银行与财团跟随参与，组建成一个权利与义务的共同体，彼此之间签署协议作为约束，为国际项目提供融资服务。由于银团为多个财团的集合贷款，可以保证资金供应绵延不绝，因此常用于融资需求很大且投资回收期较长的大型项目。国际银团熟悉资本市场的运作情况，可以对项目融资成本合理预期与控制，保证其投资回报。但是，银团贷款在我国基础设施的项目融资中也存在一些现实性的局限。由于我国基础设施的所有权与控制权最终归国家所有，因此在项目建设融资过程中的部分环节国际银团无法介入，即在我国基础设施项目具体融资实践中无法完全进行市场化运作，故融资效率会大打折扣。

（2）债券融资。在我国目前的市场化融资中，发行的债券主要是政府债券、市政债券以及企业债券。

政府债券的发行主体是政府，指政府为筹集资金或调控宏观经济，以自身信用为担保向全社会发行的债券，主要有国库券和公债。国库券常用于弥补财政赤字或调整财政收支不均，而公债则是为了筹集项目资金所发行的，常用于基础设施建设等社会重点建设领域项目的融资活动。

市政债券是由地方政府以自身信用为担保向社会发行的，目的是为了筹集资金发展地方建设或调整地方经济等。随着社会经济发展与地方建设，地方政府债务危机愈见严重，发行市政债券便成为解决资金问题的有效方式。在地方性基础设施建设融资中引入市政债券的方式，可以良好地解决地方政府长期以来的财权与事权不统一的问题，并且市政债券以政府信用为担保，容易吸引社会公众资金，从而保证项目建设长期稳定的现金流。

企业债券即普通债券，指企业为了生产经营或投资活动等筹集资金，按照法定程序，面向全社会发行的一种约定在固定日期内还本付息的有价证券。股份制公司发行的债券称为公司债券，属于企业债券的一种。在基础设施项目融资中，由政府组建的城投平台作为项目公司主体向社会发行企业债券，这种企业债券虽然也有政府信用做担保，但偿还本息的资金来源主要为基础设施未来的回报收益，故此类企业债券的偿还本息时间长、发行规模大，风险也比政府债券和市政债券大很多。

（3）融资租赁。我国于20世纪80年代引入西方先进的融资租赁模式，主要用于社会生产建设中购买大型的机器设备。融资租赁包括出租人、承租人与供货人三方，指出租人根据承租人的租赁需求，以自有资金向供货人购买所需的租赁物品，取得租赁物品的所有权，继而租给承租人使用。在租赁初始，出租人与承租人签订租赁合同，约定租金与租赁期限，有些还会约定租赁期满后租赁物品所有权归谁所有。随后承租人依照合同约定，按期向出租人支付租金，在租赁期内承租人指拥有租赁物品的使用权而没有所有权，租赁期满后双方则按合同约定，决定租赁物品的所有权是否划转给承租人。

在实际操作中，企业经营者或项目建设者等融资主体作为承租方，采用融资租赁模式可以根据实际情况选择对租赁物品使用并所有或使用不所有，这样可以减少成本投入，提高资金利用率；对出租方而言，可以根据承租方的情况变化随时停止对其租赁物品，这样可以在承租方发生诚信问题或遇不可抗力遭受经济损失时规避自己的收益风险。由于融资租赁相较于传统租赁以及分期付款等传统模式表现出以上一些特有的优越性，因此在资本市场中被广泛使用。

2. 股权融资

（1）国家和地方政府直接投资。中央及地方政府的财政资金是我国基础设施项目资金的最主要来源，其中用于基础设施投资的财政资金主要包括各种政府基金、城市建设投资基金、基础设施建设专项基金以及各项相关税收等。

（2）发行股票。股票是股份制公司为筹集资本，在资本市场上面向特定主体或全社会发行的一种有价证券，持有股票的即为公司股东，股票是股东身份与权益的象征，是股东在未来根据自己所持有的股份数额享受公司分红并承担相应义务的凭证。

股票是最主要的直接融资工具，也是资本市场上使用最多的权益类融资方式，这是由于股票较之债券等其他市场化融资方式的投资回报率更高。用于基础设施建设融资的股票是由城投项目公司为主体向社会发行的，以项目未来运营收益为预期回报。但在实际项目融资中，由于我国资本市场的不健全，以及项目建设管理经验不足，导致股票融资成本高、风险大，融资效率降低，没有很好地体现出其优越性。

（3）民间资本。民间资本亦称民间投资，是国有资本和外资之外的另一种资金来源方式，主要包括社会中非国有企业以及居民个人所有的资金，以这一指标进行统计。截至 2018 年底，我国金融机构的储蓄存款余额约为 71.6 万亿元，而国有企业的固定资产总规模仅为 13.91 万亿元。[①] 由此可见，民间资本将成为我国未来经济战略部署中的重要资源。如何有效地将民间资本引入具体的经济领域，充分发挥市场经济的作用，对社会发展建设至关重要。

3.2.2 创新型融资模式介绍及特征

在基础设施项目建设融资模式的选择上，除了传统的融资模式外，国内外也涌现出了较多创新型融资模式。这些创新型融资模式与资本市场的特点和优势充分地结合，在市场化融资工具的基础上进行延伸，有效地引导社会资源进入基础设施领域，满足了各类基础设施建设项目对资金的不同需求。以下选取几种具有代表性的创新型融资模式做简要介绍。

1. PPP 融资模式

PPP 即公私合营模式，是我国目前在基础设施建设领域主推的市场化项目融

---

① Wind 数据库，www. wind. com. cn。

资模式。PPP 模式是政府部门和私人部门为进行社会公共建设或提供公共服务，基于特许协议而建立起的一种项目合作关系。广义的 PPP 包含完全由政府部门提供公共产品与服务和完全由私人部门提供公共产品与服务这两种极端情况之间的任何一种形式。狭义的 PPP 指政府部门负责基础设施项目建设的总体规划与监督管理，私人部门负责项目具体的建设、经营，以及在项目建成后通过“使用者付费”以及“政府付费”得到约定的资金补偿或回报，最终保证双方的效益最大化。

目前，国际上 PPP 模式主要分为私有化类、特许经营类和外包类三种形式，私人部门相应承担的风险依次减小，我国目前实际应用的 PPP 模式主要是指特许经营类，包括 BOT、TOT、PFI 等，这些常用模式会在下文给出详细介绍。PPP 模式的公私合营是以项目公司为载体实现的。项目公司是政府部门与私人部门针对具体建设项目而成立的一个特殊目的机构，该机构相当于一个独立的第三方，政府部门和私人部门将各自的资金统一放入项目公司，由该机构执行具体的资金运作。特许期满后，项目移交回政府，私人部门得到约定的资金回报。PPP 模式使政府和私人部门很好地结成了一个利益共享、风险共担的经济共同体，不仅能有效引入私人资本，缓解政府市政建设的财政压力，还明确了参与双方的职责与权力，有效地调动私人投资的积极性，优化社会资源的合理配置，促进社会总效益达到“帕累托”最优。

2. BOT 融资模式

BOT，即“建设—经营—移交”，是典型的项目融资模式，是私人资本参与社会投资及基础设施建设的有效途径，此模式是在“特许协议”的基础上形成的。所谓“特许协议”，是指一国政府同本国或外国投资者签订的一项特许协议，协议规定投资者在指定条件与范围内享有专属于国家的某种权利，允许其参与社会公共事业的投资建设的特别许可。在基础设施建设的 BOT 模式中，由本国政府向社会投资者提供项目的特许协议作为融资的前提，社会投资者获得政府的项目特许协议后开始项目的开发建设，自负盈亏，自担风险；建成后继续运营至收回项目成本并且获得商业利润；最后按照协议约定将建成投入使用的基础设施项目转交给本国政府。本国政府由传统模式下的项目负责者变成了项目监管者，保留对基础设施的所有权同时分散了建设经营权，这样不仅可以提高基础设施建设运营的效率，而且使项目各方参与者各尽其职，达到风险公担、利益共享的均衡格局。除了 BOT、“建设—拥有—经营—移交”（build-own-operate-transfer，BOOT）、“建设—拥有—经营”（build-own-operate，BOO）这三种基本形式外，还有“建设—移交—经营”（build-transfer-operate，BTO）、“建设—租赁—移交”（build-lease-transfer，BLT）、TOT 等新形式。

BOT 融资模式的特点是：对投资者来说，以项目建成后的未来收益为资金偿还的主要来源的有限追索权或无追索权；特许协议下的有限时间内项目的所有权与经营权的分离；投资者承担了项目的全部成本与风险并获得项目的未来收益；外资参与项目建设时，项目建成后面临外汇流出等。运用 BOT 模式进行经营性基础设施项目融资可以减轻政府的财政负担，有利于转移和降低风险、提高项目运作效率、引进国外先进的技术和管理经验。但 BOT 融资模式的组织机构中没有一个相互协调的机制，容易引起各参与方由于利益分配不均而导致的冲突。目前，准经营性与经营性基础设施项目融资较多采用 BOT 模式，主要包括道路、航空、航运、城市轨道交通、供水供电等。

3. TOT 融资模式

TOT，即“转交—经营—移交”，主要用于已建成的基础设施，指政府把这些建成的基础设施项目以特许协议的方式移交给私人部门，约定私人部门对该基础设施的经营期限，在经营期间私人部门通过向使用者收费获得经营投资回报，经营期满后私人部门再将基础设施转交给政府的一种项目融资模式。它是 BOT 的延伸，与 BOT 模式最主要的区别在于 TOT 模式特许经营的项目是已建成的，私人投资者只负责经营并享有投资于项目经营的回报。

TOT 模式是吸引外资的惯用模式，这是由于项目的建设阶段工作烦琐、资金需求大，而经营阶段相比之下便容易许多，因此外资更多是在项目的经营阶段介入。TOT 模式的特点有助于吸引一些具有先进的项目管理经验与技术的国际机构进入我国基础设施的运营管理中来，从而带来先进的管理经验与成熟的管理技术，促进我国基础设施运营管理方面的优化与创新。

4. PFI 融资模式

PFI（private-finance-initiative）模式是对 BOT 模式的延伸，指政府部门根据基础设施项目的建设需求，面向社会以招标的方式确定社会投资者，中标的社会投资者获得政府的特许经营权，进行基础设施项目的建设与运营，期满结束后将项目交还给政府。

虽然 PFI 与 BOT 同样涉及“建设—经营—移交”的过程，但 PFI 与 BOT 的不同之处主要有以下两点：首先，BOT 的项目主体可以是本国或国外的企业，而 PFI 的项目主体只能是本国企业，因此 PFI 的项目主体较 BOT 更为单一；其次，BOT 的项目公司通常自己具有开发能力，在具体的项目建设运营中只委托第三方代理机构完成部门工作，实行部分代理制，而 PFI 公司自身不具备开发能力，在实际操作中凭借各种委托代理关系完成项目的建设运营，实行全面代理制。

由于 PFI 模式中的项目主体即私人部门最终的投资回报可以通过收取用户使用费来实现，也可以通过在项目初期与政府签署协议，到建设运营期满时由政府支付其报酬，故 PFI 模式既可以用于经营性基础设施建设，也可用于公益性基础设施建设。PFI 模式可以全面拓宽本国投资渠道，促进多元化的私人投资，提高项目融资效率。

5. ABS 融资模式

ABS 即“资产支持证券化”，指在未来具有稳定收益的项目有资金需求时，SPV 等第三方机构对该项资产进行信用评级与资产估值，确定项目价值与信用等级后，便在资本市场上以该项目为融资主体发行债券融资的一种模式。该融资模式以项目资产为发行证券的基础，以项目未来收益作为还款保障。像基础设施这种以实物资产为基础的 ABS 是从抵押贷款等以金融资产为基础的 ABS 中发展出来的新型融资模式。

以实物资产为基础的 ABS 模式需要满足信用增级、资产增值、未来收益稳定等几个条件。ABS 是一种结构型融资模式，属于表外融资，与传统融资模式相比，不会改变融资主体的杠杆率，且投资者更看重的是项目本身的价值与收益，对融资主体的要求不会很严格，故 ABS 模式可以增加项目融资的成功率，降低融资风险，为项目融资打开全新的视角。

3.2.3　创新型融资模式优势分析

通过以上对几种典型的创新型融资模式的介绍，将其与传统融资模式分析比较，可以发现这些创新型融资模式主要体现出以下几方面优势：

1. 改变财政资金与银行贷款为主导的基础设施融资模式，提高融资效率

与主要依赖政府财政资金和商业银行贷款的传统融资模式相比，以上这些创新型的市场化融资模式更注重引入私人资本，利用资本市场的利益驱动机制实现资金的合理配置。目前，我国的民间资本有近 71.6 万亿元是以储蓄存款的方式存在于市场中，规模之庞大甚至超过了国家财政资金数额。[①] 在未来中国的经济腾飞战略中，民间资本是不可或缺的重要战略资源，如何充分利用这部分资金，使其最大限度地创造收益，是投融资市场化改革需要解决的关键性问题。而这些创新型的融资模式能够很好地将项目特点与资本形式结合起来，发挥资本市场的制度优势，实现资金的有效利用，故融资效率较传统

① Wind 数据库，www. wind. com. cn。

模式相比更高。

2. 明确基础设施的投融资主体以及各方权利与义务，完善基础设施建设的投融资体系

在传统的基础设施建设中，政府既是项目的投资方，也是项目的融资方，更是项目举债融资的信用担保。这种投融资一体化的模式，在短期来看可以使资金迅速到位，且短期融资成本较低，但长此以往，由于主体利益不明确导致的项目管理不力、长期融资风险与成本增加等问题便不可避免地导致债务问题，甚至项目经营失败。市场化的创新型融资模式正是在明确区分项目投融资等各方主体的基础上开展基础设施建设，从而有效地解决了投融资一体化带来的权利义务不明确的问题。并且这些市场化的融资模式有效地将民间资本引入基础设施项目建设中来，在全社会共同的参与和监督下项目的融资效率要比单纯依靠政府财政资金高很多。

3. 利用创新型融资模式的特点，促进投资主体、融资主体、监管主体的良性互动，形成基础设施建设的长效机制

创新型市场化融资模式之所以能够有效地筹集社会资本，充分调动私人投资的积极性，很大程度上是源于经营性基础设施投资具有稳定的未来收益作保障。虽然我国经营性基础设施建设的资金需求巨大，投资回收期也长，但未来的现金流入是稳定的且可预见的，这对于私人投资者来说甚至是比政府信用更加可靠的保障。并且，这些融资模式在实际运用中严格地区分投资主体、融资主体、监管主体等各方参与者，明确各方的权利义务关系，使各方在项目建设中的作用都发挥到最大化，各方之间的制约关系也使得资源合理利用，效益达到最大化，由此形成基础设施建设的长效机制。

而在上述的几种基建项目创新型融资模式中，PPP 模式在国家政策的支持下，得到了极其迅速的发展。根据财政部政府和社会资本合作中心（China Public Private Partnerships Center，CPPPC）数据显示，截至 2018 年底，我国已成交的 PPP 项目数量为 8 654 个，成交规模超过 13.2 万亿元。[①] 未来我国基础设施建设中，PPP 模式将继续发挥更重要的作用。因此，本书将以 PPP 模式为例，进一步论述基础设施建设市场化融资模式的流程及利益相关者分析的有关内容。

① 财政部政府和社会资本合作中心，www.cpppc.org。

3.3 基础设施项目市场化融资模式创新——以 PPP 为例

3.3.1 PPP 模式可行性分析

1. PPP 模式定义

PPP 模式是伴随着公共服务领域资金短缺以及需求的多元化、政府管理能力不足而产生的公共部门寻求私人部门合作的一种方式。通过合作，相关参与者均可以获得比单独实施该项目更好的结果，最早由英国财政大臣肯尼斯·克拉克提出，并应用在 17 世纪私人投资者与英国政府合作建造的灯塔项目中，是为了解决建设资金匮乏、提升本国基础设施水平及效率，至此开始了项目公私合作的实践。

PPP 模式是一种合作伙伴关系。合作的目的是公共部门希望能及时缓解资金瓶颈、提高公共服务领域基建项目的供给效率，实现资源的有效配置并充分利用私人投资者的优势资源，同时也为了分担较高的风险，从而共同建设和经营项目，最终达到公私双方的双赢局面。因此，PPP 模式是介于传统的基建模式与私有化模式之间的建设运营基础设施的新模式，在特许运营期内由私人投资者可以控制基础设施项目，特许运营期结束后，政府获得项目的最终所有权。

2. PPP 模式的分类

从国内外实践经验来看，PPP 主要有三种合作模式，每一种模式都有不同的项目公司构成和运作方式，如表 3.1 所示。

表 3.1　　PPP 合作模式分类

模式分类	合作模式	项目公司构成	股权结构与风险分担
外包型	民间资本仅承担部分项目建设或运营，政府为其提供产品或服务	政府独资设立项目公司	民间资本不享有所有权和运营权，由政府拥有所有股权承担全部风险
特许经营型	政府授予民间资本特许经营权，允许其参与项目建设并在一定期限内运营	政府与民间资本共同成立项目公司	政府与民间资本均拥有股权，收益共享，共担风险，政府承担合理定价和补贴等
私有化型	完全由民间资本负责出资，所有权归民间资本，项目无需交回	民间资本单独出资设立	项目公司股东根据出资确定股权比例，分担风险

我国应用最广的 PPP 项目模式为特许经营型，政府与单个社会资本或是联合体出资设立项目公司。由政府和各参与方共同协商以出资额享有相应的股权，政府承担合理定价、补贴、监督管理等职责，不承担项目的偿债责任。在此模式下，股权结构设计的重点是选择适当的参与方，确定股权比例，根据收益合理分担风险。这种模式有益于吸纳社会资本，缓解政府财政压力，盘活社会存量资本，并且含有国有股权，在一定程度上有利于项目公司融资。本书也是在此模式下讨论多方参与下的 PPP 项目的股权结构问题。

3. PPP 模式的优势

（1）缓解政府财政资金压力。这是 PPP 模式最重要的优势，因为 PPP 模式拓宽了资金来源渠道，引入社会资本能有效解决基础设施融资瓶颈，使政府从繁重的基础设施建设中抽身出来，从过去的公共服务提供者变成监督管理者，解决了搭便车现象，保证基础设施有效供给。

（2）转换政府职能。政府部门只作为项目的发起者，不再是项目的建设者，可以充分发挥自己监督管理方面的优势。此外，政府部门一般在宏观层面具有优势，私人部门则在建设、运营等微观层面具有优势，私人部门较为先进的生产管理技术能推动项目设计、施工、管理等方面的革新，两者有效结合必然能最大化项目效益。

（3）优化资源配置。采用 PPP 模式加强了社会投资人间的竞争，有助于选择最合适的私营部门，提供质量更好、效率更高的服务。PPP 模式将部分风险从政府方面转移到能更好承担的私人部门，从而使得公私双方都对各自的风险和成本进行全面长期的思考与改善，以最低的经济成本提供优质服务。

3.3.2 PPP 项目参与方特征

基础设施建设 PPP 融资模式的项目通常具有建设运营期长、投资资金大等特点，这也就导致了在 PPP 项目中存在众多的参与方，包括政府、银行或非银行金融机构、社会资本方、原材料供应商、承包商、分包商、运营商、保险公司以及法律、评估公司等专业机构。本书将社会资本方、承包商、分包商、原材料供应商和运营商等都归为私人部门，而这些参与方可以大致分为四大类：政府部门、私人部门、债权人和其他参与方，每个参与方都与 PPP 项目公司签订了双边协议，如图 3.2 所示。本部分将从这四类参与方对 PPP 融资模式的利益相关者进行分析。

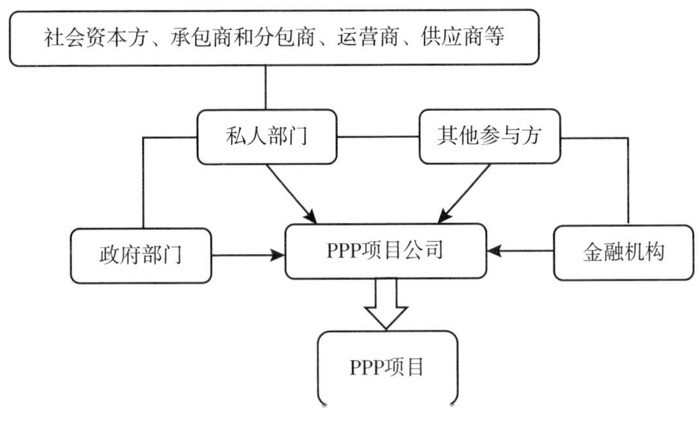

图 3.2 PPP 项目参与方

1. 私人部门

私人部门是指与政府方签署 PPP 项目合同的社会资本，可以是一家企业单独作为私人部门，也可以由多家企业联合作为私人部门。通常情况下，私人部门不会直接作为 PPP 项目的实施主体，而是针对特定 PPP 项目，政府部门和私人部门共同出资设立特殊目的公司（SPV），也称作项目公司，作为 PPP 项目合同及项目其他相关合同的签约主体，专用于经营某一个特定的 PPP 项目。PPP 项目公司是一个自主运营、自负盈亏的独立法人主体，负责 PPP 项目的具体实施，包括项目建设、运营和管理，政府部门不具有实际控制力和管理权。PPP 项目公司可以由私人部门单独出资设立，也可以由政府部门和私人部门共同出资设立。

本书对 PPP 融资模式的研究仅考虑融资期、建设期和运营期三个阶段，不考虑 PPP 项目的移交阶段等。私人部门在融资期、建设期和运营期分别会有不同的参与方加入，下面将对这三个阶段的私人部门参与方进行具体分析。

第一，在 PPP 项目的融资阶段，私人部门通常包括社会资本方。国内的股份有限公司、有限责任公司以及外资企业等常作为社会资本方，与 PPP 项目的发起人——政府部门签订合同，以此来明确公私双方的权利和义务。社会资本方通常以投入资本金的形式参与到 PPP 项目中，是 PPP 项目公司的大股东，与政府共担风险、共享收益。融资期的社会资本方主要作用就是与政府共同成立 PPP 项目公司，有效地缓解政府单独承建基础设施 PPP 项目的财政压力，通过项目公司为 PPP 项目融资，并负责后续的建设、管理与运营。

第二，在 PPP 项目的建设阶段，私人部门通常包括社会资本方、原材料与设备供应商、承包商、分包商。社会资本方在 PPP 项目建设阶段是作为 PPP 项目公司的股东存在，负责项目建设的一系列事宜，比如，寻找信誉度较高的原材料供应商和设备供应商，选择资质较高、信用较好、高技术水平的承包商等。PPP项目公司在寻找原材料供应商、设备供应商和承包商时，都会十分严谨，要求较高，因为这直接关系到PPP项目建设的质量好坏，并且直接影响了项目公司所承担风险的大小。

本书将建设阶段的原材料供应商和设备供应商统称为供应商，供应商就是为PPP项目的建设提供原材料和设备的企业。PPP项目公司与供应商签订双边协议，供应商要确保在规定时间内提供协定数量的原材料和设备，并要保证质量，而PPP项目公司则在验收合格后，向供应商支付相应的价款。在PPP项目建设之初，项目公司需要将建设可能用到的原材料和设备准备齐全，以保证项目能够顺利、如期地建设。根据不同的PPP项目类型，原材料和设备的选择也会有所不同，比如，城市轨道交通PPP项目与能源类PPP项目所需的原材料和设备有很大差别。

承包商在PPP项目的建设阶段是核心参与方。PPP项目公司与承包商也会签订双边协议，这份协议是总承包合同，承包商在规定的工期内完成项目的建设，这其中包含了一定的建造风险，PPP项目公司按照相应的价格支付给承包商，承包商从中赚取项目建设的收益，双方都达到各自的期望。部分PPP项目公司会选择以承包商入股的方式参与项目建设，那么，承包商不仅可以赚取项目建设的收益，而且可以获得股权方面的收益。

在建设阶段也有可能涉及分包商。由于基础设施PPP项目的工程通常比较大，承包商在签订了承包合同后，自身负责项目的主体部分建设，而将部分建设工作分包给各个分包商，由分包商进行施工建设。分包商在建设阶段的收益是负责项目建设而获取的收益。

第三，在PPP项目的运营阶段，私人部门通常包括社会资本方和运营商。社会资本方在PPP项目的运营阶段仍是作为项目公司的股东，负责项目运营的一系列事宜，并且根据股权投入的比例，分取运营阶段PPP项目的收益。PPP项目的收益主要来源于消费者付费或政府付费，社会资本方所获取的是股权收益。

在运营阶段，承包商因不再占有专业优势，将股权转让给运营商。运营商与PPP项目公司签订委托协议，运营商按照双方签订的运营合同，获得PPP项目运营阶段的部分权力，负责对已完成的PPP项目进行运行、管理、设备提供并维护以及收费等工作。PPP项目进入运营阶段后，各方参与者关心的就是项目运营情况，一般来说，只有PPP项目运营良好，才会有收益产生，不仅保障了运营商的收益，而且社会资本方也能获取与股权相应的收益。

2. 政府部门

政府部门通常是基础设施PPP项目的发起者，中央政府、地方各级政府及其代理人统称为政府部门，具有颁布 PPP 融资模式的相关政策、指引和规范的权力。一般来说，政府部门在 PPP 项目的不同阶段当中，承担着三种不同的角色：一是在 PPP 项目发起阶段，作为 PPP 项目的发起人，出台政策，进行项目招标等，负责项目的准备工作；二是在 PPP 项目实施的过程中，承担着监督、管理的工作，督促社会资本方、承包商和分包商、原材料和设备供应商、运营商等各个参与方按照合同完成相应的任务，确保 PPP 项目能够顺利运营；三是在项目运营期满后，接手项目公司移交的 PPP 项目，继续运营项目。

政府部门为建设某一个基础设施 PPP 项目，首先要发起该项目，然后对 PPP 项目进行可行性分析、物有所值评价等一系列评估，再采用公开招标的方式选择社会资本方，通过综合评价社会资本方的资质、财务状况等因素，最终确定与之合作的社会资本方。政府部门和社会资本方分别出资，共同成立 PPP 项目公司，并且授予其特许经营权。如果是 BOT、BOOT 等项目，政府部门在 PPP 项目公司的特许经营期满后，接受项目公司所移交的项目。

政府部门采用 PPP 融资模式进行基础设施建设，与社会资本方进行合作，缓解了财政预算压力。政府部门是 PPP 项目的最终所有者，并在一定程度上代表着社会公众的利益，履行社会监管的责任，因此，政府部门的最终目标是使 PPP 项目的社会总效用最大化。政府部门虽然不负责项目的具体实施，但在宏观上对项目进行控制，监督 PPP 项目在建设期、运营期的各个环节是否符合规范。PPP 项目公司由于政府部门的原因，要让 PPP 项目达到的最终效果是，在满足社会总效用最大化的前提下，尽量减少投资和其他成本，来获取尽可能大的收益，并且保证项目质量，以降低项目的建设风险和运营风险。

3. 债权人

基础设施 PPP 项目一般投资额巨大，仅依靠政府部门和私人部门的投资远远不够，资本金的投入往往占比较小，因此，PPP 项目公司会选择大量的债务资金来满足资金需求。在 PPP 融资模式下，债权人通常包括商业银行、政策性银行、非银行金融机构、私人债权人等参与方，一方债权人资金力量较弱，往往存在多个债权人，共同为 PPP 项目提供债务资金。债权人与 PPP 项目公司签订债务合同，规定借款方式、利率、期限以及偿还方式等条款，债权人要依据合同规定次或多次将资金借给 PPP 项目公司，项目公司需要按照合同中规定的条款按时偿付本金和利息。

目前，PPP 项目债务融资的方式主要包括银行贷款、债券、中期票据、项目收益债、融资租赁和资产证券化等，大多 PPP 项目仍以银行贷款作为主要的债务融资渠道。由于 PPP 项目的建设阶段费时较久，因此，债务资金的借贷周期较长，且债务资金量大，债务人会承担较高的违约风险。

债权人将资金借给 PPP 项目公司，最关注的是资金能否按时收回，以及是否能够获得预期的收益。PPP 项目进入运营阶段才会产生收益，从而偿还债务，因此，债权人期望项目能够运营成功，否则的话，债权人就面临 PPP 项目公司无法偿还债务资金的风险。由于 PPP 项目存在较大的风险，再加上债权人通常仅拥有有限追索权，因此，商业银行、政策性银行和非银行金融机构等机构债权人会对 PPP 项目公司债务资金的用途进行监督。而一般的私人债权人不会监督项目公司的行为，对 PPP 项目公司进行监督需要花费时间、精力和成本，所以通常只有机构债权人才会有监督倾向。

4. 其他参与方

除了上述私人部门、政府部门和债权人之外，由于 PPP 项目的复杂性，因此，从项目的发起阶段到运营阶段，还涉及众多的其他参与方，包括法律、财务、保险公司等专业机构，以提供一系列的专业服务和充当专业顾问。比如，PPP 项目公司向保险公司投保，为项目分散部分风险。这些具有专业性的参与方，对 PPP 项目的建设和运营也起到了十分重要的作用。

3.3.3 PPP 项目利益相关者诉求解析

经济利益和效用最大化是广大学者共同认可的参与方进行合作的经济基础。PPP 项目参与者的目标最终都是实现自身利益最大化，虽然各参与方利益目标并非完全一致，但合理的资本结构，以及最优的股权结构和债权结构的安排，可以最大化各方收益，促进效率提升。而这一切都建立在对各参与主体利益诉求分析的基础上。只有明确各参与主体的利益诉求，才可以进一步通过合作关系的构建，完成包括股权、债权在内的资本结构的确定，明确公私部门的边界，从而尽可能实现各参与主体利益的最大化。

1. 政府方面的利益诉求

政府部门的利益要求主要有以下几点，一是面对城镇化基础设施建设的巨大需求和地方债务问题，政府希望通过 PPP 模式缓解财政压力；而作为 PPP 项目参与方参与项目开发和运营的目的在于引导社会资本，盘活民间资金，同时作为监督者为了公共利益对 PPP 项目的实施进行监督和管理；三是通过引进专业机构，提高 PPP 项目的供给效率，并且各自承担相应的风险。

此外，基于我国目前 PPP 项目落地率较低的发展现状，政府部门首先是希望项目可以顺利进行；其次是在其财力允许的情况下追求自身利益最大化。政府部门除了考虑自身利益之外，还必须考虑社会公众对于基础设施的需求以及基础设施的尽快建成和运营所带来的公众效应。这种情况下，让 PPP 项目快速落地签约、开工建设并早日完工投入运营所带来的好处将优于政府部门自身财政资金等收益方面的最大化。

目前各省（区、市）地方政府已对未来 PPP 项目建设做出了相应规划并写入政府官方文件，其中未落地的项目数量较多。之前对 PPP 项目监管趋严的现实背景，使得各级地方政府在 PPP 项目上的落实进度慢于预期。但由于以上基础设施建设计划都要在我国“十三五”规划期间进行落实。即地方政府至少应在 2020 年之前，对已写入其发展规划中的 PPP 项目进行落实，至少应进入项目的执行阶段，否则不仅无法完成已有基础设施建设规划，还将受到社会公众对其能力和绩效的质疑，甚至会影响自身政绩，从而导致更多不确定性事件的发生。因此为了避免这种情况的出现，政府部门会将自身收益最大化的诉求暂时搁置，优先将促进 PPP 项目的顺利进行作为其首要目标。

2. 社会资本的利益诉求

首先，社会资本参与 PPP 项目主要是看重 PPP 项目的收益和未来股权升值的空间。通过参与 PPP 项目能够拓宽市场获得一定的知名度，并且 PPP 项目的收益比较稳定，有政府部门的参与更能够降低政策环境等风险成本。此外，项目的投资收益率或者是资本金收益率往往是社会资本最主要的参考因素。一般情况下，私人部门只有在项目收益率不低于其所在行业同等项目规模的收益率时才会考虑投资项目。因此，政府部门可以以提高项目质量的方式，通过优质项目所产生的稳定充裕的现金流，带来高于行业标准但不会过高的项目回报率，从而吸引社会资本的加入。最后，虽然没有明文规定政府部门在 PPP 项目中必须以股权形式入股项目公司，但是政府部门入股项目公司，无论其参股比例如何，都会有两方面的激励效果：一方面，政府部门以入股的方式参与项目运营期，这会有效促进项目运营期的顺利展开；另一方面，政府部门的入股表明其对项目的态度，这不仅会对项目公司对项目资本金之外的项目融资起到促进作用，还会为其项目融资时增加议价能力，通过融资利率的适度降低，进一步提高项目的可参与度，从而吸引私人部门参与，提高项目的落地率问题。

3. 专业方（承包商、运营商）的利益诉求

当政府投资发起 PPP 项目，组建项目公司，将项目的建设运营承包给承包商时，政府和项目公司股东可以看作是委托人的一方，而项目的承包商、运营商看作是代理人的一方。此时专业方的利益诉求在于获得合同利润，增加承包项目所能带来的收益。当承包商、运营商和其他社会资本组成联合体与政府共同投资设立项目公司时，承包商和运营商等既是公司股东又承包运营项目，可以看作是委托人和代理人的双重投资者角色。根据其对项目的风险偏好和收益情况，获取股权收益和合同收入。

3.3.4 PPP 项目融资流程与路径

在理清了 PPP 项目的主要利益相关者后不难发现，在 PPP 模式融资模式中，PPP 项目公司占据了重要地位。它与政府部门、私人部门及银行等金融部门都有着密不可分的关系，因此，接下来对 PPP 项目公司的融资流程与融资路径进行详细分析。

如图 3.3 所示，首先，公共部门在招标阶段会通过政府招投标等形式，选择技术过硬，资金雄厚且运营管理能力强的几家私营部门进行详细谈判，确定最后的中标者并与其签订特许协议。接着，政府部门会与私人投资者共同出资组建 SPC，由政府授予 SPC 对基础设施项目的特许开发经营权，由 SPC 负责项目的运作和管理。特许权协议会明确公共部门、私人部门的收益分配比例，资本投入比例以及债务水平等。

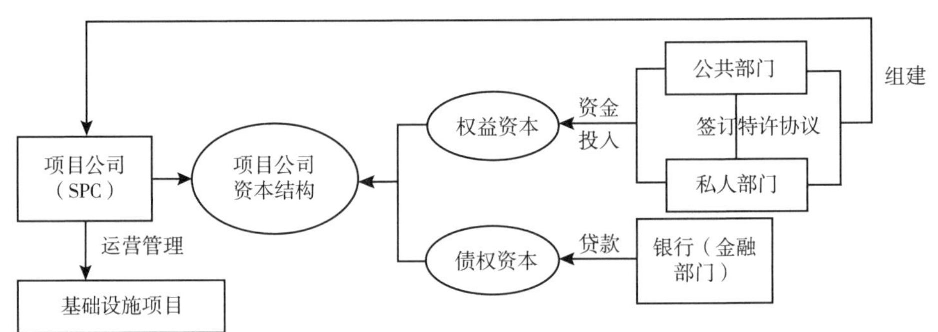

图 3.3 PPP 项目融资流程

SPC 可以看作是有限经营期限下的公司。项目建设完成后，SPC 在特许经营期内享有项目的特许经营权，能够通过使用者收费等形式获得收入，在扣除项目当期运营成本等费用后，得到项目当期的运营收益。项目的运营收益首先偿还银行部门的贷款，其次，向 SPC 的股东分配剩余利润。特许经营期满后，SPC 无条件将基础设施项目移交给公共部门。

项目公司的融资来源主要是作为项目公司股东的私人部门与政府部门的权益资本投入，两者的投资为直接融资以及银行等金融部门以贷款等形式的债权资本投入，这部分构成了项目公司的间接融资部分。权益资本与债务资本总额构成项目的总投资额。由于一个 SPC 通常只负责一个基础设施项目的开发运营，项目特许运营期满结束后，SPC也随之解散，总投资额全部用作项目建设费用，按权益负债投入比例由权益资本与债务资本分摊。公共部门与私人部门将共同承担由权益资本分摊的部分，由此构成了股权投资边界，并获得项目的剩余利润分配。成本分摊的比例决定了股东的剩余利润分配比例，由剩余利润分配的比例可以倒推出私人部门与公共部门的投资比例。项目公司的资本结构即指公共部门、私人部门与银行三者的资本投入比例。

3.4 我国基建项目市场化融资的关键问题

根据项目区分理论，将基建项目分为公益性、准经营性和经营性基建项目，并对各自在市场化融资过程中的问题进行分析。

3.4.1 公益性基建项目——缺乏民间资本进入渠道

一国公益性基础设施建设对其经济的长期稳定增长起到至关重要的作用，这一影响主要体现在直接和间接两个层面。前者意味着作为国民经济的必要组成部分，基础设施本身所创造的产能直接引起国民财富的积累，从而促进经济增长。后者则是通过经济投资的乘数效应，经济活动成本的降低、产业结构的升级、对外贸易的激励、社会经济环境的改善等多种间接方式推动经济的发展。世界各国在此观点上普遍达成共识，基础设施建设浪潮因而在全球范围内得以展开。

然而现阶段仅从我国来看，公益性基础设施发展仍处于较低水平，其对经济增长的贡献受到一定程度的制约，究其原因在于公益性基础设施建设的资金供求结构以及运营效率存在问题。

一方面，截至2017年末，我国基础设施建设投资额为17.31万亿元，城镇基础设施累计投资额达到113.68万亿元。[①] 根据世界银行的建议，发展中国家城市基础设施投资应占GDP的3%～5%，按照公益性基础设施投资为城市基础设施的70%左右计算，可以得出近几年我国对于公益性基础设施资金需求在7.3万亿～12.25万亿元，而公益性基础设施资金供给压力则主要由政府承担，2018年全国一般公共预算收入是18.33万亿元。[②] 也就是说单凭公益性基础设施建设这一项开支便消耗了政府大部分财力，同时，面对不断增长的城镇化水平所带来的额外基建开支，地方政府不得不通过举债应对，负债规模的扩张成为基础设施资金供

① 2017年全国一般公共预算收入决算表。

② 2018年国民经济和社会发展统计公报。

求失衡所带来的又一隐患。总之，政府财力已经难以支撑未来我国对于公益性基础设施的庞大需求，寻找资金的替代来源成为优化供求结构的关键所在。

另一方面，以国有资本为主要资金来源的公益性基建企业依然存在劳动生产率较低、运营资金管理有待提高、技术革新有待推进的不足之处。因此目前其运营效率并不能满足日益扩大的公益性基础设施发展规模的要求，也就造成了公益性基础设施空有其表，重数量轻质量的畸形发展趋势。要想切实提高公益性基础设施运营效率，就要设法摆脱国有资本的束缚，摒弃一切依靠财政的经营理念，激活公益性基建企业自身发展的内在潜力。

民间资本方面，囊括巨额资金却迟迟找不到投资门路，在有限的投资领域中造就了楼市泡沫、股市游资等种种异象，过剩的民间资本流动性为经济稳定发展埋下了潜在的隐患。同时有形的资金规模背后所能带来的无形运营管理优势也并未被充分利用，换言之，如何将民间资本给经济社会所造成的巨大压力转化为推动经济发展的动力是急需解决的问题。

3.4.2 准经营性基建项目——公私主体最优边界尚未明确

根据公共物品理论和项目区分理论，准经营性基建项目具有如下特点：

1. 一定的排他性

准经营性基建项目也具有私人物品的属性，其产出或服务可以以收费形式排除不付费者。

2. 一定的公益性

准经营性基建项目的建设和运营所提供的产品或服务往往是为了满足社会公众的基础设施需求，与公众的生活和利益紧密相连，符合社会公众的利益，具有一定的社会公益性。

3. 产品服务价格受限制

准经营性基建项目的产品或服务价格一般由政府和私人部门共同确定，并非由市场化确定。政府部门出于准经营性基础设施项目的社会效益考虑，对于该价格的设定往往会增加项目运营期间的财务测算，导致项目收益不足或以投资回报率低于项目所在行业的市场平均水平，使得有实力的社会资本的参与意愿降低。

由于准经营性基建项目中各参与主体之间存在不同的利益诉求，决定了其合作伙伴关系形成和股权合作时必须遵守以下原则：

1. 风险与收益匹配原则

准经营性基建项目通常投资时间长、参与主体多涉及各方面的情况比较复杂，项目风险需要各参与方共同分担。准经营性基建项目的合作伙伴进行股权合作时希望获得与风险相对应的收益。政府拥有准经营性基建项目全周期的监督权，因此应承担相应的宏观风险并且给社会资本一定的扶持政策。其他社会资本投资者，应该根据自身承担风险的情况和投资意愿，选择合适的准经营性基建项目进行投资。

2. 股权结构优化原则

准经营性基建项目股权结构是项目交易结构和利益分配的关键。最优的股权结构能够促使各方积极合作，实现最大化效用。而最优股权结构包括了准经营性基建项目合作伙伴的选择和股权比例的分配。准经营性基建项目的最优股权结构，能够提高参与者各方的努力程度和期望收益，同时提高项目公司的期望收益。在确立股权参与方之后，应该选择合适的股权比例，由于投资者风险偏好的不同，在不同的准经营性基建项目回报率下应有不同的股权比例，需要根据不同情况选择合理的股权结构。

3. 竞争机制透明公平原则

准经营性基建项目股权参与方应具有同等的地位，在参与项目竞标或者合作时应该遵循公平公开原则。甄选程序应该透明和公开，国企与民营在共同竞争时应具有公平的竞争条件，并鼓励民营企业积极参与准经营性基建项目。

4. 信息对称原则

政府与社会资本、项目公司股东与管理者或者承包商之间存在典型委托代理关系，应尽量使项目的多方参与者之间信息沟通顺畅，防止信息不对称引起的逆向选择与道德风险。

基于准经营性基础设施项目自身特点以及项目参与主体在合作过程中应该遵守的原则这两个维度来分析不难发现，目前准经营性基础设施项目能否顺利开展，关键问题在于政府部门和社会资本能否通过采用最优的项目融资模式，在实现各自的利益诉求的同时完成准经营性基础设施项目建设，从而带来社会效益的增加。在这个过程中，政府部门不仅要在财政可承受能力 10% 的监管红线范围内，通过直接或间接的激励措施吸引社会资本参与，保证准经营性基建项目按照预期顺利进行，还要顾及准经营性 PPP 项目的公益性属性，设置相应限制手段来防止社会资本在项目运营期间获得过高收益，产生暴利行为。

3.4.3 经营性基建项目——融资方式选择缺乏依据

微观经济学中对效率的经典定义有三种：一是引导交易效率向配置效率转化的制度效率，即现行的经济制度是否能够满足经济主体以最小成本与风险融得所需资金并将收益最大化，以及在此过程中资源是否能够被充分利用；二是利用经典的帕累托状态来考察效率，即资源的配置利用是否达到了帕累托最优，经济主体在追求自身利益最大化的同时是否能够满足全社会的帕累托最优；三是对效率的数学定义，用经济主体的投入产出比来表示，也可表现出成本与收益的比例关系。

根据对有关效率定义的归纳，本书给出对融资效率的界定：融资效率是对经济主体在融资过程中的成本收益关系以及资金利用程度的综合度量。如果在风险有效控制的前提下，融资主体能够以最低的成本融得所需资金，并将资金有效利用，达到收益最大化的目的，则融资是高效的，否则资源便没有实现有效配置，融资效率低下。融资结构是影响融资效率的因素之一，不同的融资结构构成不同的融资方案，由于不同融资方案的融资渠道不同，受到的影响因素也不同，故不同的融资模式的融资效率各有不同。

项目融资是20世纪中期在我国开始流行的一种新型市场化融资方式，是指以待建项目的资产、未来收益等作为抵押所进行的融资活动。由于项目在建成投入使用后会有稳定的现金流入，因此项目未来的回报收益作为项目投资的还款来源，其间需要将项目有关资产作为对投资者的抵押担保。对项目融资效率的研究应该包括以下两方面内容：

项目融资的交易效率，即在风险最小化的情况下，项目主体能否以最低的成本融得所需资金。项目的融资成本不仅包括资金借贷的利息、发行股票分红等费用，还包括获得资金的可能性、资本金的机会成本、资金的时间价值等多种因素，在研究项目融资的交易效率时需要综合考虑这些可能的影响因素。

项目融资的配置效率，即项目主体融得的资金能否达到很高的利用率，实现项目主体收益最大化的目标。资本市场的利益驱动效应使得资金总是朝着预期收益率高的项目流动，而融资活动其实是社会资源的配置过程通过资金供求的形式表现出来，故项目融得的资金的利用率、预期未来收益率等在很大程度上决定了项目融资效率的高低。

我国从20世纪中后期便开始了基础设施融资市场化的尝试，不断推进基础设施建设与运营的市场化运作，目前对经营性基础设施融资已基本完成了市场化。但在具体的融资过程中，融资模式与项目特性不匹配，导致资源利用率不高，融资效率低下的情况屡见不鲜，主要表现为以下几方面：

1. 融资结构性失衡

经营性基础设施项目的市场化融资结构不尽合理，长期以来过度依赖间接性贷款，导致间接性债务性资金比例过大，债务风险巨大。由于我国的资本市场形成较晚，与发达国家相比各方面还都不完善，无论是经济环境还是政策法规方面都不利于市场化融资改革的充分实现，融资渠道单一、专项资金不到位、项目公司承担具体建设运营时的经验不足等，致使市场化的融资方式不能很好地发挥其应有的作用，间接性贷款仍旧是基础设施建设的主要融资渠道。单一的融资渠道与方式严重影响经营性基础设施融资成本与风险，导致融资效率低下，削弱其对带动社会经济发展所应发挥的作用。

2. 融资环境恶化

由于地方政府长期担负着过重的债务负担，无法全部负担基础设施项目建设的资金需求，致使基建项目所需资金无法及时到位，进而影响项目的外部形象，投资盈利空间和吸引私人资本的能力严重下降。

股票、债券等融资方式本应是市场化融资的首选方式，但由于我国资本市场的发育还不十分健全、各项配套制度还不完善，并且政府根据基建项目建立的城投公司在具体建设运营中缺乏经验，致使以城投公司为融资主体发行股票、债券等权益性融资方式一直未能成为我国经营性基础设施融资的主要方式，资本市场融资应有的优势也无法发挥出来。

3. 融资成本攀升

我国大多数的城投公司都是由政府组建成立的，其所有权归国家所有，相当于“委托—代理”模式，这种模式大大增加了公司的运营成本。企业融资的代理成本理论认为，如果委托人和代理人的利益是一致的，那么可以相信代理人会完全遵照委托人的意愿采取行动。相反，如果委托人和代理人的利益是不一致的，即由于企业的经营者不是其所有者，产生了委托代理关系，进而产生了代理成本。企业经营者承担着全部的成本努力工作，最后却只能得到部分收益，这时企业经营者便违背所有者的意愿，而实现自己的利益最大化。这种事实上的所有权虚置会导致企业实际的运营管理中经营者缺乏自我约束意识和监督机制，使资源利用率严重降低，公司整体利益下滑甚至亏损。在我国众多由政府组建的城投公司中也存在这样的问题，结果是导致融资效率低下，影响基础设施建设。

在我国经营性基础设施融资已经基本实现市场化的今天，如何充分利用资本市场的优势提高融资效率、改善资源配置结构，成为经营性基础设施融资需要解决的新课题。对项目融资主体来说，如何选择市场化融资模式提高融资效率，不仅能让企业以最低的成本与风险获得所需项目资金，还可以促进企业实现投资的收益最大化。

3.5　不同视角下解决市场化融资问题的关键路径

针对上一节所阐述的各类基建项目的关键问题，通过设计问题解决方案，明确各类项目市场化融资的研究方向。

3.5.1 基于引入社会资本的公益性基建项目融资渠道设计

鉴于公益性基础设施的特定属性，其并不能依靠自身经营产生相应收入，必须依靠政府补贴，而一次性的补贴将会显著加大政府支付压力，极易形成政府债务而长期拖欠，同时，补贴的主观性造成了其不合理的定价，从而不能按照参与方实际贡献进行相应补偿；而民间资本出于自身逐利性与利润最大化目标，对以上问题尤为敏感，因此在目前状况下，公益性基础设施对民间资本吸引力不足，缺乏相应融资渠道促进公益性基建与民间资本的深度融合。

当前需要在深入探讨民间资本进入公益性基础设施有关问题的基础上，研究具有现实意义的改革方案，引导民间资本流向的同时，化解公益性基础设施进一步发展道路上的阻碍，力求二者相互融合形成对于推动经济发展的双重动力。而在这个过程中，一套以政府部门为补贴主体，公益性基建项目的项目公司为补贴客体，以补贴价格为媒介，引导民资流量与流向来完成民间资本与公益性基础设施建设最优匹配的融资渠道就显得十分必要。而这其中，政府部门如何通过合理制定政府对项目公司的补贴价格，是整个补贴研究的关键所在（见图3.4）。

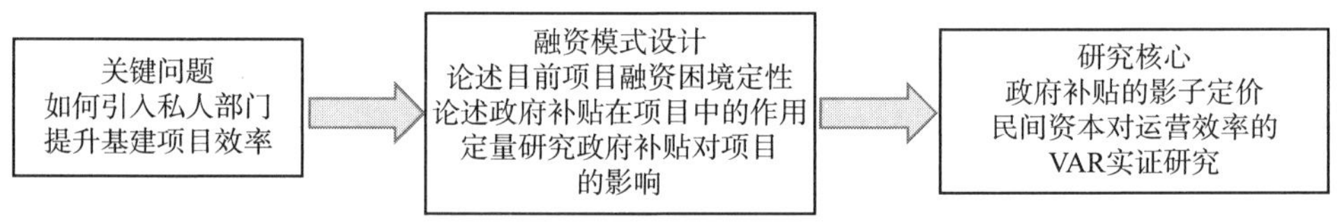

图3.4 公益性基建项目市场化融资关键路径设计

3.5.2 基于公私最优边界的准经营性基建项目融资结构优化

对于准经营性基建项目，项目各参与者之间能否达成公平有效的风险分担与利益分配机制是项目能否成功落地的关键，而这需要以合理的资本结构为前提。

合理的资本结构不仅能保障基础设施项目顺利高效地建设运行，还可充分实现整个项目价值最大化，更能保证各投资者的利益。确保其中债务投资的合理安排还能使项目放贷方价值最大，从而使整个项目健康的运作。合理的资本结构有助于实现资源的有效配置，提高资金的利用效率，让资金在最适合的位置上发挥最大的效用。而在确定准经营性基础设施项目的最优资本结构之后，对于股权结构和债务布置的优化同样可以对项目价值最大化以及满足各参与主体利益诉求起到正向促进作用。

对于股权结构部分，政府部门和私人部门如何通过各自股权比例的边界设计来实现各自的效用最大化、专业方以股权形式加入项目公司是否会促进整个项目的效率优化和价值提升、多参与主体下的项目股权结构最优边界又会发生怎样的变化，这些都会帮助政府部门和私人部门来确定一个更合理有效的最右边界，从而为项目融资方案的选择提供理论思路。而对于债权结构方面，在现实中，准经营性基建项目的项目公司债务结构往往存在不均衡、不协调的情况，如何确定一个科学合理的债务布置结构问题应运而生。项目公司可以通过合理的债务布置结构，通过分析比较公开债务和非公开债务的融资成本和融资难易程度等多个视角，确定二者的最优比例，通过融资成本的最小化来提升项目的社会总效用，从而保障准经营性基建项目的落地和有效推进（见图 3.5）。

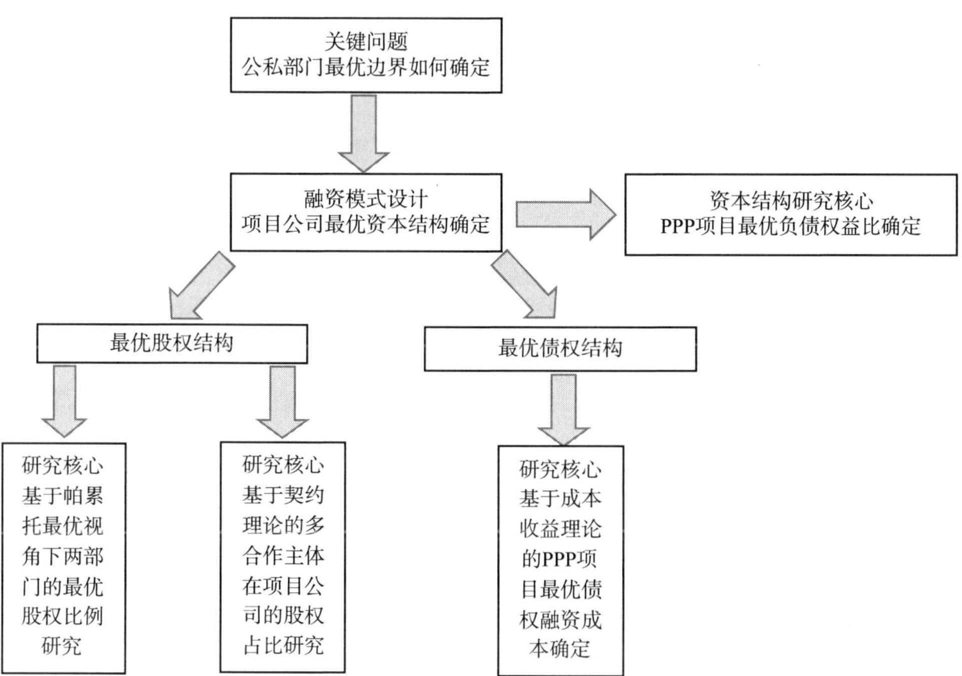

图 3.5　准经营性基建项目市场化融资关键路径设计

3.5.3　基于效率评价视角的经营性基建项目融资模式选择

对于经营性基建项目而言，融资效率的比较和评价可以为具体项目选择匹配的融资模式提供科学依据，短期来看提高资源的配置效率，使民间资本的收益最大化，以此实现高效的资源利用。长期来看可以促进基础设施建设与经济发展。

根据科学的融资模式效率评价，为城市经营性基础设施选择最优融资方案，不仅可以极大地加快城市基础设施的建设进度，而且为经济的腾飞提供源源不绝的动力（见图3.6）。

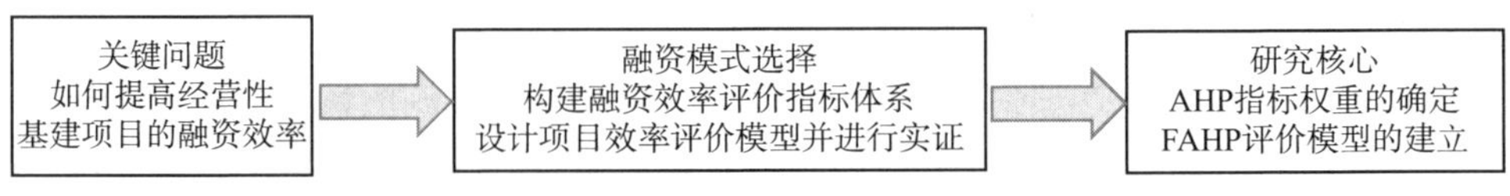

图3.6　经营性基建项目关键路径设计

3.6　我国基础设施项目市场化融资的理论分析框架构建

以项目区分理论和公共物品项目理论为基础，将我国基建项目划分为公益性项目、准经营性项目和经营性项目，并针对各自在市场化融资过程中的关键问题，通过定性分析和定量研究来提供一个合理可行的问题解决路径，从而得到不同项目的最优融资模式。其具体研究框架如图3.7所示。

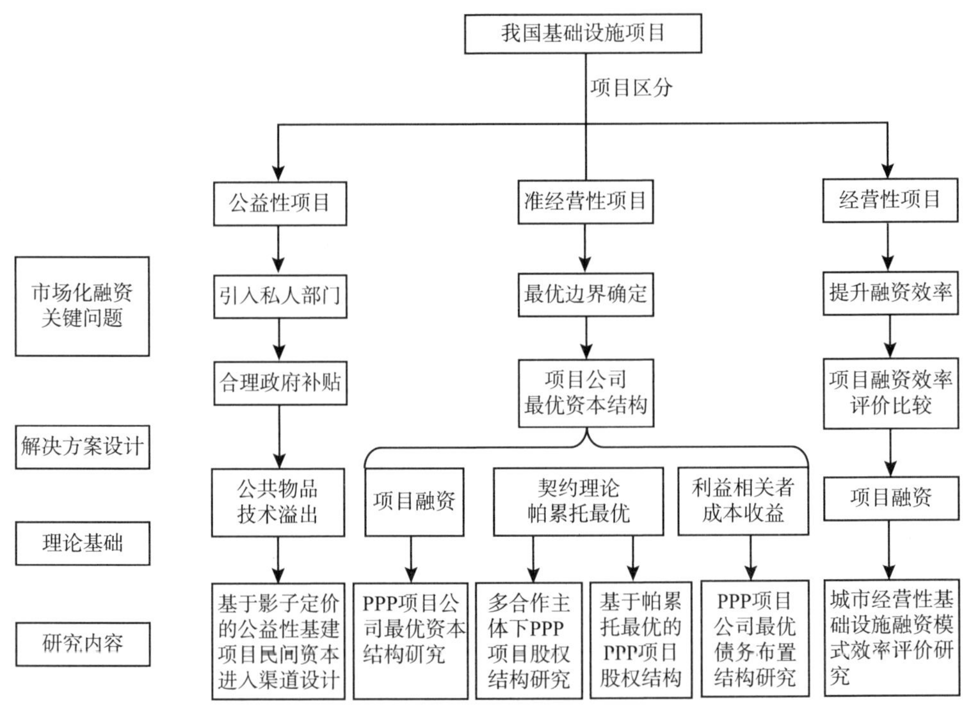

图3.7　我国基建项目市场化融资关键路径设计框架

本章主要介绍了基建项目市场化融资中的传统融资模式与创新型融资模式，以我国目前的经济发展现状和国家政策导向为基础，说明了创新型融资模式的优势，并以 PPP 模式为具体研究对象，进一步分析论述了我国基建项目融资模式的流程及利益相关者的诉求。针对公益性、准经营性和经营性基建项目这三类项目目前在我国市场化融资过程中所遇到的不同关键问题，本章以解决问题的关键路径设计为核心，明确不同基建项目市场化融资的研究思路与研究方法，在此基础上构建我国基建项目市场化融资关键路径研究框架，为后续章节的研究工作提供方向和理论支持。

第4章

民间资本参与公益性基建项目的渠道设计

一国公益性基建项目的发展与其经济增长息息相关，为了更好地做好公益性基建项目，促进我国基础设施的不断完善，本章首先对公益性基建项目的现实困境进行了深入剖析，公益性基础设施主要分为：电力、交通运输仓储、公共设施管理等，发现存在供求结构失衡、运营效率偏低、民间资本参与基建项目程度不高三大主要问题；其次为解决上述困境，基于影子收费思路，提出了公益性基础设施中民间资本的引入渠道；最后为增加可靠性，引入诱导激励价格对影子价格进行调整，并选取 VAR 模型，实证分析不同来源的民营资本对运营效率的影响时滞和影响程度。

4.1 公益性基建项目的融资困境

民间资本与公益性基础设施作为长久以来推动经济增长的重要力量，在不断做出经济贡献的同时，二者之间鲜有交集，由此造就了各自不同的发展现状，也积累了诸多阻碍各自发展与经济效用发挥的现实问题。

4.1.1 公益性基建项目供求结构失衡

首先，为了明晰当前资金形势，我们需要对我国整个经济总体的公益性基础设施资金需求数量进行大体测算。有关基础设施与经济增长二者之间关系的研究表明，一方面基建投资能够实质性推动整个经济的平稳增长，相关文献显示，经济增长与基础设施发展有着显著的正相关关系，并且《1994 年世界发展报告》指出，发展中国家基础设施存量 1% 的增长也将带动 GDP 相应数值的提升[175]。另一方面为了确保基础设施能够给 GDP 增长带来可持续的长效推动力，又需要保证对基础设施进行一定比例的投资，而这一比例通常又反过来与 GDP 有着密切关系。GDP 与基础设施投资的双向联系为资金需求的预测提供了依据，从表 4.1 我们可以看出近几年我国 GDP 的增长情况。

表 4.1　　2013~2017 年我国 GDP 增长状况

项目	2013 年	2014 年	2015 年	2016 年	2017 年
GDP（亿元）	592 963	641 280	685 992	740 060	820 754
增长率（%）	7.8	8.1	6.9	7.8	10.9

资料来源：国家统计局国家数据 2013~2017 年国内生产总值 http://data.stats.gov.cn/。

根据世界银行的建议，发展中国家城市基础设施投资应占 GDP 的 3%~5%，如果按照公益性基础设施投资为城市基础设施的 70% 左右计算，应为 2.1%~3.5%。[176] 根据这一比例可以推算近几年我国公益性基础设施资金需求量，具体数据见表 4.2。

表 4.2　　2013~2017 年我国公益性基础设施资金需求量　　单位：亿元

项目	2013 年	2014 年	2015 年	2016 年	2017 年	2013~2017 年总额
最小资金需求	12 450	13 467	14 406	15 541	17 236	73 100
最大资金需求	20 754	22 445	24 010	25 902	28 720	121 837

资料来源：国家数据，此表最小值由各年 GDP 数据 ×2.1% 得出；最大值由各年 GDP 数据 ×3.5% 得出。

由表 4.2 可见，在参考世界银行给出的资金比例之后得出近几年我国对于公益性基础设施资金的需求在 73 477 亿~1 224 642 亿元，而中国 2013 年财政收入是 12.91 万亿元，也就是说中国 2013~2017 年公益性基础设施一项的资金需求接近 2013 年一年的财政收入。而世界银行在测算基础设施较 GDP 占比时城市化程度占有相当大的权重，因此综合更多因素来看，世界银行所提供的比例在应用于中国时显得过于保守，最近几年我国公益基础设施资金需求量仍有上调空间。

其次，对于资金的供给，不管一个国家的经济体制如何，公益性基础设施都被认为是一国政府所要提供的，需要政府所有，财政负担，私人部门既无义务也无能力完成公益性基建项目。发展中国家政府是提供基础设施资金的主体或中介人，所有项目风险都由政府承担。现阶段资金缺口明显，无疑给公益性基础设施的进一步发展增添了不小的压力。

4.1.2　民间资本参与基建项目程度不高

随着改革开放的不断深入，民间资本快速发展，本节分别对民资总量与构成进行考察，分析民资发展规模与前景。

以居民储蓄为代表的民间资本已发展至相当规模，鉴于如此庞大且快速增长的资金规模以及各构成形态多样化的流动性分布，民间资本有望成为助力公益性基建跨越资金瓶颈的重要动力（见表4.3）。

表4.3　居民储蓄增长情况

项目	2008年	2010年	2012年	2014年	2016年	2017年
居民储蓄总额（亿元）	217 885.4	303 302.5	411 362.6	508 878.1	603 504.2	649 341.5
同比增长速度（%）	26.3	16.3	16.6	9	9.3	7.6

资料来源：国家统计局国家数据。居民储蓄总额，http：//data.stats.gov.cn/。

但从目前我国基础设施的发展实践来看，民间资本已参与基建的部分领域，在一定程度上增加资金供给，但其参与公益类基建的程度仍不高。如表4.4所示，国有及国有控股投资基建比重逐年降低，但在电力、交通、水利和公共设施等公益类基础设施的投资比重持续居高不下。尽管电力行业国有及国有控股投资比重下降较多，但水利、公共设施下降幅度较小，铁路、道路等近年来甚至出现不降反升的情况，可见民间资本参与公益类基建的程度十分有限。

表4.4　国有及国有控股投资占基础设施投资的比重　单位：%

项目	2010年	2011年	2012年	2013年	2014年	2015年	2016年	2017年
基础设施投资合计	85.8	80.8	78.5	76.5	74.3	72.4	75.9	76.5
电力等	76.3	71.7	70.1	68.0	66.1	61.8	61.2	59.3
交通运输仓储邮政	87.2	83.1	80.0	76.9	75.7	73.7	76.7	79.2
铁路运输业	99.2	97.4	97.4	96.8	96.7	96.1	97.5	97.6
道路运输业	95.5	77.2	88.1	86.9	85.4	84.8	86.8	88.4
水利管理业	87.6	88.6	89.1	87.6	86.8	85.6	87.4	88.1
公共设施管理业	90.3	76.6	77.2	76.7	74.2	72.5	77.1	76.6
电力、交通运输、仓储邮政、水利管理、公共设施管理四项小计	85.5	78.9	77.5	75.6	73.8	71.5	74.4	75.2

资料来源：国家统计局国家数据：http：//data.stats.gov.cn/。

4.2　政府补贴的影子定价模型

与国有资本相比，民间资本在影响力、稳定性程度等各个方面有着较佳表现，以民间资本替代目前广泛存在于公益性基础设施建设中的国有资本显然能够有效解决公益性基建的运营效率问题。因此，本节将根据影子收费思路，结合前文实证结果，为公益性基础设施中民间资本的引入设计相应渠道。

4.2.1　政府补贴影子定价的基本思路

本书所设计的民间资本引入渠道围绕影子收费展开，目前没有权威的学者或机构对于影子收费给出确切的定义，但是通过融资领域的实践，从融资目的和机制入手，我们能够归纳出影子收费的一个概括性的含义，即影子收费是指为保证具有公共物品属性的项目顺利建设、运营和维护，政府在合同期限内每年以财政性资金或其他形式，根据该项目可测定的为社会无偿提供的服务量，投资者的资本成本等因素，向该项目的承建运营机构或者项目投资人定期地支付一定费用的给付模式。

由于公益性基础设施的特殊属性，其并不能产生稳定的收益，从而无法依靠自身来吸引社会投资者参与建设，因此影子收费并不像发行债券或股票那样可以直接融得资金，也不像 BOT 等融资模式那样通过转化融资主体来融得资金，影子收费本质上是一种融资给付结构，或者说是一种政府购买公益性基础设施项目服务的给付方式，这也使得它可以被轻松地运用到不同的融资架构中。

通过以影子收费为核心引入渠道设置，能够达到如下效果：

第一，为吸引民间资本创造了条件。运用影子收费模式作为政府对公益性基础设施投资的给付工具，为公益性基础设施项目创造了可持续的稳定的现金流，使得公益性项目从理论上转化为经营性或准经营性项目，从而为其他融资模式在应用层面打下了基础。同时，与以往融资渠道不同，合理的价格制定能够促使民间资本发挥其内在积极性，深度参与公益性基础设施建设的各个阶段，从而改善其面临的运营效率低下难题。

第二，减轻了政府即期支付压力。地方政府运用影子收费模式，为基础设施建设项目提供一个可持续的稳定的现金流，将政府需要支付的资金分摊到今后的各个时点，不仅使政府资金达到了优化配置，而且满足了市政建设短期内的集中化、大规模的资金需求，在时间上减轻了政府的资金压力和融资负担。

第三，可以有效控制政府和投资者承担的风险。对于投资于自然垄断性强、资金密集程度高、服务性和先行性明显的公益性基础设施来说，政府在这个过程中如何科学投资、控制风险成了重要课题。运用影子收费模式作为政府对公益性基础设施投资的给付工具，量化了政府投资，使得政府对公益性基础设施的投资更加科学可控，便于监管，提高了政府的投资效率，有效地控制了风险。对于民间投资者来说，影子费用由信用等级较高的政府来支付，这种回报相对稳定、风险较低，至少可以保证补偿民间投资者的资本成本。

影子收费的给付结构由价格的出让者、价格的接受者以及价格的性质三个要素及其相互关系构成，并随着影子收费被应用于不同的融资架构而发生变化。价格的出让者是占据资源所有权，制定资源价格并借此分配资源收益的一方；价格的接受者是得到价格并作为分配所得的资源非显性收益替代物的一方；价格的性质则能反映价格在出让方与接受方之间传递时所表现的功能。

公益性基础设施的价格出让者一般由政府或者其下辖组织单位充当，因为其拥有公益基础设施的实际所有权，能够获得大量信息方便制定价格；而价格的接受者则是由与项目建设有关的各企业组织组成，他们实际控制着设施从生产到经营的整个流程，并从价格出让者手中获得各自应得收益；而在价格的传递过程中，价格被分成各种不同的形式，例如在价格由出让者向投资方传递的过程中，价格充当的是资本成本的补充，如图 4.1 所示。

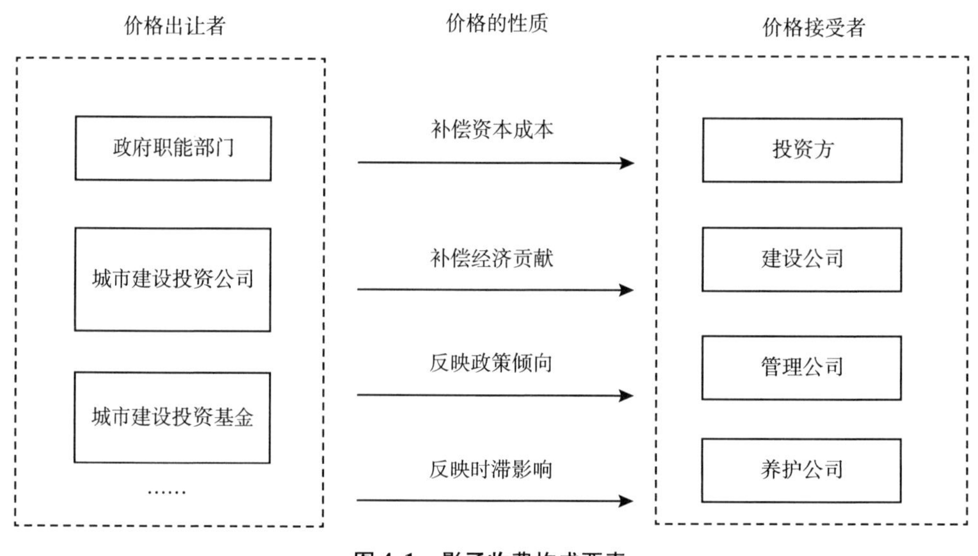

图 4.1　影子收费构成要素

同时鉴于上一章所得实证结论，为了引导效率改善优势更为突出的民间资本进入相应公益性基础设施，在价格形成过程中需要包含政策倾向，对于不同类型的民间资本设置大小不同的诱导激励，以促进民间资本在整个公益性基础设施领域当中达到最优配置。

此外，实证分析还给出了各类型民间资本对入驻基建企业运营效率的影响形态，从而能够分析出不同阶段运营效率的改善强度，即效率改善的时滞。因此，为了合理调配民间资本的介入时机，时滞因素也必须纳入价格形成过程的考量。

4.2.2 政府补贴影子定价的研究

公益性基础设施项目主要包括免费公路、桥梁、隧道等交通项目以及公共广场、绿地、照明等市政项目。对于前者，服务量指参与利用交通设施的交通工具数目，而后者所涉及的服务量指单位设施所辐射的人口数目。为了便于叙述，我们在这一章节研究的定价问题主要针对交通设施项目，其他的项目可以依照该方法进行类推，就不再赘述。

结合影子收费基本思路与既得实证结果，本书影子价格简要构成如式（4-1）所示：

$$P = P_a(s/c) + P_b(q) + P_c(t) \quad q \in [0,\ 1];\ t \in (0,\ \infty) \tag{4-1}$$

其中 P_a 为成本与风险补偿价格，这一部分为公益性基础设施所提供服务量 s 的函数，P_a 与 s/c 呈正相关；P_b 为诱导激励价格，其是不同类型的民间资本在各效率变化中贡献程度 q 的函数，贡献程度越高说明所能带来的效率改善越明显，因此设置高激励项加以引导；P_c 是时间调整价格，其是民间资本入驻时期 t 的函数，由此政府能够控制民间资本的进入时机。

针对公益性基础设施应用影子收费大体可以分为四个步骤：（1）测定服务量；（2）服务量区间划分；（3）资本成本核算；（4）确定影子价格。通过步骤（1）、（2）、（3）我们可以求得影子价格中的成本补偿价格 P_a，随后通过步骤（4），引入影响时滞与程度因素，对价格进行进一步调整，量化诱导激励价格 P_b 与时间调整价格 P_c，并形成综合考量成本、风险、影响程度、影响时滞等因素的最优政府补贴——影子价格。

1. 测定服务量

关于公路、桥梁等交通设施未来每年车流量的测算有很多经验方法，借助统计处理方法能够使计算的结果更精确。路段上的交通流量与前几个时段的交通流量有着必然的联系，同时路段是路网中的一个部分，路段的通过状况必然受到上下游路段的交通状况的影响，所以路段上的交通流量势必与相连路段前几个时段的交通流量有着内在的联系。这样就可以利用路段前几个时期的交通流量数据去预测未来时段的交通流量，也可以利用上下游路段前几个时期的交通流量预测路段未来时段的交通流量。

设 $V_i(\tau)$ 为路段 i 上的 τ 时刻的交通流量，$V_i(\tau-1)$ 为路段 i 上的 τ 时刻前一时段的交通流量向量。令 $V_I(\tau)=[V_1(\tau), V_2(\tau), \cdots, V_d(\tau)]$，d 为所考虑路段的总数，若只考虑研究路段的交通流量，则 d=1。考虑到路段的长度和交通流量的特性，我们采用当前时间段和前 s 个时间段的交通流量对未来时间段的交通流量进行预测（通常我们只考虑 3 个时间段的交通流量的影响，也即 s=2）。这样，我们将 $V_i(\tau)$，$V_i(\tau-1)$，…，$V_i(\tau-s)$ 作为第 τ 个输入样本，$V_i(\tau+1)$ 作为第 τ 个样本输出值。故我们的目的是要在 $V_i(\tau+1)$ 与路段 i 上前 s+1 个时间段的交通流量［即 $V_i(\tau)$，$V_i(\tau-1)$，…，$V_i(\tau-s)$］之间寻找一个函数关系或者它的一个逼近。

令 $x(\tau)=[V_i(\tau), V_i(\tau-1), \cdots, V_i(\tau-s)]$，$y(\tau)=V_i(\tau+1)$，则交通流量预测模型为：$y(\tau)=\langle w, \varphi(x(\tau))\rangle+b$，其中 w，b 则是我们要寻求的模型参数。关于此函数的具体形式，不同的理论有着不同的解释，就不再赘述，以上分析只是表明基于目标路段相邻路段的历史流量数据能够对目标路段未来流量进行合理的预测。

由于不同车辆的承载能力对交通设施的损害程度不同，而承载能力通常与车长、载质量呈正相关关系，所以仅以上文的算法进行计算还不完善，我们应该采用等效处理的方法，将观测到的混合车流的交通量换算成可比的标准车型交通量，再以影子价格计费。此处引入“当量小汽车”（美国公路通行能力手册首先提出）的概念，它定义为：在一定的道路和交通条件下一辆卡车或公共汽车等车型可以用一定量的小汽车来替代，此替代量，即为当量小汽车折算系数。以小型车作为标准车型，则标准车型交通量的计算公式为：

$$\text{标准车型交通量}=\sum(\text{每类型车辆数}\times\text{相应换算系数})$$

政府根据实际观测到的交通流量每年进行支付时，要注意与影子收费协议中所注明的标准车型交通量保持一致，以此依据进行支付。各类型车辆折算系数标准为（见表 4.5）。

表 4.5　　有效流量折算系数

车型	折算系数	说明
小型车	1.0	≤9 座客车及荷载质量≤1 吨货车
轻型车	1.2	9~19 座客车及荷载质量 1 吨~2.5 吨货车
中型车	1.5	>19 座客车及荷载质量 2.5 吨~7 吨货车
大型车	2.0	荷载质量 7 吨~14 吨货车
拖挂车	3.0	荷载质量 >14 吨货车

2. 服务量区间划分

由于公益性基础设施所吸纳的资金种类多样，有诸如国内民间资本、国外民间资本、国有资金等，因此参与项目的各方在基础设施建设运营中所扮演的角色也有所差异。各方所承担的风险不同，进而所要求的收益也不同。在进行影子收费时需要通过划分交通流量区间对收益和风险进行区分。换句话来说，影子收费的给付结构是根据不同时刻，不同道路交通流量分层设计的，即影子收费的设计原则为层级定价原则。而每一层定价所确定的收益率的作用也不相同。比如说在第一流量区间 0 ~ 15 000 辆内，被政府批准的特许经营权部门根据影子收费得到每一交通工具 8 元的补贴费用，设计这一层流量的标准是为了弥补固定的运营和维修成本；在第二区间 15 000 ~ 25 000 辆内，则根据影子收费可以得到 4 元的补贴费用，设计这一层流量的标准是为了弥补国有资金的资本成本；对第三层 25 000 ~ 35 000 辆的流量区间，根据影子收费可以得到 2 元的补贴费用，设计流量的标准是为了可以弥补各类民间资本的成本收益要求；而对于 35 000 辆流量以上的区间，则得不到补贴，投资商的回报封顶。

这里考虑政府投资者、国内民间投资者和国外民间投资者三类投资主体后对服务量进行划分，如表 4.6 所示。

表 4.6　　影子收费服务流量区间划分

交通流量处于此区间的概率	流量区间	影子费用的作用
ρ_0	$[0, a_0]$	弥补项目基本运营费用和维护成本
ρ_1	$(a_0, a_1]$	弥补第一区间成本并满足政府投资者资本成本要求
ρ_2	$(a_1, a_2]$	弥补第二区间成本并满足国内民间投资者资本成本要求
ρ_3	$(a_2, a_3]$	弥补第三区间成本并满足国外民间投资者收益要求
ρ_4	(a_3, ∞)	达到国外民间投资者期望收益率上限，锁定政府成本

服务量区间的划分关键在于间断点的选择，而间断点的确定需要结合上一步预测出的未来一段时间的流量分布，在间断点确定之后，相应的 ρ 值也就自然能够得到了。ρ 是交通流量处于该区间的概率，它是概率密度函数 $\rho(t)$ 的积分，从整个区域上看，$\rho(t)$ 是一个连续型分布，但我们假定在每一区间内交通流量 t 服从区间 $[a, b]$ 上的均匀分布，则在每一个区间间隔处出现跳跃，实际上，交通流量的分布应该服从于正态分布，之所以这样假设是为了便于理解和运算。ρ 的确定或者说是间断点的选择通常与政府有关，需要看政府部门对各区间投资人的重视程度，即以多大的概率保证不同参与方的利益。

ρ_0 一般情况下会等于0，流量不会落入（0，a_0］这一区间，因为倘若流量仅仅处在这一区间中，项目的基本运营费用和维护费用无法得到全部补偿，这种情况下项目将不能继续运作，也就是说，政府会保证影子费用能够支撑整个基础设施的运转。因此，交通流量会处在（a_0，∞）这一区间当中，即 $\rho_1+\rho_2+\rho_3+\rho_4=1$。接着需要对这一区间做进一步划分。

低流量区间意味着低风险，因为交通流量达到或者超过这一区间相较于达到更高流量区间要更为容易，举例来说，假设在统计数据中车流量达到10 000辆/日的概率为0.8，而在80%的天数中又有0.5的概率达到了20 000辆/日，因此日均车流量达20 000辆的概率就是0.8×0.5=0.4，风险可以理解为不确定性，因此达到20 000辆/日的风险比10 000辆/日要高出一倍。同时低风险是政府投资者所期望的，在影子收费模式当中，流量的不确定性就是投资者所要面临的风险，既然低流量区间意味着更低的流量不确定性，那么这一区间就应当针对政府投资者，政府投资者的资本成本由此区间交通流量与单位流量影子价格的乘积来弥补。此外，如果政府侧重于自身利益，则会扩大低流量区间范围，以便实际车流量能够更大概率得落在此区间内。

按照区间流量风险与投资者面临风险相符合这一原则，以此类推，随着流量的增大，风险逐渐增加，区间所对应的投资者分别是国内民间投资者，国外民间投资者。同样，如果政府希望完全保证国内投资人的利益并以较大的概率保证国外民间投资者的利益，那么政府将会尽量使得交通流量的区间落入（a_1，a_2］和（a_2，a_3］，（a_2，a_3］的范围将设置得比较大。当然，按照投入资本类型对投资者划分出的种类并不只局限于上面提到的三种，况且每种类型按照风险收益进一步划分又能拓展出许多小的类目，这里仅仅为了便于介绍划分的依据和原则做了必要的简化。当所需要考虑的投资者种类增加时，相应的区间划分也必须更为细致。

政府出于稳定自身融资成本的目的，设置了保护性的流量区间，也就是最后的无穷区间。当交通流量落入这一区间的情况发生时，意味着所有投资者的期望收益已经得到满足，影子费用涵盖了所有级别的投资方的利益，是政府的最高付款额。这一区间的下限通常根据基础设施所能提供的最大承载量拟订，超出这一下限的流量部分政府将不再付费，政府通过此举锁定了自身的最大融资成本，同时避免了投资方因过度追求通过增加流量来最大化收益所造成的社会效益的流失，保护了公共利益。在一般情况下，ρ_4 相较于 ρ_1、ρ_2、ρ_3 来说相对较小，原因是政府愿意借此提供更高的预期收益率，来增大各方在基础项目投资上的积极性。

总之，服务量区间的划分遵循着风险一致的原则，体现了政府对不同投资主体的重视程度，是影子价格计算的前提。

3. 基于 ABC 的资本成本核算

公益性基建中作业成本法指的是一种基于“资本由作业消耗，作业由项目消耗”基本原理形成的项目成本核算方法。该方法的作用机制是以消耗的资本为基础，以作业为基本分配单位，将资源消耗的成本分摊到作业中去；以项目对象消耗的作业为基础，以项目对象为基本分配单位，将项目对象消耗的作业分摊到各个项目中去，最终形成项目价值，如图 4.2 所示。

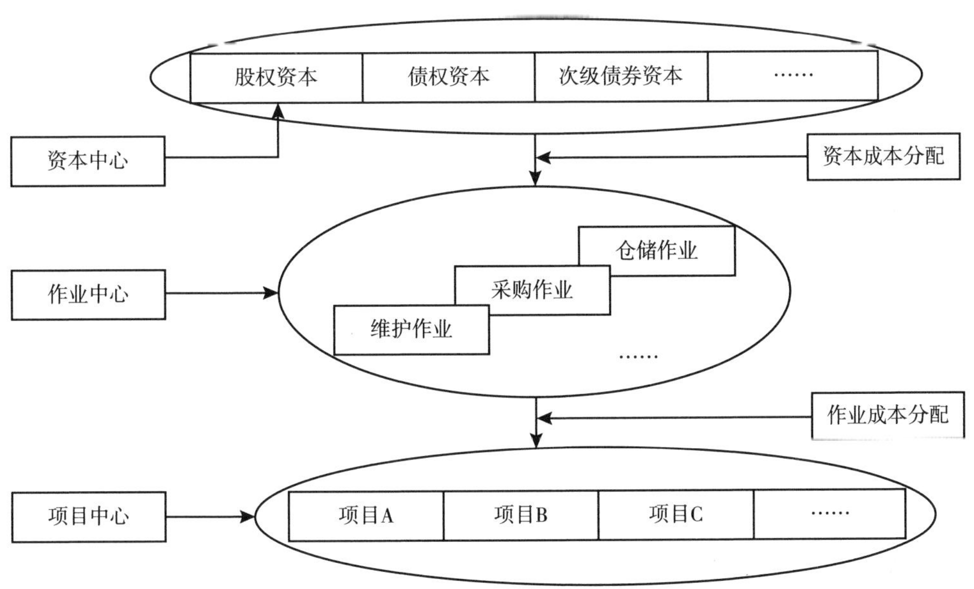

图 4.2　作业成本法流程示意

假设公益性基建企业在某一期间运营项目数目为 n，融入资本种类为 s，在整个作业链中包含 m 个作业，项目 i 消耗 j 作业的作业量为 u_{ij}($j=1, 2, 3, \cdots, n$)，j 作业消耗的资本 k 为 V_{jk}($k=1, 2, 3, \cdots, s$)，j 作业的作业总量为 Q_j，则 j 作业的动因分配率为：

$$d_j = \sum V_{jk}/Q_j,\ k \in [1, s] \tag{4-2}$$

从而 i 项目的总作业成本为：

$$C_i = \sum u_{ij} \times d_j = \sum (u_{ij} \times \sum V_{kj}/Q_j),\ k \in [1, s],\ j \in [1, m] \tag{4-3}$$

而在现实公益性基建企业运营过程中，项目成本按照实际支出情况通常能够直接反映在财务报表当中，因此，我们能够利用作业成本法来倒推参与某类项目建设运营的资本 K 所能要求的合理成本数额 V_k。

选取 m×s 个某类公益性基建项目数据，每个项目均可列出总作业成本方程，组合可得如下方程组：

$$\begin{cases} C_1 = \sum u_{1j} \times d_j = \sum (u_{1j} \times \sum V_{kj}/Q_j) \\ C_2 = \sum u_{2j} \times d_j = \sum (u_{2j} \times \sum V_{kj}/Q_j) \\ C_3 = \sum u_{3j} \times d_j = \sum (u_{3j} \times \sum V_{kj}/Q_j) \quad k \in [1, s], j \in [1, m], n = m \times s \\ \cdots\cdots \\ C_n = \sum u_{nj} \times d_j = \sum (u_{nj} \times \sum V_{kj}/Q_j) \end{cases} \tag{4-4}$$

式（4-4）代入 C_i，u_{ij}，Q_j 数据可求得 V_{kj}，即资本 K 在作业流程 j 上所消耗的标准成本，将 K 在所有流程上的消耗加总可得，在此类项目中，资本 K 所能要求的标准总成本 V_k 以及参数标准作业总成本 $C_k = (C_1 + C_2 + C_3 + \cdots + C_n)/n$。

具体应用方面，举例说明，假设 K 为国外民间资本，投入免费公路项目当中，参与运营过程中的采购作业、维护作业、人员培训作业三个作业流程，则根据方程组计算结果可得相应流程标准成本 V_1，V_2，V_3，标准国外民间资本成本为 $V_1 + V_2 + V_3$，最后根据项目实际作业总成本 C 与标准作业总成本 $(C_1 + C_2 + C_3 + \cdots + C_n)/n$ 二者关系对权益资本成本进行调整，可得实际权益资本成本：

$$V = (V_1 + V_2 + V_3) \times C/C_k$$

实际操作过程中因作业总成本通常与项目规模呈正相关，故 C 一般以反映项目规模的参数替代。

与传统资本成本核算方法相比，通过倒推作业成本法来确定不同类型民间资本成本的好处在于，首先，统一了成本核算口径。一切以作业流程为基础，无论民间资本参与形式如何，均以对作业总成本的贡献程度为标准进行计量，使得政府给付在各参与主体之间的分配更加公平；其次，简化了资本成本统计的程序。通过事先确定公益基建项目中各项资本的标准成本，在具体项目成本统计时，只需根据作业成本参数进行调整，即可快速确定资本成本，提高了政府决策效率；最后，改善了资本成本的核算精度。当前成本核算条件下，一旦基建公司完成融资，无论这笔资金是否真正参与了项目运营，政府都要对其资本成本进行补偿，闲置资金的大量存在无形中加大了政府给付压力的作业成本，因而仅对资本真正参与的作业流程计算其资本成本，所得结果更加合理准确。

4. 确定影子价格

根据服务流量区间的划分，以及前期核算出的各方资本成本，可以计算出影子价格，这里的影子价格其本质遵循原始定义，即替代市场价格的模拟价格，形式上表现为政府为每一区间中超过区间下限的每单位流量所支付的费用，这个费用被用来补偿每个区间所对应的投资人的资本成本。影子价格的确定是按照成本收益等因素的总额基于流量进行均摊过后形成的，简单来说，就是先确定总价，后得到单价即影子价格。

设年交通流量为 t 辆/期，每期支付额为 P 元，影子价格为 p_i 元，各期支付额 P 为流量 t 的函数。当 t 处于第一区间时，政府只需考虑项目的基本运营和维护，只支付给公益性基础设施运营者经营和维护费用；而当 t 处于第二区间时，新加入的政府投资者的利益需要得到保障，由于这里 t 流量覆盖了第一区间，所以政府需要支付的费用应该在营运成本的基础上增加债权投资者的资本成本要求，同时必须提到的一点是，在计算的过程中 t 处在每个不同区间时，都假定到达了这个区间的流量上限，也就说假定政府的年支付额 P 完全补偿了投资者的成本和收益。以此类推，当流量到达后两个区间时，应当额外满足国内与国外民间投资者的成本补偿需要。

上述步骤用等式可以表示为：

（1）当 $t\in[0,\ a_0]$ 时，一般情况下，$P=t\times p_0$，p_0 为这一区间的影子价格。

特别的，当 $t=a_0$ 时，则 P_0 = 运营者合理成本要求，将（a_0，P_0）代入一般式可得影子价格：$p_0=\frac{p_0}{a_0}$。

（2）当 $t\in(a_0,\ a_1]$ 时，一般情况下，$P=P_0+(t-a_0)\times p_1$，p_1 为这一区间影子价格。

特别的，当 $t=a_1$ 时，$P_1=P_0$ + 政府背景投资者资本成本，将（a_1，P_1）代入一般式可得影子价格：$p_1=\frac{p_1-p_0}{a_1-a_0}$。

（3）当 $t\in(a_1,\ a_2]$ 时，一般情况下，$P=P_1+(t-a_1)\times p_2$，p_2 为这一区间影子价格。

特别的，当 $t=a_2$ 时，$P_2=P_1$ + 国内民间投资者资本成本，将（a_2，P_2）代入一般式可得影子价格：$p_2=\frac{p_2-p_1}{a_2-a_1}$。

（4）当 $t\in(a_2,\ a_3]$ 时，一般情况下，$P=P_2+(t-a_2)\times p_3$，p_3 为这一区间影子价格。

特别的，当 $t=a_3$ 时，$P_3=P_2$ + 国外民间投资者回报，将（a_3，P_3）代入一

般式可得影子价格：$p_3=\dfrac{p_3-p_2}{a_3-a_2}$。

（5）当 $t\in(a_3,\ \infty)$ 时，对于超出 a_3 部分的流量免费，因此 $p_4=0$。

整体来看，影子费用是交通流量的分段函数，即：

$$P(t)=t\times p_0+\begin{cases}t\times p_0 & t\in[0,\ a_0]\\ t\times p_0+(t-a_0)\times p_1 & t\in(a_0,\ a_1]\\ t\times p_0+(a_1-a_0)\times p_1+(t-a_1)\times p_2 & t\in(a_1,\ a_2]\\ t\times p_0+(a_1-a_0)\times p_1+(a_2-a_1)\times p_2+(t-a_2)\times p_3 & t\in(a_2,\ a_3]\\ t\times p_0+(a_1-a_0)\times p_1+(a_2-a_1)\times p_2+(a_3-a_2)\times p_3 & t\in(a_3,\ \infty)\end{cases}$$

其中影子价格 p_i 整理如表 4.7 所示。

表 4.7　　各区间影子价格

影子价格 p_i	影子价格的作用
$p_0=\dfrac{p_0}{a_0}$	保证运营者的利益
$p_1=\dfrac{p_1-p_0}{a_1-a_0}$	可以保证运营者的利益但至多满足政府背景投资人的利益
$p_2=\dfrac{p_2-p_1}{a_2-a_1}$	可以保证政府背景投资人之上投资者利益但至多满足国内民间投资者的利益
$p_3=\dfrac{p_3-p_2}{a_3-a_2}$	可以保证国内民间投资人之上投资者的利益但至多满足国外民间投资者的利益
$p_4=0$	所有投资人利益得到满足

4.3　基于激励诱导机制设计的影子价格调整

在初步确定影子价格之后对其进行一定调整，使其更具有可靠性，本书影子收费价格简要构成如下：

$$P=Pa(s/c)+Pb(q)+Pc(t)\quad q\in[0,\ 1];\ t\in(0,\ \infty)\qquad(4-5)$$

其中，Pa 为成本与风险补偿价格，这一部分为公益性基础设施所提供服务量 s 的函数，Pa 与 s/c 呈正相关；Pb 为诱导激励价格，其是不同类型民间资本在各效率变化中贡献程度 q 的函数，贡献程度越高说明所能带来的效率改善越明显，因此设置高激励项加以引导；Pc 是时间调整价格，其是民间资本入驻时期 t 的函数，由此政府能够控制民间资本的进入时机。

4.3.1　民间资本对运营效率影响效果的 VAR 实证

在考察民间资本对基建企业运营效率影响的过程中，通过影响效果的比较，探讨不同来源民间资本对运营效率提升作用的差异。考虑到民间资本与运营效率的相互作用关系，选取 VAR 模型，采用时间序列数据进行实证研究。

1. VAR 模型与结果分析

为了检验不同来源民间资本对基建运营效率的影响，建立如下基准模型：

$$Y_t = C + A_1Y_{t-1} + A_2Y_{t-2} + \cdots + A_nY_{t-n} + \varepsilon_t,\ t = 1, 2, 3, \cdots, T \qquad (4-6)$$

其中，Y_t 是一个 P 维内生变量列向量，内生变量滞后阶数设定为下标中的 n，C 为常数向量，T 为总样本容量，A_n 是一个 P×P 维的矩阵，ε_t 则是 P 维的误差向量。假定 ε_t 的协方差矩阵是 P×P 的正定矩阵，则上面 VAR 数学表达式可展开如式（4-7）所示：

$$\begin{vmatrix} Y_{2t} \\ \cdots \end{vmatrix} = A_1 \begin{vmatrix} Y_{2t-1} \\ \cdots \end{vmatrix} + \cdots + A_n \begin{vmatrix} Y_{2t-n} \\ \cdots \end{vmatrix} + \begin{vmatrix} C_2 \\ \cdots \end{vmatrix} + \begin{vmatrix} \varepsilon_{2t} \\ \cdots \end{vmatrix},\ t = 1, 2, \cdots, T \qquad (4-7)$$

内生向量 Y 代表各运营效率以及各资金来源变量，滞后期 n 代表效率与资金来源关系研究的单位时间跨度，A_n 则为体现二者相关关系的系数矩阵。

内生变量 Y 包括：（1）国有资本代理变量——固定资产投资预算内资金（IB）：由于固定资产投资的主要对象为各领域基本建设项目，在相关研究文献与统计数据中均将固定资产投资与基础设施投资等同，而预算内财政划拨是国有资本流入基建企业的主要形式，因此，本书将固定资产投资预算内资金作为资金来源里国有资本的代理变量，在分析过程中与民间资本形成对照。（2）国内民间资本代理变量——固定资产投资自筹资金（IS）：由于自筹资金所面向的融资对象为本国社会公众，因而这笔资金具有私人属性，本书将之作为基建资金来源中国内民间资本的代理变量。（3）国外民间资本代理变量——固定资产投资利用外资（IF）：目前相关文献均以固定资产投资来指代基建资金，其下辖的这一统计类目单独衡量了国外资金参与我国基础设施建设的程度，作为广义民间资本的一部分，本书将之纳入指标体系作为国外民间资本的代理变量。（4）融资效率代理变量——财务费用率（FR）：融资是资金进入基建企业参与生产所需经历的首个环节，而财务费用率这一统计指标全面地描述了基建企业各项融资过程中投入产出之间的关系，因此财务费用率即成为衡量基建公司融资能力的主要指标，本书将之作为融资效率的代理变量。（5）管理效率代理变量——管理费用率（MR）：管理活动协调了基建企业整个运营过程，是资金参与生产的关键环节，其效率决定了管理团队能否以最低的代价支撑基建企业的正常运作，基建企业为了达到管理的高效率而不断进行管理技术革新，管理资源优化等尝试，而无论何种努力，管理费用率都能对其效果进行直观且一致的评价，因此本书将之作为评价基建企业管理效率的指标纳入模型框架。（6）生产效率代理变量——净资产收益率（NW）：作为财务分析中盈利能力的重要指标，反映出生产效率的高低。

本书选取2000~2013年这一时间跨度进行数据采集，得到共计6组，每组各53个季度时间序列的数据作为研究样本，其中资金来源数据取自各年度《中国固定资产投资统计年鉴》，效率数据来自各上市公司季度财报、各年度《中国企业发展年鉴》以及各省市城市发展规划报告。本书对原始数据选取原则与前期处理如下：（1）为了更具代表性，本书根据证监会《上市公司行业分类指引》（2012年修订）标准，选取318家公司作为样本数据序列。（2）对企业运营效率指标进行逐季度加权平均，最终形成时间序列数据。（3）由于统计制度的原因，固定资产投资数据在每年一月份均呈现缺失状态，本书根据ARMA进行拟合填补缺失数据，以确保样本数据频率的一致性。由于时间序列数据经常呈现出不同的变动趋势，本书通过采用X11-ARMA对所选样本数据进行季节调整，同时为了平滑时间序列数据的波动性，在季节调整过后又对数据进行对数化处理。

在向量自回归模型中，为了消除序列的异方差，本书对式（4-7）进行一阶差分。同时通过综合考察不同滞后期数的似然比、AIC信息准则（Akaike information criterion）、最终预测误差（final prediction error，FPE）、HQ信息准则（Hannan-Quinn criterion）以及SC信息准则（Schwarz criterion）这几个重要的参数指标确定了二阶滞后的VAR模型为最优选择。根据选取的6个变量与确定的滞后阶数建立的VAR模型见式（4-8）：

$$\begin{bmatrix} FR_t \\ MR_t \\ NW_t \\ IB_t \\ IF_t \\ IS_t \end{bmatrix} = \begin{bmatrix} C_1 \\ C_2 \\ C_3 \\ C_4 \\ C_5 \\ C_6 \end{bmatrix} + \begin{bmatrix} FR_{t-1} \\ MR_{t-1} \\ NW_{t-1} \\ IB_{t-1} \\ IF_{t-1} \\ IS_{t-1} \end{bmatrix} + \begin{bmatrix} FR_{t-2} \\ MR_{t-2} \\ NW_{t-2} \\ IB_{t-2} \\ IF_{t-2} \\ IS_{t-2} \end{bmatrix} + \begin{bmatrix} \varepsilon_{t_1} \\ \varepsilon_{t_2} \\ \varepsilon_{t_3} \\ \varepsilon_{t_4} \\ \varepsilon_{t_5} \\ \varepsilon_{t_6} \end{bmatrix} \tag{4-8}$$

通过对6组样本时间序列的回归得到，效率代理变量FR，MR，NW与投入资本代理变量IB、IF、IS两两之间的系数大多显著呈现支持预期结论的数值，单从系数估计结果粗略来看，FR受IF影响较大且其影响有着逐期递减的趋势，次级影响来自IS，所不同的是，其影响的时滞性较为明显；MR与NW变动主要因素均为IS，且时滞性同样在系数中有所体现。

对模型的 R 方检验和 F 检验得出模型具有较好的拟合程度，同时进行的 AR 根检验，也验证了 VAR 模型的稳定性。在此基础上后文能够进行脉冲分析和方差分解步骤。

2. 基于 VAR 的资金来源影响时滞分析

在运用 VAR 模型拟合了变量所组成的经济系统后，需进一步考察对模型中部分变量施加随机冲击后所产生的动态影响。为了深入研究当模型中的资金来源变量发生自发性扰动时，对运营效率变量所造成的冲击效果以及反应形态，就需要借助所估计出的 VAR 模型建立脉冲响应函数。

由图 4.3 得到，在基建类上市公司的财务费用率分别受到来自固定资产投资预算内资金、利用外资、自筹资金一个标准差的误差冲击之后，表现出了相同的负向波动，表明无论引入何种来源的资金，对基建企业的融资效率均能产生正向影响。而有所不同的是，在预算内资金的冲击下，财务费用率在第一期出现缓慢下降但在随后一期有所回升，而第三期之后冲击效应逐渐加强并在第六期达到顶峰，此时这一冲击使得 FR 降低了 9.6%，并在之后保持平稳；另一方面，利用外资所造成的冲击时滞较短且效果更为明显，财务费用率在第二期达到最低，降低幅度达 10.03%；FR 在受到自筹资金冲击后一直呈现波动态势，但波幅较小，最大波幅为 6.1%。相比较之下可以发现，国外民间资本的引入对融资效率的改善效果长期而平稳，表明更为开放的基建领域能够利用更多样的融资方式，享受更加低廉的融资费用，及时高效地促进融资效率的提高。

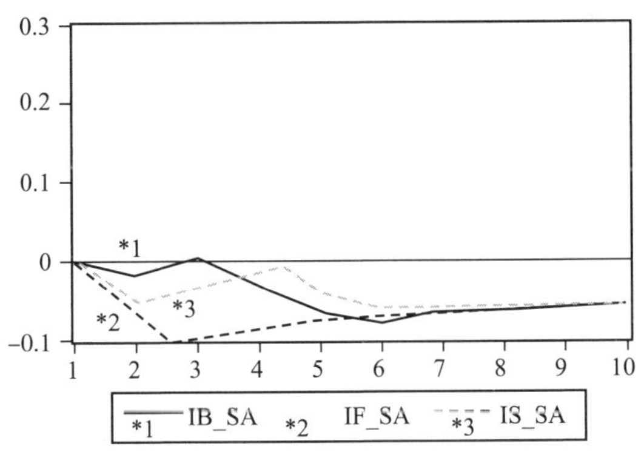

图 4.3　融资效率变量脉冲响应结果

由图 4.4 能够看出，与融资效率的情况不同的是，各因素的冲击效果自期初就呈现出不同的态势。预算内资金带来的冲击在第一期有一个负向跳跃，但随后一路上升由负转正，并在第二期达到波峰的 21.6%，此后保持波动趋势并且经历了再一次的正负交替，最终影响效果趋于消失；管理费用率受到的利用外资因素的影响自期初的 -5.5% 开始变动，在第二期抵达波谷的 -20.9%，而后影响在波动中减弱，但整个期间的影响都保持负向；自筹资金产生的负向影响在第二期至第三期之间取得 28.7% 的极值，并在之后一直保持高强度冲击效果。通过比较可以看出，国内民间资本在促进基建管理效率方面表现优异，能够较快发生作用并持续施加稳定的正向影响，同时与大多数行业一样，国有资本在管理效率上的缺陷同样存在，但无论何种资本，其影响效果随着时间的推移趋于减弱并最终消失，这表明了管理效率的提高目标需要长时间的努力才能完成。

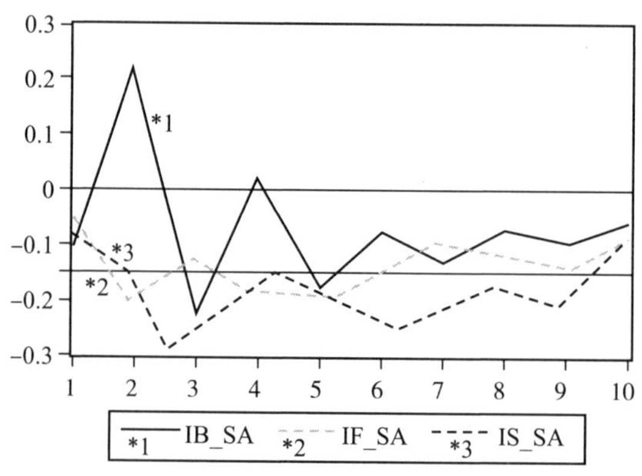

图 4.4　管理效率变量脉冲响应结果

图 4.5 中显示了生产效率的变动情况，在受到来自预算内资金变量的正向冲击后，净资产利润率反而在期初有所下降，直到第二期触底达到 -11% 才有所反

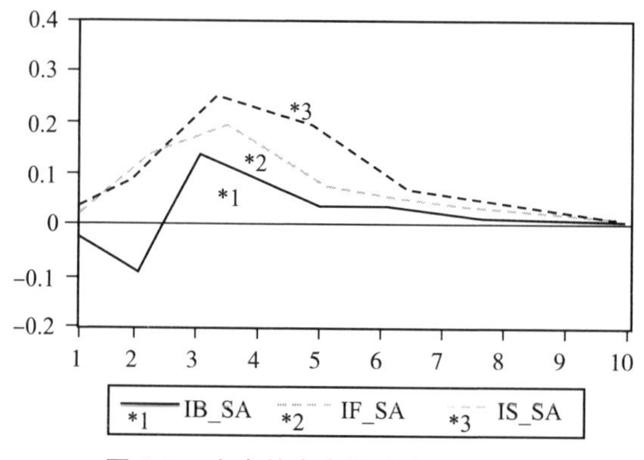

图 4.5　生产效率变量脉冲响应结果

弹，拉升至 12.1% 之后逐渐趋于 0；利用外资与自筹资金所带来的冲击一直保持正向，其中自筹资金的正向影响能够持续更长时间，同时最大影响 27.2% 明显高于利用外资的 18.8%，这一差距于观察期内一直存在，但随时间递减，最终趋于消失。通过比较可知，无论是外资还是国内资金，民间资本通过资本附加技术的方式产生了显著优于国有资本的生产效率提升效果。

3. 基于 VAR 的资金来源影响强度分析

脉冲响应函数形象地描述了资金来源变化的冲击对基建企业运营效率在不同时期的影响形态，而方差分解则以某一特定冲击所引起效率变量方差的变化占其总方差的百分比来量化冲击对内生变量变化的贡献，从而反映各资金来源变量对效率变量影响程度的不同。

如表 4.8 所示，财务费用率的方差分解结果显示，在由财务费用率、预算内资金、自筹资金以及利用外资组成的系统中，引起财务费用率变动的首要因素来自其自身，在第一期受自身波动影响最大，达到 95.9%，之后影响效应逐渐减弱，而各资金来源的贡献率呈现上升趋势，尤其是利用外资，在 10 期之后其贡献率接近 10%。可见抛开自身因素，国外民间资本对融资效率有着较优良的解释力。

表 4.8　融资效率变量的方差分解

Period	S. E.	LOGFR_SA	LOGIB_SA	LOGIF_SA	LOGIS_SA
1	0. 235427	95. 87633	0. 007284	0. 676950	3. 439438
2	0. 281479	92. 40148	0. 245611	3. 140305	4. 212604
3	0. 302494	90. 81535	0. 394920	4. 631905	4. 157824
4	0. 314394	89. 45870	0. 515119	5. 884880	4. 141304
5	0. 322038	88. 28720	0. 692379	6. 906211	4. 114212
6	0. 327369	87. 26125	0. 899957	7. 738940	4. 099855
7	0. 331334	86. 37344	1. 131898	8. 406740	4. 087917
8	0. 334398	85. 61360	1. 369547	8. 938619	4. 078234
9	0. 336825	84. 97015	1. 601889	9. 359422	4. 068541
10	0. 338772	84. 43055	1. 820275	9. 690727	4. 058450

表 4.9 显示，与财务费用率相同，影响管理费用率变动的主要因素也为其自身，但在方差分解中，来自自筹资金与利用外资的贡献程度明显更高，尤其在第

二期之后，二者贡献程度显著上升，分别跳跃至6.5%与8.1%，此后外资贡献走势稍弱于自筹资金，最终在10期过后，分别稳定在14%与10%；而另一方面，预算内资金对管理费用率变动的解释程度明显不足，十期之间始终在0.5%左右徘徊。

表4.9 管理效率变量的方差分解

Period	S. E.	LOGMR_SA	LOGIS_SA	LOGIF_SA	LOGIB_SA
1	0. 149712	99. 64521	0. 156206	0. 057765	0. 140822
2	0. 175738	90. 01923	1. 772392	7. 679375	0. 529007
3	0. 188809	84. 71190	6. 469468	8. 147478	0. 671154
4	0. 197212	80. 94405	8. 605335	9. 798794	0. 651818
5	0. 203313	78. 15978	10. 89150	10. 31808	0. 630643
6	0. 207233	76. 43779	12. 24171	10. 71002	0. 610477
7	0. 209919	75. 28246	13. 26468	10. 85673	0. 596123
8	0. 211716	74. 53123	13. 96234	10. 92024	0. 586191
9	0. 212957	74. 01967	14. 47882	10. 92211	0. 579405
10	0. 213820	73. 66696	14. 86002	10. 89827	0. 574744

如表4.10所示，在净资产利润率变动的贡献程度方面，各因素在整个期间的变动幅度均较小，且除去净资产利润率自身，其他三个因素的贡献率差别不大，但相比较而言，自筹资金仍然在解释力方面具有优势，说明国内民间资本变动在推动生产效率这一指标上也存在相当作用。

表4.10 生产效率变量的方差分解

Period	S. E.	LOGNW_SA	LOGIS_SA	LOGIF_SA	LOGIB_SA
1	0. 971441	90. 14243	4. 825697	4. 178014	0. 853861
2	1. 083539	88. 90981	5. 201216	3. 495199	2. 393776
3	1. 112156	88. 35971	4. 976898	3. 471279	3. 192114
4	1. 124411	87. 67648	4. 935625	3. 729435	3. 658456
5	1. 128258	87. 09061	5. 117678	4. 026795	3. 764917
6	1. 131320	86. 69001	5. 309996	4. 247390	3. 752601

续表

Period	S. E.	LOGNW_SA	LOGIS_SA	LOGIF_SA	LOGIB_SA
7	1. 134219	86. 44572	5. 446315	4. 365080	3. 742887
8	1. 36910	86. 27247	5. 537703	4. 418832	3. 770991
9	1. 138972	86. 14601	5. 592793	4. 432953	3. 828246
10	1. 140476	86. 04506	5. 627374	4. 431054	3. 896515

综合以上分析，实证检验了民间资本对基建企业运营效率的提升效果，并对其影响程度，影响形态进行了分析。通过建立包括资金来源（固定资产投资自筹资金、利用外资、预算内资金）与运营效率（财务费用率、管理费用率、净资产收益率）在内的 6 变量 VAR 模型，利用脉冲响应函数模拟各资金来源对效率变量的冲击在长期内的变化情况，而后利用方差分解来解析资金来源变量在效率变量变化中的贡献结构及其影响程度。

4. 3. 2　影子价格调整

根据以上分析结果，对影子价格进行调整，调整过后各区间新的影子价格 p^* 遵循如下形式：

$$p^* = \frac{pq^*}{e^{\left|\int_0^t (x-t^*)dx\right|}} \tag{4-9}$$

其中，函数 x 为各类资本对公益性基建运营效率的脉冲响应函数；参数 t^* 为脉冲响应函数所示资本对运营效率有效影响达到最大时的时间点；参数 q^* 为各类资本对公益基建运营效率贡献率（剔除运营效率自身影响后）。

通过对影子价格的调整，使得其能够在资本对运营效率影响最为显著时达到最大，通过不同时期价格的差异，影响资本介入公益性基建的时机选择；给予对运营效率贡献率较大的资本以更多补贴，引导公益性基建形成合理的资本结构。

至此影子价格已经形成，具体应用过程中，当政府面对某一特定公益基建项目时，影子价格制定过程遵循以下流程：（1）预测项目服务量分布函数，按照政府政策倾向划分服务量区间；（2）通过作业成本法核算不同资本类型标准成本，并按照项目实际规模调整后可得资本成本 Vk；（3）通过 VAR 计量得到脉冲响应函数与方差分解贡献率结果，取得不同资本类型参数 t^*，q^*，结合资本成本 Vk 最终形成影子价格。

综上所述，本章首先对目标公益性基建未来服务量进行预测，得到服务量分布函数，进而在参考拟引入资本类型与其相应风险承受能力的基础上，对整个服务量区间加以划分，与此同时，根据核算所得的各类型资本的标准资本成本与其实际参与的作业流程，完成实际资本成本的计算，结合区间划分，可得单位服务量政府补贴价格，进一步根据实证结果中影响时滞与影响程度的差异，对这一价格进行调整并形成最终的影子价格。以影子价格为核心，引导民间资本进入公益性基建的流量与流向，达到公益性基建与引入资本的最优匹配，在填补资金缺口的同时，最大程度改善公益性基建的运营效率。

第 5 章

准经营性基建项目市场化运作的最优资本结构研究

本章以权衡理论为基础，考量准经营性基础设施债务融资带来的税盾收益与破产成本；并用 B－S 公式衡量破产成本的价值，最终得出 PPP 项目公司的最优负债权益比。

5.1 权衡理论

权衡理论一直在资本结构理论中占据重要地位，其综合考虑了债务的税盾价值与破产成本，并在此基础上能够找到最优的资本结构使得企业价值最大化。

权衡理论是由 MM 理论发展而来。莫迪利亚尼（Modigliani）和米勒（Miller）从企业投资决策的角度出发，引入融资因素，并假设在完美的资本市场的条件下，分析有公司税和无公司税两种情况下资本结构与公司价值的关系。MM 定理Ⅰ未考虑公司税，得到企业无论以债务资本筹资还是以权益资本筹资，都只能改变企业总价值在股权与债务人之间的分配比例，不会影响企业的总价值大小。说明风险在相同的情况下，企业价值不受资本结构的影响，期望通过改变资本结构来提高企业价值的做法是无效的。MM 定理Ⅰ假设太为严格，没有公司税的情况在现实中是不存在的。

MM 定理Ⅱ引入了公司所得税，得出债务融资额越高，公司价值越大，所以公司若想达到价值最大化就必须采用 100% 的债务融资。显然，现实中任何公司都无法获得 100% 的债务融资，原因在于虽然增加债务融资数量能充分利用债务的税盾效益，但同时增大的债务额也提高了资产负债率，增大了项目财务困境的风险，从而股权资本和债权资本也会进一步要求提高回报率，由此所形成的债务成本会抵消一部分甚至超过税盾效益。

MM 理论虽然考虑了债务的税盾效应，却没有考虑公司破产成本的影响。权衡理论则是在MM理论基础之上发展形成的，该理论认为公司在没有负债或负债较少时，公司价值与负债水平呈同比例增加的关系，但是随着债务融资额逐步提高，财务困境成本开始逐渐上升，会不断抵消由财务杠杆所带来的税盾效应，最终降低企业价值。在这个过程中，必然存在一个最优的负债权益比使得公司的价值最大化。所以，公司的资本结构是在税收收益、破产成本、代理成本等债务收益与债务成本之间的权衡，债务的收益与成本均是债务水平的函数。

在考虑债务的税盾价值和破产成本的影响下，项目公司的价值与债务水平的关系呈倒“U”型，随着债务水平的不断增加，项目公司的价值先上升再下降，从而存在着一个最优的债务水平使得项目公司的价值达到最大化（见图5.1）。

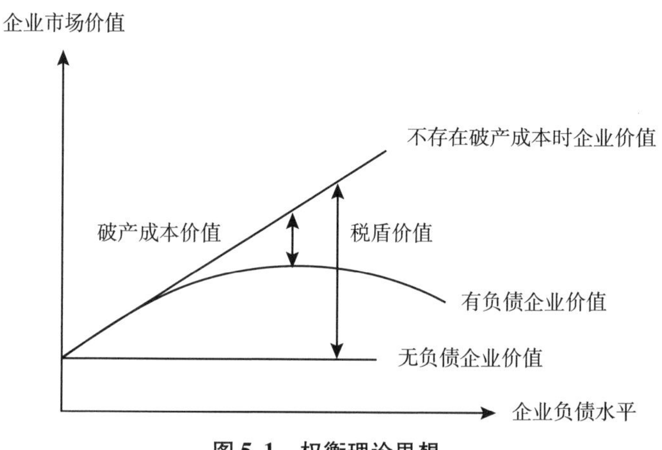

图5.1　权衡理论思想

假设采用债务融资的项目公司的价值为V_L，V_L的表达式如下：

$$V_L(D) = V_U + TD(D) - BC(D)$$

其中，V_U表示采用无负债企业，也即100%权益融资下的项目公司价值，TD(D)表示使用债务融资带来的利息免税收益，BC(D)代表破产成本，表示项目公司采用债务融资所带来的破产风险的价值。

因此，在项目公司价值最大化下确定最优的债务权益投入比例，也就是使TD(D) - BC(D)的差值最大化，其中的关键就是计算债务融资的节税效应与破产成本的衡量。

5.2　以权衡理论为基础的权益负债比模型

以权衡理论为基础，考量债务融资带来的税盾收益与破产成本；并用B-S

公式衡量破产成本的价值，最终得出 PPP 项目公司的最优负债权益比。

5.2.1 模型基本假设

为便于后文的分析，下面对模型进行相关假设。

假设 1：项目在执行阶段不进行再融资，项目收益也不进行再投资。

本书不考虑 PPP 项目再融资的特征，项目资本结构在确定之后就不会改变，这是对实际情况的一种简化。同时，项目收益也不进行再投资，表明项目的剩余利润会全部分配给股东，不会用作留存收益，这往往也是 PPP 项目的普遍做法。

假设 2：采用 PPP 模式建设的基础设施项目时间简化为两期，第一期为项目建设期，第二期为项目运营期。

此假设是为了简化下文的计算，只考虑项目的主要特征。项目在 $t=0$ 时开始建设，股东和银行分别投入股权和债权资本，项目在第一期末完成建设，进入运营期，产生收益，开始偿还银行贷款。基础设施项目有特许经营期，银行贷款期限小于或等于特许经营期，特许运营期结束时将项目交还给公共部门。

假设 3：公私合营模式的项目价值可以用项目收益量化。

本书所指的项目收益是项目的经济收益，暂不考虑项目的社会收益。因为一个特殊项目公司（special project company，SPC）只负责一个项目的建设运营，项目公司的价值等于其负责的项目价值。项目公司的价值也可以用项目的收益来量化。

5.2.2 确定最优负债权益比的标准

在考虑债务与权益投入时，不对权益资本进行细分，将私人部门与公共部门看作一个整体，最终的问题就是要确定项目公司中最优的负债权益比，通常的标准主要有：（1）企业价值最大化法；（2）加权平均资本成本（WACC）最小化法；（3）每股利润无差异点（EBIT - EPS）分析法。

其中 WACC 最小化法虽然简单易懂，便于操作，却存在着一个主要的缺点。根据 WACC 的计算原理，可以得出债务融资比例越高 WACC 越低的结论，因此使得企业偏向于选择债务融资比例较大的方案。然而当债务融资比例越高时，企业所面临的财务风险也迅速增加，严重时会引发企业财务困境甚至破产清算，而 WACC 最小化分析法并没有考虑此因素。此外，WACC 最小化也只是短期的决策标准，长期来看并不准确。

每股利润无差别点分析法同样也并不适用于分析项目公司的负债权益比，最根本的原因是该方法需要计算 EPS，即每股收益，而项目公司都是未上市的公司，无法计算每股收益。

所以，综上所述，本书使用企业价值最大化为标准，当项目公司价值达到最大化时的债务与权益比例为最优的负债权益比。在 PPP 项目中，理性的项目参与方会因双方之间的合作伙伴关系而以整个项目公司价值为先决条件。

5.3 基于 B－S 模型下的 PPP 项目最优权益负债比

以权衡理论为基础，衡量项目公司使用债务融资带来的税盾效益与破产成本，以使项目公司价值最大化为标准建立了确定项目最优债务权益投入比的模型。其中，用 B－S 公式计量了破产成本的价值。

5.3.1 利用期权定价理论计量破产成本的可行性

上文提到，确定最优的权益负债比的难点在于破产成本价值的计量。一般来说，学者们认为破产成本有直接成本和间接成本之分。直接成本指的是企业由于申请破产而在法律、会计等方面付出的服务费用。间接成本一般包括企业由于申请破产而造成的声誉受损、员工流失、管理层失去信心、销售下降等成本。鉴于这种定义，学界上普遍采用定性或经验手段来衡量破产成本，通常认为破产成本为公司价值的一定比例，较少有定量的方法，故很难达成一致的想法。

然而，项目公司因违约而造成的一系列花费最终会使项目公司价值下降，这个损失最终还是由债权人承担。考虑到这一层面，本书重新定义破产成本为：PPP 项目公司采用债务融资方法所带来的潜在违约风险而造成的债权人的损失。

进一步，通过借鉴相关学者的研究，本书发现期权定价理论适合用来定量衡量破产成本的价值。

KMV 模型是期权定价理论最成功的应用，虽然 KMV 模型没有直接求出破产成本，但是其求违约概率的基本思想还是为学者们利用期权定价理论确定破产成本提供了帮助。张志强与肖淑芳（2009），张红与杨飞（2015），郑开焰（2009）等均认为债权人为避免自己在企业破产时遭受较大损失，在提供贷款前会要求债务人找到担保人，这样能使债权人将自己所要承担的损失转嫁给担保人，由此债务担保能够消除公司的破产风险，也即交易开始时所支付的公允担保费就是破产成本，而债务的担保又可看作一个看跌期权[177][178][179]。

虽然项目公司通常会采用项目融资，没有第三人担保，这一思路也为量化项目公司的破产成本价值提供了可供借鉴的方法。一般来说，使用债务融资的项目公司主要存在两类风险，一类是项目的建设运营风险，即由于外部环境的不确定性而造成项目在建设期与运营期价值的波动；另一类是破产风险，由于项目公司资不抵债造成债务人违约所带来的风险。如果项目公司因为项目经营不善而申请破产清算会带来双重惩罚效应：债权人会损失贷款的本息和，项目公司也会因此停止经营。项目的建设运营风险是任何时候都存在的，且它和破产成本并无关系。破产成本是因采用有风险的债务融资而带来的，如果采用的是无风险的债务，那么就不存在破产成本了，债权人就不会有损失。

鉴于此，本书认为无风险债务时债权人最终所得与有风险债务时债权人可能所得之间的差额就是债权人可能的损失，也就是破产成本的价值。

期权定价理论假设：在贷款到期时公司价值为 V，贷款本息和的价值为 $D(1+r_d)$。当债务到期时，$V<D(1+r_d)$，债务人选择违约，债权人只能收回价值为 V 的贷款；如果 $V\geqslant D(1+r_d)$，则债权人可以完全得到贷款本息和 $D(1+r_d)$。由此可得，在债务到期时，债权人所能收回的风险债务价值为 $\min[V, D(1+r_d)]$，而在债务无风险的情况下，债权人能确定的得到贷款价值为 $D(1+r_d)$。

因此，价值为 $D(1+r_d)$ 的无风险债务相当于一个有风险债务和看跌期权的投资组合。这个看跌期权可以看作是债务担保，也可以直接理解为债权人的潜在损失。此看跌期权以公司价值为标的物，债务本息和为执行价格的看跌期权，并且债权人只有在债务到期时才能迫使项目公司破产，此看跌期权是欧式看跌期权。该期权的价值即为项目公司支付的担保费用或是债权人的损失，同时也是项目公司的破产成本。用作担保时，当担保费用高于破产成本时，项目公司不愿支付；当担保费用小于破产成本时，担保公司则不愿意承担。综上所述，可利用期权定价模型衡量项目公司的破产成本（见表 5.1）。

表 5.1　　期权定价理论中债务价值

	$V<D(1+r_d)$	$V\geqslant D(1+r_d)$
有风险债务价值	V	$D(1+r_d)$
欧式看跌期权	$D(1+r_d)-V$	0
无风险债务价值	$D(1+r_d)$	$D(1+r_d)$

5.3.2　税盾价值及破产成本的计算

本书假定项目的总投资额为 I，其中债务投资为 D，权益投资为 E，$D+E=I$。一般情况下，项目都是采用有限追索权的贷款融资，贷款利率为 r_d，期末需归还的本息额为 $D(1+r_d)$。公司所得税率为 τ，本书暂不考虑个人所得税率和代理成本的影响。

首先衡量负债的税盾价值。$t=0$ 期，项目公司向银行贷款 D，利息为 r_d，贷款的平均期限为 T。T 期末需归还的利息为 r_dD，本息和为 $D(1+r_d)$，负债的免税收益为 $r_dD\times\tau$，资金的时间价值按无风险利率 r 进行折现至 $t=0$ 期。因此，可得债务的税盾价值的现值为：

$$TD(D)=rD\times\tau(1+r)^{-T} \tag{5-1}$$

之所以折现到 $t=0$ 期是因为项目公司最优的负债权益投入决策是在 $t=0$ 期做出的。

接下来利用期权定价模型衡量项目公司债务融资所带来的破产风险的价值。首先针对基础设施采用项目融资的特征进行相应改变。项目公司一般采取有限追索权的贷款融资，追索比例为 β，$0<\beta<1$，追索额为 βD，对于这一部分，不论债务人违约与否，债权人都可以确定得到，已经是无风险的债务，其中 $\beta=0$ 即为无追索权下的融资。同样，按照上述思路，为使债务变为无风险债务所付出的费用即为破产成本。因为只有 $D(1+r_d-\beta)$ 才是风险性债务，会产生破产成本，当基础设施项目的期末价值 $V<D(1+r_d-\beta)$ 时，项目公司无力偿还贷款本息和，认为项目破产失败，如表 5.2 所示。

表 5.2　有限追索下债务价值

	$V<D(1+r_d-\beta)$	$V\geqslant D(1+r_d-\beta)$
有风险债务价值	$\beta D+V$	$D(1+r_d)$
欧式看跌期权	$D(1+r_d-\beta)-V$	0
无风险债务价值	$D(1+r_d)$	$D(1+r_d)$

从表 5.2 可以看出，项目公司购买的欧式看跌期权是以贷款本息和与追索额之间的差额 $D(1+r_d-\beta)$ 为执行价格。该期权的价值就是项目公司采用有限追索权下贷款融资的破产成本。上文已经假设项目公司价值可以用项目收益来衡量，故使用项目息税前利润 EBIT 表示项目收益。

欧式看跌期权价值的计算公式如下：

$$P_t=Ke^{-r(T-t)}N(-d_2)-St(-d_1) \tag{5-2}$$

其中，$N(-d_1)$，$N(-d_2)$ 为标准正态分布的概率分布函数，$N(-d_1)=\int_{-\infty}^{-d_1}f(z)dz$，$N(-d_2)=\int_{-\infty}^{-d_2}f(z)dz$，$f(z)$ 是标准正态分布的密度函数。

d_1 和 d_2 的计算公式为：

$$d_1=\frac{\ln\left(\frac{S_t}{K}\right)+\left(r+\frac{\sigma^2}{2}\right)(T-t)}{\sigma\sqrt{T-t}} \tag{5-3}$$

$$d_2=d_1-\sigma\sqrt{T-t} \tag{5-4}$$

其中，K 表示欧式看跌期权的执行价格，σ 代表标的资产波动率，S_0 是标的资产在 t=0 时刻的价值，S_t 为 t 时刻标的资产价值，T 表示一段时间区间，r 为无风险利率。

上述期权定价公式采用的是连续复利计算方式，现实当中一般不符合连续复利的情形，故本书采用非连续复利下的 B-S 公式看跌期权公式，即：

$$p_t=K(1+r)^{-(T-t)}N(-d_2)-S_tN(-d_1) \tag{5-5}$$

其中，

$$d_1=\frac{\ln\left(\frac{S_t}{K}\right)+\left[\ln(1+r)+\frac{\sigma^2}{2}\right](T-t)}{\sigma\sqrt{T-t}} \tag{5-6}$$

$$d_2=d_1-\sigma\sqrt{T-t} \tag{5-7}$$

项目公司会在 t=0 时刻做出最优的负债权益决策，用 $D(1+r_d-\beta)$ 替换 K，用 EBIT 替换 S，公式里的 T 表示债务的平均期限。可以得到在 t=0 时刻，项目公司的破产成本 BC(D)，如下所示：

$$BC(D)=D(1+r_d-\beta)(1+r)^{-T}N(-d_2)-EBIT\times N(-d_1) \tag{5-8}$$

$$d_1=\frac{\ln\left(\frac{EBIT}{D(1+r_d-\beta)}\right)+\left[\ln(1+r)+\frac{\sigma^2}{2}\right]T}{\sigma\sqrt{T}} \tag{5-9}$$

$$d_2=d_1-\sigma\sqrt{T} \tag{5-10}$$

5.3.3 最优权益负债比

利用上文的分析，采用债务融资的项目公司价值 V_L：

$$\begin{aligned}V_L&=V_U+TD(D)-BC(D)\\&=V_U+r_dD\times\tau(1+r)^{-T}-D(1+r_d-\beta)(1+r)^{-T}N(-d_2)+EBIT\times N(-d_1)\end{aligned}$$

能使项目公司达到最大价值的负债权益投入额即为最优负债权益比例，问题转化为如下目标形式：

$$\max_D[V_U+TD(D)-BC(D)] \tag{5-11}$$

对 D 求一阶导，令导数等于 0，化简得到：$N(-d_2)=\frac{r_d\times\tau}{1+r_d-\beta}$

在知道各变量具体数值的情况下，可以用 Excel 中的 NORMSINV 函数求得标准正态分布的函数的反函数值，或者通过查表求得，进而可以得出最优的 D^* 的值。

也可以利用正态分布的近似计算公式，存在一个有理函数，其函数特性与正态分布的函数特性基本是一致的，最大绝对误差小于2%，表达式如下：

$$F(x)=\frac{e^{a(x-\mu)}}{1+e^{a(x-\mu)}}$$

其中，$a=\frac{4}{\sqrt{2\pi}\sigma}$。

取 $\mu=0$，$\sigma=1$ 即可得到标准正态分布的近似计算公式。因此，

$$N(-d_2)=\frac{e^{\frac{-4d_2}{\sqrt{2\pi}}}}{1+e^{\frac{-4d_2}{\sqrt{2\pi}}}}=\frac{r_d\times\tau}{1+r_d-\beta}$$

$$D^*=\frac{EBIT\times(1+r)^T}{e^{\frac{1}{2}\sigma^2T}(1+r_d-\beta)\left(\frac{1+r_d-\beta-r_d\tau}{r_d\tau}\right)^{\frac{\sigma\sqrt{2\pi T}}{4}}} \tag{5-12}$$

由式（5－12）得知 D^* 的值与项目自身特征因素，如项目的盈利能力 EBIT、项目的风险情况 σ、项目贷款的有限追索比例 β 有关。还与贷款利益 r_d 与无风险利率 r 有关。

因此，最优的负债权益比为$\frac{D^*}{I-D^*}$。

综上所述，从权衡理论和博弈论的视角解决基础设施项目的资本结构问题是可行的。

第一，负债与权益资本的投入比需要权衡采用债务融资所带来的税盾效应与破产成本间的相互影响，可以权衡理论为基础，依据项目公司价值最大化为目标构建能确定负债与权益资本投入比例的最优模型。其次，公共部门与私人部门之间的合作关系，更多体现出博弈的特点，适合用博弈的相关理论来解决公私双方收益分配问题，并进一步确定公私双方的股权投资边界。因此，可以纳什议价博弈为基础，以合理公平且有效的收益分配比例推出公共部门与私人部门的股权结构比例。

第二，在确定最优负债权益投入比时，破产成本可以使用 B－S 公式衡量。将有风险的债务转化为无风险的债务所付出的费用即为破产成本，通过此思路，破产成本的价值相当于欧式看跌期权的价值，因此，可以用 B－S 公式较为客观地量化破产成本的价值，并得到了采用有限追索权融资的基础设施项目公司最优债务权益投入比等式。

第6章

准经营性基建项目最优股权结构研究

本章对准经营性基建项目的最优股权结构展开研究，分别基于公私双方合作主体、多合作主体不同阶段以及帕累托最优角度来确定公私双方的股权占比问题。从公私双合作主体到多合作主体、从研究最优的股权比例到拓展为股权比例的可行区间，研究内容和条件不断细化，更加贴近现实问题和情况，从而为实际PPP合作模式提供更加可靠的参考依据。

6.1 公私合营双方条件下PPP项目股权结构研究

本节对公私双方条件下的PPP项目股权结构展开研究，基于公私合营双方博弈的Shapley模型分析的基础上，构建了考虑双方贡献程度的Shapley模型，最后通过案例分析的方法进行模型的验证。

6.1.1 公私合营合作博弈的Shapley模型分析

1. 合作博弈的Shapley模型特性

Shapley值法是沙普利（Shapley）于1953年提出的用于解决多人合作时收益分配问题的一种数学方法。当n个人从事某种经济活动时，对于他们之中若干人组合的每一种合作形式，都会得到一定的效益，当人们之间的利益活动为非对抗性时，合作中人数的增加不会引起效益的减少，这样，全体n个人的合作将带来最大效益，Shapley值法是分配这个最大效益的一个解决方案。它的出发点是根据联盟中每个成员对联盟的边际贡献分配联盟的总收益，以确保分配的公平性。且Shapley值具备以下性质：

（1）集体理性：在合作博弈联盟$<N, v>$中，当且仅当每位博弈者所分得的收益的总和等于联盟的总收益时，则收益支付向量$x_i = <x_1, x_2, \cdots, x_i, x_N>$符合集体理性。

（2）个体理性：在合作博弈联盟$<N, v>$中，当且仅当每位博弈者所分得的收益都大于其不参与该联盟的收益时，则收益支付向量 $x_i = < x_1, x_2, \cdots, x_i, x_N >$ 符合个体理性。

（3）唯一性：根据 Shapley 值的计算公式：

$$x_i = \sum_{s \in N} \frac{(s-1)!(n-s)!}{n!}[v(S) - v(S-i)] \tag{6-1}$$

由此可知，在任何博弈中进行的运算都可以得到一个结果，并且这个结果是唯一的。Shapley 值可满足以上三种性质，此时合作联盟是稳定的、可持续的。

2. 公私合营模式中参与各方利益关系分析

对于某项基础设施建设项目而言，若政府方面单独建设，其面临着效率低、管理成本高、专业化程度不高、对建设期间的设计与建设风险控制不足等各方面的劣势，这势必会造成该项目较高的成本；若由民间资本单方面建设，则面临着对其自身来说控制力度很弱的政治、经济、法律方面的不确定性，为了控制或者规避这些风险，民间资本必然加大对这些不确定性的控制，进而导致项目成本的上升。而针对该类基础设施项目而言，若采用公私合营模式，则可以发挥政府方面和民间资本各自的优势，弥补各自的不足，进而较大幅度的降低项目的综合成本。例如，政府方面对政治、宏观经济、法律及社会方面的不确定性的控制和承受能力较强，在公私合营项目中，这有利于降低整体的不确定性和成本；民间资本则具备较强的设计施工优势、成本节约和管理高效等一些方面的优势，在公私合营项目中由民间资本发挥其此方面的优势，也会降低整体成本。

3. Shapley 模型在确定公私合营项目股权结构的适用性分析

根据对公私合营模式分析的结论可知，在公私合营项目中，政府方面和民间资本的合作可以看作一种合作联盟，该合作联盟中首先要解决的就是双方以何种比例决定投入资金。资金边界与收益分配比例的确定，必须保证参与方各自利益目标的实现，至少在这个合作联盟中得到的收益要高于各自独立建设该项目的收益，这样才有可能吸引到足够的民间资本参与到公共基础设施项目的建设中来，并实现合作联盟的高效与稳定。这需要充分考虑双方的利益分配和资本投入，即相互博弈、协商谈判的结果，公私合营项目的这种特性，使其更加适合用合作博弈理论的思想来解决股权结构问题。而 Shapley 值法恰恰是解决合作博弈中收益分配问题的经典方法，所以本书拟应用 Shapley 值法来探讨公私合营项目股权结构问题。

6.1.2 基于参与各方贡献程度的模型构建

1. 模型设计

建模思路就是将成本的节约看作贡献程度，针对同一项目，哪一方能以更低的成本完成该项目的建设，哪一方就该获取更多的收益，相应的就要在公私合营项目中占有较大的股权比重。

设定这个项目不建设时的综合成本为 C_0；政府单独建设时的综合成本为 C_1，其节约的成本为 C_0-C_1，则可以将 C_0-C_1 看作政府单独建设时的贡献程度；由私人机构单独建设时的综合成本为 C_2，其节约的成本为 C_0-C_2，则可以将 C_0-C_2 看作民间资本单独建设时的贡献程度；由二者合作建设时的综合成本为 C_3，其节约的成本为 C_0-C_3，则可以将 C_0-C_3 看作政府方面与民间资本合作建设时获取的收益。我们要解决的就是根据 C_0-C_1 与 C_0-C_2 的大小来合理分配 C_0-C_3，进而确定公私合营项目的股权结构。

一般而言，无论是政府单独负责某个准经营性基础设施融资建设的成本 C_1，还是民间资本单独负责建设的成本 C_2，其综合成本必然高于二者合作建设的成本 C_3；而不建设某项目的综合成本 C_0 更高，远大于 C_1、C_2，所以 $C_0>C_1$、$C_2>C_3$，C_1 与 C_2 的关系视情况而定。

2. 相关指标分析

下面我们就政府方面单独筹资建设的综合成本 C_1、民间资本融资建设的综合成本 C_2、二者公私合营筹资建设的综合成本 C_3 以及不建设该项目所承担的社会成本 C_0 进行分析。

准经营性基础设施建设的过程中遇到的风险总体分为两种：宏观风险和微观风险，宏观风险包括政治、宏观经济、法律等政府方面控制力较强的风险；微观风险包括设计、建造、施工、管理等方面的不确定性。对于宏观风险，若由政府方面控制，其控制力较强，则其发生的可能性及发生之后所造成的损失相对来说较小，分别设为 r_{11} 和 C_{p1}；若由民间资本控制，则其发生的可能性及发生之后造成的损失相对来说较大，分别设为 r_{12} 和 C_{p2}；对于微观风险而言，若由政府方面控制，其控制力较弱，则其发生的可能性及发生之后所造成的损失相对来说较大，分别设为 r_{21} 和 C_{c1}；若由民间资本控制，则其发生的可能性及发生之后造成的损失相对来说较小，分别设为 r_{22} 和 C_{c2}；这里 $r_{11}<r_{12}$，$C_{p1}<C_{p2}$，$r_{21}<r_{22}$，$C_{c1}<C_{c2}$。

由政府单独筹资建设时，其资金大多源自财政资金和银行借款，为了简化分析，我们假定其综合成本包括：投入成本、机会成本及风险发生的潜在损失。其资金中的一部分来源于财政资金，资金投入量即为其投入成本，设为 C_{11}；投入这些资金必然减少相对应的利息收入，以 r 代表实际利率，则由此导致的机会成本为 $r\times C_{11}$；对政府方面而言，对于较大的项目，不可能使用全部财政资金，更多的是采用银行借款或者发行城投债及市政债券来筹资，将外部融资

额设定为 C_{12}，则其相对应的利息支出为 $r \times C_{12}$；前述两类风险发生的潜在损失为 $r_{11} \times C_{p1} + r_{21} \times C_{c1}$；综上所述，由政府单独筹资建设时，其综合成本为：

$$C_1 = (C_{11} + C_{12}) \times (1 + r) + (r_{11} \times C_{p1} + r_{21} \times C_{c1}) \tag{6-2}$$

由民间资本单独建设时，假定其综合成本包括：投入成本、机会成本及风险发生的潜在损失。其资金来源基本来源于自有资金和银行借款或者发行债券筹集的资金，不论是自有资金还是借款，其投入资金所导致的机会成本都是实际利率 r 与投入资金 C_{21} 的乘积，即 $r \times C_{21}$；前述两类风险发生的潜在损失为：$r_{12} \times C_{p2} + r_{22} \times C_{c2}$；则其综合成本为：

$$C_2 = C_{21} \times (1 + r) + (r_{12} \times C_{p2} + r_{22} \times C_{c2}) \tag{6-3}$$

由政府部门和民间资本合作，采用公私合营模式来筹资建设某项目，其综合成本包括：投资成本、机会成本及风险发生的潜在损失。设其投入成本为 C_{31}，其中政府部门承担的部分设为 C_{311}，民间资本承担的部分设为 C_{312}；则其机会成本为 $r \times C_{31} = r \times (C_{311} + C_{312})$；两类风险发生的潜在损失为 $r_{11} \times C_{p1} + r_{22} \times C_{c2}$，因为政府部门对宏观风险的控制力较强，由其负责这部分风险，则宏观风险的潜在损失为 $r_{11} \times C_{p1}$，而民间资本对微观风险控制力较强，由其负责这部分风险，则其潜在损失为 $r_{22} \times C_{c2}$；则其综合成本为：

$$C_3 = (C_{311} + C_{312}) \times (1 + r) + r_{11} \times C_{p1} + r_{22} \times C_{c2} \tag{6-4}$$

若某项准经营性基础设施不建设，会导致社会经济效益的降低或者丧失提高的机会，本书把这种因不建设该项目所损失的成本称为机会成本，其大致包括：该项目提供的产品或者服务所影响的居民生活水平的改善、该项目建设带来的经济增长和居民收入水平的提高、居民对政府的满意度等。由于该项成本对模型的建立和分析并不构成实质性的影响，因此为了简化分析，我们假定若不建设某项准经营性基础设施而付出的机会成本为 C_0。

3. 指标数据及调整方法

以上各项成本的分析和设定是为了模型的建立而结合实际情况设定的，下面我们针对每一项成本分析其数据来源。

单独由政府方面筹资建设时，对（$C_{11} + C_{12}$）、（$C_{11} + C_{12}$）$\times r$ 和（$r_{11} \times C_{p1} + r_{21} \times C_{c1}$）而言，$C_{11}$ 可由与该项目类似的由政府单独建设的项目的单位成本加以调整，然后乘以该项目的数量或者提供产品或者服务的数量来表示。例如，要估算某地铁单独由政府建设时的投入成本，则可选择该地区或者相似地区单独由政府建设的地铁的单位成本，比如每公里的成本，加以调整之后，乘以该地铁项目的里程数，则可以得出该项目单独由政府建设的投入成本（$C_{11} + C_{12}$）。投入成本估算出来之后，机会成本相对来说就比较容易求得，可用相同时期与该项目资金投入与收回期限相同的银行贷款利率乘以所投入的成本，即可得机会成本 $r \times C_{11}$。相对来说较难确定的是（$r_{11} \times C_{p1} + r_{21} \times C_{c1}$），本书参照由 ANP 方法确定的宏观风险和微观风险在项目中的权重来表示宏观风险和微观风险发生的概率 r_{11} 和 r_{21}；而 C_{p1} 和 C_{c1}，则作为预估值，可由宏观风险和微观风险可能会发生的损失估值表示。

同理，由民间资本或者二者合作筹资建设时，其数据来源大致相同或者相似。

4. 建立基于贡献程度的 Shapley 模型

由以上分析可知，公私合营项目其实是一个由两个参与者组成的合作联盟，则联盟中的参与者数量为：$|S| = s = 2$；参与者集合也是两个，即 $n = 2$；则根据 Shapley 值法，对其任意一个参与者而言，其加权因子 $\frac{(s-1)!\,(n-s)!}{n!} = \frac{(2-1)!\,(2-2)!}{2!} = \frac{1}{2}$。

若由政府单独筹资建设某项目，所产生的成本的节约为 $C_0 - C_1$，此时就是由政府方面和民间资本组成的联盟 S 中缺少民间资本参与时联盟的特征函数，即 $v(S-2) = C_0 - C_1$，其中 $v(S-2)$ 中的 2 表示的是民间资本，$v(S-2)$ 表示由政府方面和民间资本组成的联盟在缺少民间资本参与时的特征函数。

若由民间资本单独建设某项目，所产生的成本的节约为 $C_0 - C_2$，这就是由政府方面和民间资本组成的联盟 S 缺少政府方面参与时联盟的特征函数，即 $v(S-1) = C_0 - C_2$，其中 $v(S-1)$ 中的 1 表示的是政府方面，$v(S-1)$ 表示由政府方面和民间资本组成的联盟在缺少政府方面参与时的特征函数。

若由政府方面与民间资本合作筹资建设某项目，所产生的成本的节约为 $C_0 - C_3$，这就是合作联盟 S 的特征函数，即 $v(S) = C_0 - C_3$。

结合 Shapley 模型，参与者 i 的 Shapley 值为 $x_i = \sum_{s \in N} \frac{(s-1)!(n-s)!}{n!}[v(S) - v(S-i)]$，则在政府方面与民间资本组成的合作联盟中，政府方面（$i=1$）的 Shapley 值为：

$$x_1 = \frac{1}{2}[v(S) - v(S-1)] = \frac{1}{2}[C_0 - C_3 - (C_0 - C_2)] = \frac{1}{2}[C_2 - C_3] \quad (6-5)$$

民间资本方面（$i=2$）的 Shapley 值为：

$$x_2 = \frac{1}{2}[v(S) - v(S-2)] = \frac{1}{2}[C_0 - C_3 - (C_0 - C_1)] = \frac{1}{2}[C_1 - C_3] \quad (6-6)$$

x_1 与 x_2 即政府方面与民间资本的分配额度，但其并非是最终的分配值，仍需要做以下调整，用 y_1 表示政府方面获得的由二者合作所产生的最终收益的分配比重，则为：

$$y_1 = \frac{x_1}{x_1 + x_2} \tag{6-7}$$

同理，民间资本获得的由二者合作所产生的最终收益的分配比重为：

$$y_2 = \frac{x_2}{x_1 + x_2} \tag{6-8}$$

根据前面的论述，可以认为 y_1 与 y_2 就是某项公私合营项目中政府资本和民间资本的股权比例，即公私合营项目的股权结构为 $y_1 : y_2$。

6.1.3 案例分析

某港口集团 B 在国内内陆城市 A 投资建设陆港 T，陆港 T 项目采用 PPP 模式，由港口集团 B 与 A 市政府共同投资建设，其项目计划总投资 2.5 亿元；如果该项目由政府单独建设，其成本可由具有相似规模的政府单独建设陆港项目的成本来替代，根据相关数据调整之后得出的由政府单独建设的投资成本为 5 亿元；同样，如果该项目由民间资本单独建设，其成本可由具有相似规模的民间资本单独建设陆港项目的成本替代，根据相关数据调整之后得出的由民间资本单独建设的投资成本为 3.5 亿元；因不建设该项目所损失的成本对该模型来说只是一个不太相关的变量，我们假定其为 7 亿元。

根据以上构建的相关变量，在合作博弈模型中，政府的 Shapley 值为 $x_1 = \frac{1}{2}[v(S) - v(S-1)] = \frac{1}{2}[C_2 - C_3] = \frac{1}{2}[3.5 - 2.5] = 0.5$；民间资本的 Shapley 值为 $x_2 = \frac{1}{2}[v(S) - v(S-2)] = \frac{1}{2}[C_1 - C_3] = \frac{1}{2}[5 - 3.5] = 0.75$；则根据上市可得二者最终收益分配的比重分别为：政府方面 $y_1 = \frac{x_1}{x_1 + x_2} = \frac{2}{5}$、民间资本 $y_2 = \frac{x_2}{x_1 + x_2} = \frac{3}{5}$，即收益分配比重 $y_1 : y_2 = 2 : 3$；则相应的该项目的股权结构为 $y_1 : y_2 = 2 : 3 \approx 0.67$。

在合作博弈的 Shapley 值中，最终的分配结果具备三种性质：唯一性、集体理性和个体理性，因为最终结果的数值已经确定，故唯一性已经满足；该项目收益的分配是按照各自的分配比例确定的，所以其和必然等于总体收益，所以集体理性也满足；以下阐述个体理性。

该项目由二者合作建设的成本为 2.5 亿元，不建设该项目损失的成本为 7 亿元，因为我们设定成本的节约看作收益，所以二者合作建设产生的收益为 4.5 亿元；根据上述结论，可知政府方面分得的收益为 1.8 亿元，民间资本分得的收益为 2.7 亿元。

对政府方面来说，政府投入该项目的资本按照上述结论可求得为 $2.5\times\frac{2}{5}=1$（亿元），由其单独投资时的投入成本为 5 亿元，则合作建设该项目时可节约出 4 亿元投入其他项目，这部分资本可取得社会平均的资本回报，按照 2010 年该项目开始建设，假设资本回报率为 15%，计算当年的资本回报，可得其三年建设期内的资本回报为 $3\times4\times1.5\%=1.8$（亿元）；即政府方面参与公司合作建设该项目获得的收益为 $1+1.8=2.8$（亿元）；而其单独建设该项目时的收益为 $7-5=2$（亿元），显然政府方面在参与该公司合作项目时获得的收益 2.8 亿元大于其单独建设该项目时的收益 2 亿元，满足了个体理性。

同理，对民间资本而言，可求得其单独建设该项目时的收益为 3.5 亿元，与政府方面合作建设该项目获得的收益为 $2.7+(3.5-1.5)\times3\times1.5\%=3.6$（亿元），即参与公私合营获得的收益大于其单独建设该项目的收益，满足个体理性。

综上所述，运用该方法计算出来的收益分配比例满足唯一性、个体理性和集体理性，该合作是一个稳定的合作博弈，可以此来确定二者收益的分配比例，进而确定公私合营项目中的股权结构。

在该项目实例中，其真实的收益分配为政府方面分得收益 2.8179 亿元；民间资本分得的收益 5.1079 元；二者的比例 $y_1:y_2=2.8179:5.1079\approx0.56$；其与运用本书的方法得出结论的差异处于可以接受的范围内。

6.2 多合作主体下 PPP 项目股权结构选择模型研究

在上一节中，课题从公私两方的角度对准经营性基础设施建设项目的股权结构进行了分析，然而从现实角度来看，PPP 项目除了政府部门与私人部门外还存在其他参与方。因此，本节内容将考虑项目其他参与主体，对股权结构进行更深层次的研究。

本节将各类参与主体按其性质分为三类，一是政府资本；二是无工程专业建设和运营能力的财务投资者（包括银行、基金等）；三是专业方（包括承包商、运营商）。在参与项目公司方面，这三类参与主体既存在股东关系也存在典型的委托代理关系。PPP 项目公司的股权结构安排，反映了多主体参股项目公司的比例和合作关系，是实现各方收益和风险分摊的关键，直接影响各参与方投入项目的努力程度和合作成本从而影响项目的运作效率。由于这三类合作主体在需求上呈现出不同的特点，PPP 模式的运作应根据不同主体的利益诉求，最小化委托代理成本，合理设计项目公司多方参与下的股权结构，以期提升项目效率、最大化各方效用。同时，PPP 项目股权结构是政府招投标方案的重要决策安排，是政府管理和监督职能的重要体现，确立了政府部门和社会资本的合作机制。因此，探讨 PPP 项目股权结构选择能够为政府在甄选项目合作主体和监督、管理上提供有益的建议。

6.2.1 PPP 项目股权结构选择安排

在新的时代背景下，PPP 模式是我国解决地方政府性债务、吸纳民间资本、推进体制改革的重要举措，从中央到地方都在积极推行 PPP 项目。从世界范围来看，多国政府在基础设施的建设中同样面临资金缺乏和技术管理障碍，针对以上这些情况，PPP 已经成为一个世界范围内公私双方合作的可行模式。本书选择了国内外电厂、污水和垃圾处理、燃气、交通建设和公共场馆等领域典型的 12 个 PPP 项目案例，将项目的股权结构划分为发起阶段与运营阶段，分析各项目两阶段的股权结构安排以及承包商与运营商是否参股项目公司的情况，如表 6.1 所示。

表 6.1　　国内外 PPP 项目案例

编号	项目名称	发起阶段股权结构	运营阶段股权结构	专业方参股情况
1	广西来宾 B 电厂	政府发起，法国电力国际公司（60%），通用电气阿尔斯通（40%）	通用电气阿尔斯通和法国电力国际公司（85%），广西投资集团有限公司和国家电网有限公司（15%）	工程承包商和运营商均为股权投资者
2	北京地铁十六号线	政府发起，中再资产管理股份有限公司约 120 亿元保险股权投资（44%），北京京港地铁有限公司 150 亿元股权投资（56%）	京港地铁公司在建设期内负责十六号线 B 部分工程的投资建设任务，并在 30 年的特许经营期内负责运营、管理	京港地铁公司参股并负责建设运营
3	国家体育馆（鸟巢）	中信联合体出资 42%（信托基金和银行贷款）北京国有资产经营有限责任公司代表政府出资 58%（财政预算和补贴）	由北京国有资产经营有限责任公司和中信联合体组建的项目公司建设运营拥有 30 年特许经营权	项目承包商和运营商并未参股
4	重庆涪陵至丰都高速公路	经招标确定中交路桥集团国际建设股份有限公司为项目投资人，并根据项目规划和政府相关要求完成项目投资建设和运营管理	采用“BOT + EPC”模式，投资人根据项目投资协议的要求成立项目公司，具体负责项目的投资建设和经营管理	投资人即项目建设和运营商

续表

编号	项目名称	发起阶段股权结构	运营阶段股权结构	专业方参股情况
5	苏州市吴中静脉园垃圾焚烧发电	项目合作双方分别为苏州市政府和光大国际（后更名光大环保能源（苏州）有限公司）	采用BOT模式苏州市市政公用局代表市政府授权光大环保能源公司负责项目的投资、建设、运营、维护和移交	投资人即项目建设和运营商
6	山东潍坊高铁	潍坊市政府和中国邮政储蓄银行及其合作资本方由政府指定机构和社会资本成立SPV	SPV负责沿线拆迁及资金筹集，由济青高铁公司建设运营并按项目工程量对价给予SPV对应股权，SPV按照所持股权获取济青高铁的运营收益	SPV入股建设运营公司
7	渭南市天然气利用工程	渭南市城市投资集团有限公司和陕西省投资集团分别持股51%和49%	项目公司准让部分股权，形成以燃气集团51%，百事通能源47%和渭南产业投资25%的股权结构	产业投资、燃气供应商和运营建设商均入股项目公司
8	香港地铁和深圳地铁4号线	香港地铁耗资150亿港元、深圳地铁4号线耗资100亿元人民币，深圳市政府以土地权入股，其余为私人资本	由香港特区政府委托招标，两家英资公司中标与港铁公司组成项目公司建设运营	工程承包商和运营商为股权投资者
9	芬兰区域水利服务项目	芬兰地区水利公司，部分私有化，股权分配，私人部门计划、建造、运营、维护，并拥有部分股票	外包并部分私有化项目，私人部门通过竞标获得合同并拥有部分股权，运营和维护	承包商和运营商获得项目合同和部分股权
10	马德里地铁线路	政府和私人部门入股，承包商被赋予基础设施建设和维护的权利并且获得项目公司股权	马德里公共地铁公司负责运营地铁，承包商继续维护地铁基础设施	工程承包商和运营商为股权投资者
11	加拿大从弗雷德里顿市到蒙克顿市公路	政府赋予项目公司30年的特许经营期，完全由私人部门入股负责的设计、建造、经营和维护	项目公司中负责运营的私人部门对公路进行运营	工程承包商和运营商为股权投资者
12	塔吉克斯坦帕米尔能量塔	政府以2.6亿美元对以前项目进行融资、升级和收购，组建帕米尔（Pamir）能源公司	Pamir能源公司持有公司70%的股份由阿加汗基金经济发展公司接管进行电力运营	项目承包商和运营商并未参股

资料来源：根据各PPP项目网站和相关新闻整理。

6.2.2 PPP项目股权多合作主体选择

1. 发起阶段合作主体选择

由以上案例可以发现，PPP项目发起阶段股权参与方一般存在以下几种情况。

第一，政府方及其授权方与机构投资者发起设立项目公司。例如国家体育场（鸟巢）项目，中信联合体出资42%（信托基金和银行贷款），北京国资委有限公司代表政府出资58%（财政预算和补贴）。[①] 山东潍坊高铁项目是由潍坊市政府和中国邮政储蓄银行及其合作资本方成立SPV，由政府方负责铁路沿线的征地、拆迁工作和监督职责，社会资本负责征地拆迁补偿资金的筹集以及项目的运营管理。

第二，政府及其授权国有企业与专业方发起设立项目公司。例如广西来宾B电厂项目、重庆涪陵至丰都高速公路项目、苏州市吴中静脉园垃圾焚烧发电项目、渭南市天然气利用工程项目、香港地铁和深圳地铁四号线项目、芬兰区域水利服务项目和加拿大高速公路均采用此模式。其中，广西来宾B电厂项目、重庆涪陵至丰都高速公路项目和加拿大两市间高速公路项目由政府发起后，项目公司完全由运营商和承包商占股进行项目建设运营，政府赋予项目公司特许经营权，在特许经营权到期后移交给当地政府，政府不参与项目公司股权，仅拥有项目所有权、决策权和监管权。苏州市吴中静脉园垃圾焚烧发电项目、渭南市天然气利用工程项目、香港地铁和深圳地铁4号线项目和芬兰区域水利服务项目均由政府部门和专业方占股PPP项目公司。

第三，由政府及其授权方、机构投资者和专业项目承包商发起。例如马德里地铁线路项目和北京地铁十六号线项目采用此模式，北京地铁十六号线项目由政府发起，中再资产管理股份有限公司约120亿元保险股权投资（44%），北京京港地铁有限公司150亿元股权投资（56%），京港地铁负责地铁建设和维护的权利并且获得项目公司股权。[②] 由此可见，PPP项目在发起阶段基本上采用专业方入股项目公司的形式，最普遍的情况是引入具有项目建设、运营和筹资能力的综合承包商，以上项目仅有国家体育场（鸟巢）项目、山东潍坊高铁项目和塔吉克斯坦的帕米尔能量塔项目在发起阶段未引入专业承包商。

2. 运营阶段合作主体选择

在发起设立项目公司以后，PPP项目运营阶段的股权结构分为三种情况：调整引入专业运营商、调整未引入专业运营商和发起阶段引入综合能力承包商而在运营阶段未增加其他投资者。

第一，运营阶段引入专业运营商进行股权结构调整。广西来宾B电厂项目、山东潍坊高铁项目、渭南市天然气利用工程项目、香港地铁和深圳地铁四号线项

---

① 资料来源：https：//www. chinappp. cn/newscenter/newsdetailanalysis_2032. html。

② 资料来源：财政部政府和社会资本合作中心：北京市轨道交通十六号线，www. cpppc. org。

目及芬兰区域水利服务项目均在运营阶段引入新的投资者入股项目公司参与项目运营。例如渭南市天然气利用工程，在 2009 年由渭南市城市建设总公司于西部产权交易所拍卖了所拥有的渭南市天然气公司 51% 股权中 49% 的股权，以能源投资为主的多元化经营跨国企业集团陕西百事通企业（投资）集团有限公司以 8 000 万元人民币竞得。之后又将其所拥有的渭南市天然气公司 49% 股权中的 2% 股权转让给陕西省投资集团（有限）公司，并将渭南市天然气公司于 2009 年 12 月 31 日更名为渭南市天然气有限公司。公司股权结构变更为陕西燃气集团有限公司持股 51%，陕西百事通能源有限公司持股 47%，渭南市产业投资开发集团有限公司持股 2%。广西来宾 B 电厂项目，运营阶段由项目公司股东阿尔斯通出口公司和法国电力国际公司（85%）转让 15% 股权给广西开发公司和电力局共同经营。① 芬兰区域水利服务项目在运营阶段通过外包并部分私有化项目，使私人部门通过竞标获得合同并拥有部分股权，一同进行水利项目的运营和维护。

第二，运营阶段股权结构调整但未引入专业运营商。例如塔吉克斯坦的帕米尔能量塔建设在运营阶段引入私募基金投资者与政府一同参与项目管理运营。

第三，在发起阶段引入综合能力承包商负责 PPP 项目的建设、运营和管理，在运营阶段未增加其他投资者情况。北京地铁十六号线项目、重庆涪陵至丰都高速公路项目、苏州市吴中静脉园垃圾焚烧发电项目和加拿大两市间高速公路项目均是在发起阶段选择专业能力和筹资能力强大的综合承包商，工程采用 BOT 模式，政府赋予项目公司特许经营权，完全由项目公司投资建设运营，特许期后移交政府。上述项目在运营阶段并未引入新的投资者，由发起阶段中标的企业采用 EPC 外包或是自行运营。

从以上分析可以发现，在上述 PPP 项目案例中除国家体育场（鸟巢）项目（以下简称“鸟巢项目”）和塔吉克斯坦的帕米尔能量塔项目（以下简称“帕米尔能量塔项目”），其余项目均有承包商和运营商参与项目公司股权。在发起阶段一般有承包商入股，然后在运营阶段引入专业运营商。或是在发起阶段直接以 BOT 的形式由中标的企业负责项目全生命周期运作，这类企业一般具有项目建设、运营和融资的综合能力和经验。鸟巢项目和帕米尔能量塔项目在发起阶段和运营阶段均无承包商和运营商入股项目公司，仅引入资金实力雄厚的资本方参与项目。鸟巢项目是国内首个体育馆领域的 PPP 项目，在发起阶段引入中信联合体负责项目建设运营等一系列工作，但该项目在投融资完成并成功建设后，在运营阶段出现问题。北京市政府引入的社会方中信联合体虽有雄厚的资金支持，但其

---

① 资料来源：http：//www. pppshaanxi. cn/newstyle/pub_newsshow. asp? id = 29003389&chid = 100191。

股东均从未运营过大型体育馆项目，缺乏相关运营经验，再加上国家体育馆的特殊性，公众对公益性的要求很高，社会资本的原计划经营模式很难持续下去，因此通过重新签订协议，由政府方接手运营。帕米尔能量塔项目在运营阶段由阿加汗基金经济发展公司从政府手中获得70%的股权参与电力输送和运营，但由于许多客户的资金问题而无法支付商业关税，加上私营部门和塔吉克斯坦政府没有太多经验，双方缺乏信任，导致该项目的运作模式失败。

由此可见，承包商和运营商入股项目公司有助于项目按质按期完成，且有利于其在实际运营中充分发挥专业公司所积累的经验，提高PPP项目的运营效率。

承包商和运营商入股能够大幅度提升其建设和运营项目的自主性，并以项目公司利润最大化为目标，促进了PPP项目的建设和运营效率和收益增长。政府方和机构投资者与专业方共同入股的模式能够有效降低融资成本，合理分担各方风险，提高项目建设运营的效率，充分遵循了风险和收益相匹配的原则，有利于调动不同社会投资者的参与积极性。

6.2.3　发起阶段股权结构选择模型构建

PPP项目股权结构是政府部门和社会资本合作的核心机制，合理选择PPP项目合作主体是确定股权结构选择的前提和关键。因此，本节首先分析PPP项目股权结构选择的影响因素，从股权参与各方合作伙伴关系的本质、各方努力程度和收益与风险分担三个角度进行研究，为后续的模型分析提供理论基础；然后，从委托代理理论出发合理选择PPP项目股权合作主体，研究何种性质的主体参股能够最大化各方期望收益和效用。

1. 政府和财务投资者为项目公司股东

政府作为发起人选择财务投资者（保险资金、产业基金等）作为项目的共同股东（即委托人），将项目建设承包给承包商（即代理人）。令政府为g，财务投资者为f，工程承包商为e，工程的资本投入和工期有关。根据委托代理模型，本书假定承包商与工期相关的资本投入量为K_t，由刚性工期造成的资本投入为K_{ft}，除刚性工期外，工期资本量的投入还受承包商努力程度的影响，k表示承包商的努力程度，则有：

$$K_t = K_{ft} - \lambda ak \tag{6-9}$$

其中，K_{ft}为刚性资本投入量，即与项目承包商努力程度无关的投入量，是项目刚性工期进行所必须投入的量。k为单位资本和劳动投入量，可认为是常量，表示工程承包商的努力程度，$a>0$，λ是承包商努力程度的资本投入系数，均大于0，随着a的增大而减小，即资本投入不能无限期减少。式（6-9）表达的意思是承包商努力程度越小，资本投入量越接近于刚性工期的资本投入量，随着承包商努力程度的增加会缩短工期，提高效率节约成本，资本投入量会减少，但减速趋势渐缓。可见，关于工期的资本投入量假设符合实际情况。左延亮、盛和太研究 BOT 项目的工期假设与本书一致。

假设承包商从项目公司处获得的项目合同收益为 R_e，总建造成本与努力程度和资本投入量有关。根据委托代理基本模型，设 b、μ 分别为努力程度系数和项目的成本系数，$b>0$，$\mu>0$，分别随着变量的增大而减少，可得以下与承包商努力程度有关的项目成本公式：

$$C_t = C_f + C_v$$

$$C_v = \frac{1}{2}a^2 b + \mu K_t \tag{6-10}$$

设项目特许经营期总资本投入为 K，建设运营期单位资本投入收益为 r，则项目公司净利润 NI 可表示为：

$$NI = (K - K_t) r - R_e \tag{6-11}$$

当政府选择单一财务投资者为股东时，承包项目的工程承包商与项目公司股东为委托代理关系，则工程承包商获得的利润为：

$$E(NI_e) = E(R_e - C_t) = R_e - C_f - \frac{1}{2}a^2 b - \mu(K_{ft} - \lambda ak) \tag{6-12}$$

基于上式求期望利润最大化，则工程承包商为最优努力程度为 a^*，对 a 求一阶导数，取值为零时可得：

$$a^* = \frac{\mu\lambda k}{b} \tag{6-13}$$

可得最大化期望利润为：

$$E(NI_e) = R_e - C_f - \mu K_{ft} + \frac{\mu^2\lambda^2 k^2}{2b} \tag{6-14}$$

将式（6-13）代入式（6-9），相应的最优资本投入量为：

$$K_t^* = K_{ft} - \frac{\mu\lambda^2 k^2}{b} \tag{6-15}$$

于是，PPP 项目公司在建设阶段的最大化利润为：

$$NI^* = \left[K - K_{ft} + \frac{\mu\lambda^2 k^2}{b}\right] r - R_e \tag{6-16}$$

设政府与财务投资者的占股比例为 g，$0<g<1$，后期引入新股东时该占股比例不变，则政府获得的净利润为：

$$NI_g^* = g\left[K - K_{ft} + \frac{\mu\lambda^2 k^2}{b}\right] r - R_e \tag{6-17}$$

2. 政府、财务投资者和工程承包商为共同股东

政府、财务投资者和项目承包商共同作为股权投资者，政府和财务投资者为委托人，而承包商具有两种身份，作为项目股东和承包者，既是委托人也是代理人。此时收益除项目承包收益外，还获取股权收益。设 t 为工程承包商所占股份比例，$0<t<1$，则有：

$$E(NI_e)=E(R_e-C_t)+tNI \tag{6-18}$$

基于上式求期望利润最大化，则工程承包商为最优努力程度为 a^*，对 a 求一阶导数，取值为零时可得：

$$a^*=\frac{(\mu+tr)\lambda k}{b} \tag{6-19}$$

可得最大化期望利润为：

$$E(NI_e)=(1-t)R_e-C_f-(\mu+tr)K_{ft}+trk+\frac{(\mu+tr)\lambda^2k^2}{2b} \tag{6-20}$$

将式（6-19）代入式（6-9），相应的最优资本和劳动投入量为：

$$K_t^*=K_{ft}-\frac{(\mu+tr)}{b}\lambda^2k^2 \tag{6-21}$$

于是，承包商参股下的 PPP 项目的最大化利润为：

$$NI^*=\left[K-K_{ft}+\frac{(\mu+tr)\lambda^2k^2}{b}\right]r-R_e \tag{6-22}$$

政府与财务投资者共同占股比例为（1-t），为进一步探讨政府的利润收入情况，设政府与财务投资者的占股比例 g 不变，$0<g<1$，则政府的利润情况为：

$$NI_g^*=g(1-t)\left\{\left[K-K_{ft}+\frac{(\mu+tr)\lambda^2k^2}{b}\right]r-R_e\right\} \tag{6-23}$$

3. 两种模式收益比较及最优股权结构安排

首先，探讨两种股权结构下承包商最优努力程度的变化，将式（6-19）减去式（6-13）可得：

$$\Delta a=\frac{(\mu+tr)\lambda k}{b}-\frac{\mu\lambda k}{b}=\frac{tr\lambda k}{b}>0 \tag{6-24}$$

可见工程承包商在作为股权投资者时的最优努力水平大于仅作为工程承包者的努力水平，股权结构的收益有利于激发承包商的努力水平。并且，其努力程度与持股比例成正相关关系，持股比例越大越有益于其积极参与项目建设，同时受成本努力系数影响。

然后，探讨项目公司在两种股权结构下的收益情况，将式（6-22）与式（6-16）对比可知：

$$\Delta NI = \left\{\left[K - K_{ft} + \frac{(\mu + tr)\lambda^2 k^2}{b}\right]r - R_e\right\} - \left\{\left[K - K_{ft} + \frac{\mu\lambda^2 k^2}{b}\right]r - R_e\right\}$$
$$= \frac{tr^2\lambda^2 k^2}{b} > 0 \tag{6-25}$$

从项目公司收益情况来看，在引入承包商作为项目公司股东后，可以增加项目公司利润，利润也与承包商持股比例呈正相关关系，同时受成本努力系数影响。

再次，探讨政府利润的在两种股权结构下的变化情况，将式（6－23）与式（6－17）相减可得：

$$\Delta NI_g' = g(1 - t)\frac{tr^2\lambda^2 k^2}{b} > 0 \tag{6-26}$$

在引入工程承包商后政府项目利润增加，政府所获得的利润收益与承包商的参股比例、政府参股比例和成本努力系数有关。由于政府与财务投资者仅占股比例不同，则同理可知引入新股东可提高财务投资者利润。

同时，从财务投资的视角来看，若希望实现自身利益的最大化，便存在一个最优股权比例：

$$\max(NI_f)^* = \max\left\{(1 - t)\left\{\left[K - K_{ft} + \frac{(\mu + tr)\lambda^2 k^2}{b}\right]r - R_e\right\}\right\} \tag{6-27}$$

求解利润最大化，对 t 求一阶导，取值为零时可得：

$$t^* = \frac{r - \mu}{2r} + \frac{bR_e - br(K - K_{ft})}{2r^2\lambda^2 k^2} \tag{6-28}$$

对于式（6－28），当 $o < t < t^*$ 时，财务投资者的期望利润随着承包商占股比例的增大而增大；当 $t > t^*$ 时，财务投资者的期望利润随着承包商占股比例的增大而减少。因此，从财务投资者的角度出发，在达到最优比例前，承包商占股比例越大越好。同时，各方在订立 PPP 合同确定股权结构安排时，应合理设计股权比例最大化各方收益。

6.2.4　运营阶段股权结构选择模型构建

接下来探讨的问题仍然是基于委托代理理论下，在 PPP 项目运营阶段中运营商是否选择参股对项目公司及收益的影响，由此探讨运营阶段最优股权结构的安排问题。

1. 项目承包商退出后股权结构不变

设运营商为 C_o，承包商退出在仅有政府和财务投资者作为共同股东的项目公司，并与运营商之间存在委托代理关系，根据之前对于产出的假设，PPP 项目

在运营阶段的产出 π 为：

$$\pi = (\lambda k + \theta l)a + \theta \tag{6-29}$$

其中，λ 和 θ 分别是承包商努力程度的资本和劳动投入系数，均大于0。k 和 l 分别为单位资本和劳动投入量，可认为是常量。θ 表示均值为 0，方差为 δ^2 的外生因素，运营商的努力决定其均值，与其方差无关。

根据委托代理理论，委托人风险中性，而代理人是风险规避的，运营商获得的合同额为：

$$R_{C_o}(\pi) = \varpi + \eta\pi \tag{6-30}$$

其中，ϖ 为运营商的固定收入，引入激励系数 η 体现运营商的努力程度。

在运营阶段，项目公司期望利润为：

$$E(NI) = E[\pi - R_{C_o}(\pi)] = (\lambda k + \theta l)(1-\eta)a - \varpi \tag{6-31}$$

根据委托代理理论，运营商是风险规避的，引入效用函数，ρ 表示风险规避变量，i 为实际收入。设代表运营商努力程度的成本系数为 b，b > 0，则有：

$$u = -e^{-\rho i}$$

$$C_{C_o} = \frac{1}{2}a^2 b \tag{6-32}$$

运营商的风险管理成本为$\frac{1}{2}\rho\eta^2\delta^2$，$\eta$ 越小风险成本越小，则期望收益为：

$$E(NI_{C_o}) = \varpi + \eta(\lambda k + \theta l)a - \frac{1}{2}a^2 b - \frac{1}{2}\rho\eta^2\sigma^2 \tag{6-33}$$

通过求利润最大化，可得最优努力程度：

$$a^* = \frac{\eta(\lambda k + \theta l)}{b} \tag{6-34}$$

设运营商获得的行业合理利润为 r，运营商运营 PPP 项目希望获得超过行业的合理利润，则有：

$$\varpi + \eta(\lambda k + \theta l)a - \frac{1}{2}a^2 b - \frac{1}{2}\rho\eta^2\sigma^2 \geqslant r \tag{6-35}$$

然而，项目公司也希望其利润最大化，于是运营商只会获得行业一般利润 r，对此求一阶导数，可得激励系数 η：

$$\eta^* = \frac{(\lambda k + \theta l)^2}{(\lambda k + \theta l)^2 + b\rho\sigma^2} \tag{6-36}$$

将式（6-36）代入最优努力程度可得：

$$a^* = \frac{(\lambda k + \theta l)^3}{b(\lambda k + \theta l)^2 + b^2\rho\sigma^2} \tag{6-37}$$

于是运营商最优情况安排下的固定收入 ϖ^* 为：

$$\varpi^{*}=r+\frac{b\rho\sigma^{2}(\lambda k+\theta l)^{4}-(\lambda k+\theta l)^{6}}{2b[(\lambda k+\theta l)^{2}+b^{2}\rho\sigma^{2}]^{2}} \tag{6-38}$$

将式（6－37）、式（6－38）代入 NI 可得项目公司期望利润最大化为：

$$E(NI)^{*}=\frac{b\rho\sigma^{2}(\lambda k+\theta l)^{4}+(\lambda k+\theta l)^{6}}{2b[(\lambda k+\theta l)^{2}+b^{2}\rho\sigma^{2}]^{2}}-r \tag{6-39}$$

$$E(NI_{C_o})^{*}=r \tag{6-40}$$

2. 引入运营商更改股权结构

项目运营商作为股权投资者具有两种身份，即作为项目股东和承包者，既是委托人也是代理人。此时收益除项目承包收益外，还获取股权收益。设 t 为项目运营商所占股份比例，$0<t<1$，此时政府和财务投资者占股（$1-t$），则运营商期望利润为：

$$E(NI_{C_o})=\varpi+\eta(\lambda k+\theta l)a-\frac{1}{2}a^{2}b-\frac{1}{2}\rho\eta^{2}\sigma^{2}+k[(\lambda k+\theta l)(1-\eta)a-\varpi] \tag{6-41}$$

$$E(NI_{f})=(1-t)[(\lambda k+\theta l)(1-\eta)a-\varpi] \tag{6-42}$$

运营商期望利润最大化，对 a 求一阶导数，取值为零时可得：

$$a^{*}=\frac{(\eta+t-\eta t)(\lambda k+\theta l)}{b} \tag{6-43}$$

假设项目公司给运营商的固定收入和激励系数不变，将式（6－38）代入可得：

$$a^{*}=\frac{(\lambda k+\theta l)}{b}\left[t+\frac{1-(\lambda k+\theta l)}{(\lambda k+\theta l)^{2}+b\rho\sigma^{2}}\right] \tag{6-44}$$

将上述最优努力程度、固定收入和激励系数代入 NI 可得项目公司期望利润为：

$$E(NI)=\frac{2b^{2}\rho^{2}\sigma^{4}(\lambda k+\theta l)^{2}+b\rho\sigma^{2}(\lambda k+\theta l)^{4}+(\lambda k+\theta l)^{6}}{2b[(\lambda k+\theta l)^{2}+b^{2}\rho\sigma^{2}]^{2}}-r \tag{6-45}$$

根据运营商和政府财务方所占股权比例，可分别得到二者的期望利润：

$$E(NI_{C_o})=\frac{b^{2}\rho^{2}\sigma^{4}t^{2}(\lambda k+\theta l)^{2}+bt\rho\sigma^{2}(\lambda k+\theta l)^{4}+(\lambda k+\theta l)^{6}}{2b[(\lambda k+\theta l)^{2}+b^{2}\rho\sigma^{2}]^{2}}+(1-t)r \tag{6-46}$$

$$E(NI_{f})=(1-t)\frac{2b^{2}\rho^{2}\sigma^{4}(\lambda k+\theta l)^{2}+b\rho\sigma^{2}(\lambda k+\theta l)^{4}+(\lambda k+\theta l)^{6}}{2b[(\lambda k+\theta l)^{2}+b^{2}\rho\sigma^{2}]^{2}}-(1-t)r \tag{6-47}$$

设政府与财务投资者的占股比例为 g，$0<g<1$，则政府的利润情况为：

$$E(NI_{gf})=g(1-t)\frac{2b^2\rho^2\sigma^4(\lambda k+\theta l)^2+b\rho\sigma^2(\lambda k+\theta l)^4+(\lambda k+\theta l)^6}{2b[(\lambda k+\theta l)^2+b^2\rho\sigma^2]^2}-g(1-t)r \tag{6-48}$$

3. 两种模式收益比较及最优股权结构安排

首先比较两种股权结构下运营商的努力程度，将式（6－44）与式（6－37）相减可得运营商努力程度的改变量：

$$\Delta a=\frac{t(\lambda k+\theta l)\rho\sigma^2}{(\lambda k+\theta l)^2+b^2\rho\sigma^2}>0 \tag{6-49}$$

式（6－49）说明，当运营商兼具股东和代理方身份时，其努力程度高于仅做代理方，参与项目公司的股权可以提高其运营的努力程度。

然后，比较两种情况下，项目公司总利润的情况为：

$$\Delta E(NI)=\frac{tb^2\rho^2\sigma^4(\lambda k+\theta l)^2}{[(\lambda k+\theta l)^2+b^2\rho\sigma^2]^2}>0 \tag{6-50}$$

式（6－50）说明，在运营阶段引入新的股东可以提高 PPP 项目总利润。

再次，考虑发起人政府方面利润的改变。运营阶段当仅有政府和财务投资者为股东时，设政府与财务投资者的占股比例为 g，$0<g<1$，则政府的利润情况为：

$$E(NI_{gf})=g\frac{b\rho\sigma^2(\lambda k+\theta l)^4+(\lambda k+\theta l)^6}{2b[(\lambda k+\theta l)^2+b^2\rho\sigma^2]^2}-rg \tag{6-51}$$

将式（6－48）减去式（6－51）可得：

$$\Delta E(NI_{gf})=g(1-k)\frac{tb^2\rho^2\sigma^4(\lambda k+\theta l)^2}{[(\lambda k+\theta l)^2+b^2\rho\sigma^2]^2}>0 \tag{6-52}$$

在运营阶段引入新的股东可以提高政府方的总利润，由于政府与财务投资者仅有占股比例不同，则同理可知引入新股东可提高财务投资者利润。

最后，探讨最优股权结构。根据上述分析，PPP 项目在运营阶段，项目公司原有股东在理论上应引入运营商作为共同股东以提高自己的期望利润，同时会选择合适的参股比例 t^* 以实现自己的期望利润最大化，即求解利润最大化下的最优股权结构。

$$\max E(NI_f)=\max\left\{(1-t)\frac{b\rho\sigma^2(\lambda k+\theta l)^4+(\lambda k+\theta l)^6}{2b[(\lambda k+\theta l)^2+b^2\rho\sigma^2]^2}-r(1-t)\right\} \tag{6-53}$$

对 t 求导，取值为零时，可得最优股权比例为：

$$t^*=\frac{1}{2}+\frac{r[(\lambda k+\theta l)^2+b^2\rho\sigma^2]^2-b\rho\sigma^2(\lambda k+\theta l)^4-(\lambda k+\theta l)^6}{4b^2\rho^2\sigma^2(\lambda k+\theta l)^2} \tag{6-54}$$

对于式（6－54），当 $0<t<t^*$ 时，原有股东的期望利润随着营运商占股比例

的增大而增大；当 $t>t^*$ 时，期望利润随着营运商占股比例的增大而减少。因此，从原股东角度在达到最优比例前，营运商占股比例越大越好。作为原股东的政府方面可对此进行相关的决策和安排。

6.2.5　多主体两阶段股权结构选择模型分析

本节主要讨论了PPP项目的股权结构选择模型，通过委托代理理论构建PPP项目股权结构选择模型，将股权结构的选择分为项目建设期和运营期两个阶段。通过委托代理理论，探讨多方参与者在各阶段不同股权安排下的努力程度和项目公司预期收益情况，选择最优的股权结构和调整机制，进而构建一个更加贴近现实的股权选择合作模型。

由以上股权选择模型分析可知：（1）在发起阶段与仅有政府和财务投资者组建项目公司的情况相比，引入承包商作为项目公司股东后，项目公司收益、政府方和财务投资者的利润增加，利润也与承包商持股比例成正相关关系，同时受成本努力系数影响。工程承包商在作为股权投资者时的最优努力水平大于仅作为工程承包者的努力水平，股权结构的收益有利于激发承包商的努力水平。并且，其努力程度与持股比例呈正相关关系，持股比例越大越有益于其积极参与项目建设。（2）在运营阶段当建设承包商退出后，与仅有政府和财务投资者组建项目公司的情况相比，引入运营商为项目公司股东可提高项目公司、政府方和财务投资者收益。运营商在作为股权投资者时的最优努力水平大于仅作为运营者的努力水平，股权结构的收益有利于激发运营商的努力水平。并且，其努力程度与持股比例呈正相关关系，持股比例越大越有益于其积极参与项目建设。（3）在引入专业方之后政府及财务投资人的项目利润增加，存在一个最优持股比例，在小于该比例时利润也与持股比例呈正相关关系，超过之后呈递减趋势。由此可知，在最优比例之下，专业方参股比例越高越能提高项目公司及各方效用和期望收益。

6.3　基于帕累托最优的PPP项目股权结构研究

通过上文对于PPP项目进行的分析发现，确定一个合理的股权结构成为基建项目能否成功落地的关键因素。然而随着研究的不断深入，在考虑现实情况后发现，现实中公私双方并不会按照理论所求解的最优值进行股权安排，而是会根据不同项目和不同私人部门确定不同的股权结构。因此，本书认为在股权结构确定过程中存在可行区间，使双方在该区间内所确定的股权结构让双方都达到满意。同时，由于政府部门和私人部门在股权决策时实际是一种资源的分配，因此可采用帕累托最优理论进行分析。本部分内容将引入帕累托最优理论，对股权结构进行更深入的分析。

6.3.1 PPP 项目股权决策过程

本书中所研究的 PPP 模式下的基础设施项目公司资本结构指的是特许经营类的 PPP 项目。在该 PPP 项目中，政府部门和私人部门共同进行项目的建设，双方按照出资比例确定各自的股权结构，在特许经营期间，政府部门和私人部门按照股权结构来对收益进行分配，从而双方从项目中获取收益。

在考察 PPP 项目中公司双方的股权结构的决策过程中，当政府与私人部门的股权占比出现任意变动可使双方效用得到提高时，此时的股权结构存在改进空间，不能成为最终的决策结果；当股权结构处于私人部门效用下降的阶段，此时的股权安排就无法对私人部门形成有效激励。因此，双方最终确定的股权占比，不能落在公私双方效用函数都上升的区间，也不能落在私人部门效用下降的区间，只有股权占比落在私人部门效用上升而政府部门效用下降的区间内，才可能成为最终的决策结果。

由以上分析可以看出，政府部门与私人部门股权结构的安排过程实质为进行管理决策的过程，并且该过程符合帕累托最优理论。帕累托最优（Pareto optimality）也被称为帕累托最优效率（Pareto efficiency），在经济学中有着广泛的应用。帕累托最优状态是资源分配的一种理想状态，当存在一些人和一个可进行分配的资源时，这些资源可以在这些人中任意分配，但是总会有一种分配方式可以是每个人都能达到自己最优的状态，此时便达到了帕累托最优状态。也就是说，当资源的任意变动都会使一方情况变好的同时另一方情况变坏，此时便达到帕累托最优状态，也即帕累托最优理论。

人们追求“帕累托最优”的过程，其实就是管理决策的过程。当资源从非帕累托最优状态变为帕累托最优的过程，被称为帕累托改进。由于市场机制的存在，社会中的理性人都会追求自身利益最大化，在这个帕累托改进的过程中，总会存在一种使资源的分配可以使各方的利益都得到提高，使每个人都达到满意。这种帕累托改进的情况会一直持续下去，直到资源的分配达到一种状态，在这种状态中，任何一个人的情况变好都会导致另一个人的情况变坏，即不存在可以在保证其他人效用不变的情况下使一个人效用提高，此时便实现了帕累托效率。市场机制是“一双看不见的手”，它会推动人们按照首先以自利的角度来考虑交易过程，自然在市场机制的作用下，每个人都能够达到在自己看来利益最大的情况，自然交易双方能够在交易过程中使资源达到最优的状态。其实在经济生活中，只要涉及资源的分配，市场机制都会自然遵循这种方式，而按照帕累托最优理论进行的资源分配也是最有效的配置方式。

在 PPP 项目中，双方进行股权结构的确定过程就是资源分配的过程。由于股权结构的安排可能影响双方的出资比例或是最终的收益分配，因此，PPP 项目的股权结构的确定即为管理决策的过程。公私双方都会从自身的利益出发，政府部门需要保证项目的社会公益性，而私人部门参与到 PPP 项目中需要考虑最终的项目收益。因此，PPP 项目中政府部门和私人部门在进行股权结构安排时也需遵循帕累托最优理论。公私双方最终所确定的股权结构，应该使双方都不存在改进的空间，若存在某一新的股权结构能够使双方的效用都得到提高，则双方会按照该新的股权结构进行决策，以提高双方自身的利益，这也是帕累托改进的过程。只有当任意一方的利益得到提高都会导致另一方利益减少时，股权结构才是合理并且最优的，此时也就达到了帕累托最优状态。因此公私双方在 PPP 项目中进行股权结构决策的过程符合帕累托最优理论。

6.3.2　PPP 项目最优股权结构的帕累托分析

在上文理论研究的基础之上，本部分将对 PPP 项目股权结构模型进行构建和分析，以此来确定 PPP 项目的最优股权结构。

1. 研究假设

在现实情况下，政府部分和私人部门在进行股权结构的决策时会受到众多内部因素和外部因素的影响，面临多种情况，并且涉及多个参与主体，若完全按照现实情况将各因素均考虑到模型中会极其复杂，因此，本书对模型进行简化，并基于一定的研究假设对股权结构的可行区间进行分析和确定。

模型的时间结构共分为三期：在第 0 期，政府决定通过特许经营模式建设 PPP 项目，并通过招投标的方式，使私人部门与政府达成一致协议来进行项目的建设，并根据双方议价能力的大小进行讨价还价，来确定双方的出资比例、股权结构以及收益分配比例。在该过程中，双方的努力效率决定了双方最终股权结构的帕累托可行区间，股权结构的安排只有处于该区间内，才能保证双方都愿意接受。在第 1 期，私人部门负责项目的运营，并且在该期间内，私人部门与政府部门都同时选择自己最优的努力程度进行项目的建设和运营。在第 2 期，特许经营期结束，私人部门将基建项目无偿转移给政府，双方进行收益的分配。

为方便分析，本书提出以下基本假设：

假设 1：政府部门与私人部门根据双方的出资比例确定股权结构，并根据股权结构进行项目的收益分配。

假设2：PPP 模式的基础设施在建设过程中会存在不同的项目参与方，本书将除政府外的所有参与者都归类为私人部门，仅讨论政府部门与私人部门两方的决策行为。

假设3：本书假设项目采用特许经营方式进行建设，特许经营期结束私人部门将项目归还政府，双方进行收益分配。

假设4：假设政府部门和私人部门都是风险中性的，该假设可以保证在双方确定股权结构的过程中可以不考虑风险分担问题。

2. 效用函数的构建

假设政府通过 PPP 模式进行基础设施项目的建设，若项目成功，其带来的收益为 R，若失败则收益为 0，且项目成功的概率为 P。假定政府部门与私人部门按照双方的出资比例确定股权结构，并根据股权结构进行收益的分配。通过采取前人的研究方法，本书假设政府与私人部门的效用函数为收益的线性函数，并假设双方的股权结构为（s，1 - s），其中，s 为私人部门拥有的股权份额，1 - s 为政府部门占有的份额，政府部门的效用函数用 $EU_1(s)$ 表示，则其效用函数可表示为：

$$EU_1(s) = (1-s)PR - C_1 - (1-s)I \tag{6-55}$$

其中，$(1-s)PR$ 为政府部门在项目中可按股权结构获得的收益分配，C_1 为政府部门在项目建设运营过程中的成本，$(1-s)I$ 为政府部门在项目中的出资额。

同理，假设私人部门的效用函数为 $EU_2(s)$，则可将其表示为：

$$EU_2(s) = sPR - C_2 - sI \tag{6-56}$$

其中，sPR 为私人部门在项目中可按股权结构获得的收益分配，C_2 为私人部门的成本，sI 为私人部门的出资额。

在 PPP 项目的建设过程中，政府部门与私人部门的努力程度会影响双方付出的成本和项目成功的概率，进而影响双方的效用函数。笔者在设定公私双方的努力成本和项目成功概率的基础上，确定出双方的效用函数模型。

（1）公私双方努力成本。在信息经济学中，企业的努力成本函数可设定为 $C(a) = \frac{a^2}{2}$。因此，本书在该模型的基础上假设政府部门的努力成本函数为 $C(a) = \frac{a^2}{2\alpha}$，其中，a 是政府付出的努力，α 为政府部门的议价能力水平，政府建设项目的能力越高，其议价能力越高，在付出相同努力的情况下，成本越小；同理，私人部门的努力成本函数为 $C(b) = \frac{b^2}{2\beta}$，该成本函数体现出在特许经营期间，私人部门通过对项目进行运营而付出的成本。其中 b 为私人部门付出的努力，β 为私人部门的议价能力水平。

（2）PPP 项目成功概率。对于项目成功的概率 P，取决于公私双方的共同努力，当双方的努力程度越大，则项目成功的概率越高，但需保证 $0<P<1$，因此项目成功的概率函数为：

$$P=\min[a+b,\ 1],\ (0<a<1,\ 0<b<1) \tag{6-57}$$

概率的线性模型表示双方的努力是相互替代的，即项目的成功并不要求双方必须同时投入努力。其中，a 为政府部门的努力程度，在特许经营期内体现为对私人部门运营维护基建项目的监督；b 为私人部门的努力程度，在特许经营期内体现为运营项目的努力程度。若项目的投资额为 I，项目收益为 R，则根据假设条件，可以得到该基建项目的社会价值 V 为：

$$V(a,\ b)=\min[a+b,\ 1]R-\frac{a^2}{2\alpha}-\frac{b^2}{2\beta}-I \tag{6-58}$$

从上式中可以看出，项目的成功与否由私人部门与政府部门双方的努力程度构成，且当双方都投入正的努力水平时，项目才有可能获得成功。若保证项目的社会价值最大，则通过对 a 和 b 求一阶导可以得到双方的最优努力程度分别为：$a=\alpha R$，$b=\beta R$。由于在项目的运营过程中，最优努力程度 a，b 是双方最大的努力水平，并且双方都会按照该最大努力程度进行项目建设。假设双方努力程度之和 $a+b<1$，因此，项目成功的概率可简化为：

$$P=a+b \tag{6-59}$$

由于政府部门的基本效用函数为：

$$EU_1(s)=(1-s)PR-C_1-(1-s)I \tag{6-60}$$

因此，将努力成本和成功概率代入上式，可得到政府部门的效用函数为：

$$EU_1(s)=(1-s)(a+b)R-\frac{a^2}{2\alpha}-(1-s)I \tag{6-61}$$

同理，私人部门的效用函数可以表示为：

$$EU_2(s)=s(a+b)R-\frac{b^2}{2\beta}-sI \tag{6-62}$$

3. 股权结构安排的帕累托模型

股权结构的确定应保证私人部门愿意参与到项目中，以此作为约束条件，通过设定线性规划模型可以确定出股权结构的最优值；但若考虑帕累托最优理论，通过分析可发现公私双方在实际进行股权结构安排时不会按照该最优值进行决策。因此，本章将基于帕累托最优理论，检验政府部门与私人部门在进行股权结构决策时是否存在最优值。

（1）基于线性规划的最优股权结构模型。当不考虑双方的议价能力时，双方协商所确定的股权结构应从全社会的角度进行考虑，保证社会总效益达到最大，而政府部门和私人部门双方的效用将作为约束条件影响最终股权结构的确定。由式（6-58）可知，项目的社会价值 V 为：$V(a, b)=\min[a+b, 1]R-\frac{a^2}{2\alpha}-\frac{b^2}{2\beta}-I$，最优股权结构问题可转化为以下规划问题：

$$\text{Max}(a+b)R-\frac{a^2}{2\alpha}-\frac{b^2}{2\beta}-I \tag{6-63}$$

$$\text{s.t.}\ (1-s)(a+b)R-\frac{a^2}{2\alpha}-(1-s)I>0 \tag{6-64}$$

$$s(a+b)R-\frac{b^2}{2\beta}-sI>0 \tag{6-65}$$

在项目的建设中，假设双方都会按照自身认为最优的努力水平来进行项目的建设。因此，对于公共部门，其选择的最优的努力水平为：

$$a^*=(1-s)R\alpha \tag{6-66}$$

同理，对于私人部门，其最优的努力水平为：

$$b^*=sR\beta \tag{6-67}$$

将公私双方各自确定的努力水平以及概率函数代入式（6-67），可将式（6-63）转化为：

$$\text{MaxE}(U_1+U_2) \tag{6-68}$$

将双方的效用函数代入式（6-68）可得到：

$$EU_1(s)=\frac{(1-s)^2R^2\alpha}{2}+(s-s^2)R^2\beta-(1-s)I \tag{6-69}$$

$$EU_2(s)=(s-s^2)R^2\alpha+\frac{s^2R^2\beta}{2}-sI \tag{6-70}$$

对二者的效用函数之和求一阶导数，可得到最优的股权结构为：

$$s^*=\frac{\beta}{\alpha+\beta} \tag{6-71}$$

从式（6-71）可知，最优的股权结构安排与项目的收益与初始投资无关，只受到双方议价能力的影响。政府的议价能力越大，私人部门最优的股权占比越小。当私人部门在股权结构中所占份额为$\frac{\beta}{\alpha+\beta}$时，社会总效益达到最大，此时，政府与私人部门所确定的最优股权结构应为 $\alpha:\beta$。

（2）最优股权结构的约束条件分析。从社会效益的角度来看，双方确定的最优股权结构为 $\alpha:\beta$，然而该最优股权结构仅为理论上的最优值，现实中双方是否会按照该最优值进行股权安排仍需进一步验证。

①政府部门的议价能力小于私人部门，即 $\alpha \leqslant \beta$。

由于$\frac{\beta}{\alpha+\beta}$表示当考虑社会效益时，最优股权结构中私人部门所占的比例，$\frac{\frac{I}{R^2}-\alpha}{\beta-2\alpha}$表示从私人部门自身角度来看，其效用所能达到最大值时的股权结构。若 $\alpha \leqslant \beta$，此时$\frac{\beta}{\alpha+\beta}<\frac{\frac{I}{R^2}-\alpha}{\beta-2\alpha}$，即最优股权结构中私人部门所占的比例小于私人部门效用最大时所占的比例，当双方将股权安排确定为$\left(1-\frac{\beta}{\alpha+\beta}\right):\frac{\beta}{\alpha+\beta}$时，在该股权结构水平下处于上升阶段，该最优股权结构确实可以达到对私人部门的激励；而从政府的角度看，$1-\frac{\alpha-\beta-\frac{I}{R^2}}{\alpha-2\beta}$为政府部门效用达到最大值时所对应的股权结构，通过分析政府的效用函数，可以发现$1-\frac{\beta}{\alpha+\beta}<1-\frac{\alpha-\beta-\frac{I}{R^2}}{\alpha-2\beta}$，说明该股权结构同样处于政府部门效用函数上升的阶段。因此，该最优股权结构存在改进空间，最优值不符合帕累托效率，双方不会按照该最优股权结构进行安排。

②政府部门的议价能力大于私人部门，即 $\alpha \geqslant \beta$。

由于 $\alpha \geqslant \beta$，此时$\frac{\beta}{\alpha+\beta}<\frac{\frac{I}{R^2}-\alpha}{\beta-2\alpha}$，最优股权结构小于私人部门效用最大时的股权结构，私人部门的效用函数处于上升阶段；而对于政府部门来说，$1-\frac{\beta}{\alpha+\beta}<1-\frac{\alpha-\beta-\frac{I}{R^2}}{\alpha-2\beta}$，此时政府部门的效用函数同样处于上升阶段。因此，该最优股权结构存在改进空间，双方不会选择该股权结构作为最终决策。

通过以上分析可以发现，从全社会的角度来看，尽管最优股权结构能够达到对私人部门的激励，保证私人部门愿意参与到项目中，然而无论政府部门的议价能力大于或是小于私人部门，该最优股权结构都会使公私双方的效用处于上升阶段，说明该最优值不符合帕累托效率。因此，现实中公私双方不会按照该股权结构进行安排。

由于私人部门的议价能力存在差异，因此即使针对同一项目，最终确定的股权结构也会根据双方讨价还价能力的不同而存在一定的波动。然而该波动存在一个区间范围，在该波动区间内所确定的股权结构都能够使双方达到满意，超出或是小于该区间无法对私人部门形成激励，此时项目也就无法落地。

通过以上模型推倒和分析可以得出，政府部门与私人部门在进行股权结构决策时并不存在最优值，而是存在一个可行区间，最终股权结构的安排只能在该区间内进行波动。公私双方所确定的股权结构会根据政府部门和私人部门能力水平的不同存在差异。因此，下文将基于双方的效用函数模型，在考虑公私双方议价能力的基础上对股权结构的可行区间进行研究。

6.3.3 PPP股权结构可行区间确定与影响因素分析

在前文的研究基础上已经将股权结构的研究从最优值拓展到可行区间。本节将进一步考察双方议价能力、投资额与项目收益、特许经营期等因素对股权结构安排所产生的影响。

1. 效用函数分析

（1）政府部门效用函数分析。当双方都选择式（6－66）和式（6－67）的努力水平进行项目建设时，政府部门的效用函数最终为：

$$E_1(s)=\frac{(1-s)^2R^2\alpha}{2}+(s-s^2)R^2\beta-(1-s)I \tag{6-72}$$

通过对政府部门的效用函数进行分析可以发现，政府部门的效用是s的二次函数，通过对s求一阶导，可得到政府部门效用最大时的s_1^*为：

$$s_1^*=\frac{R^2\alpha-R^2\beta-I}{R^2\alpha-2R^2\beta}=\frac{\alpha-\beta-\frac{I}{R^2}}{\alpha-2\beta} \tag{6-73}$$

由效用函数式可知，当$s=0$时，$EU_1(s)=\frac{R^2\alpha}{2}-I$；当$s=1$时，$EU_1(s)=0$，而当私人部门的股权占比为$\frac{\alpha-\beta-\frac{I}{R^2}}{\alpha-2\beta}$时，政府部门的效用函数达到最大。由于s表示私人部门的股权占比，因此，$0<s<1$，通过以上分析，可以得到政府部门的效用函数存在两种情况：呈单调下降或是呈倒“U”型，如图6.1、图6.2所示：

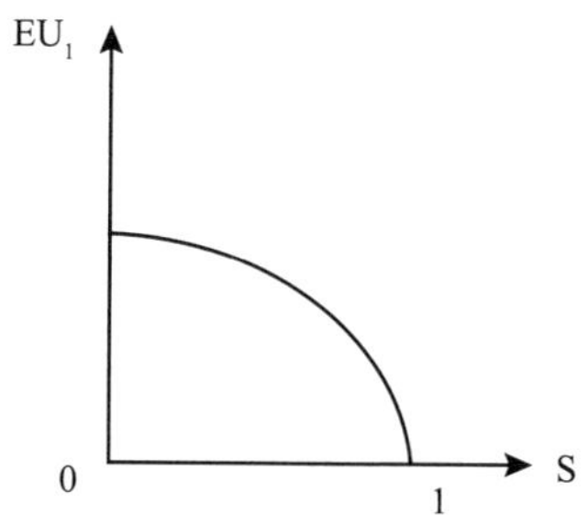

图 6.1　$s_1^* < 0$ 时政府部门效用函数

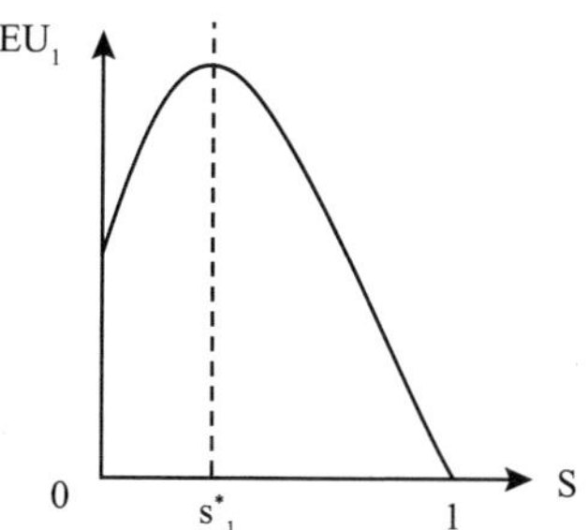

图 6.2　$0 < s_1^* < 1$ 时政府部门效用函数

（2）私人部门效用函数分析。将私人部门与政府部门所选择的最优努力水平代入式（6－62），可得到私人部门的效用函数：

$$EU_2(s) = (s - s^2)R^2\alpha + \frac{s^2R^2\beta}{2} - sI \qquad (6-74)$$

通过对股权比例 s 求一阶导，可以得到私人部门效用最大时的股权占比 s_2^*：

$$s_2^* = \frac{I - R^2\alpha}{R^2\beta - 2R^2\alpha} = \frac{\frac{I}{R^2} - \alpha}{\beta - 2\alpha} \qquad (6-75)$$

由式（6－75）可知：当 $s = 0$ 时，$EU_2(s) = 0$；当 $s = 1$ 时，$EU_2(s) = \frac{R^2\beta}{2} - I$，且当私人部门的股权占比为 $\frac{\frac{I}{R^2} - \alpha}{\beta - 2\alpha}$ 时，私人部门的效用达到最大。同理对于私人部门的效用函数同样存在两种情况：呈单调上升或是呈现倒“U”型：如图 6.3、图 6.4 所示：

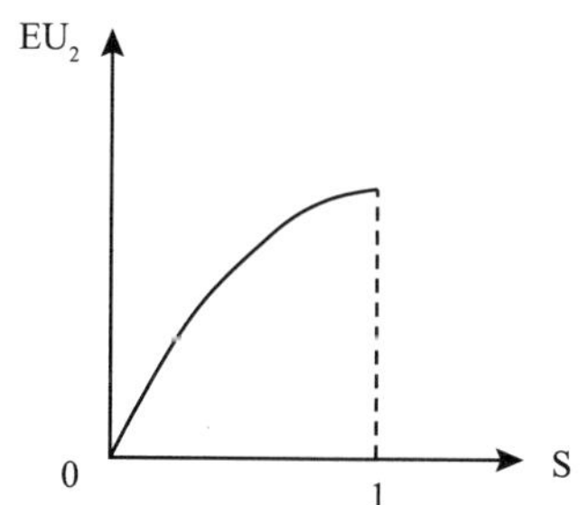

图 6.3　当 $s_2^* > 1$ 时私人部门效用函数

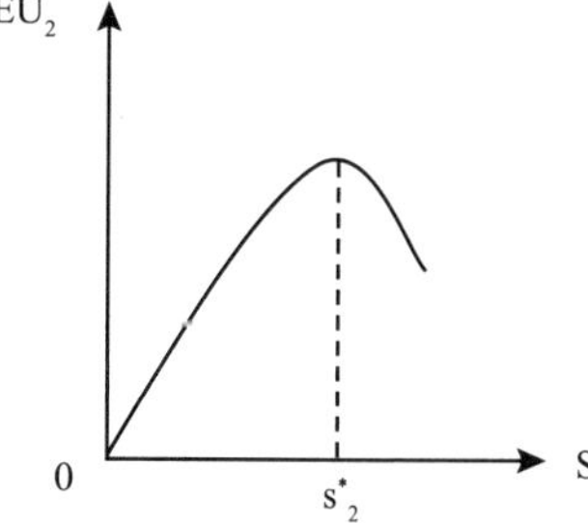

图 6.4　当 $0 < s_2^* < 1$ 时私人部门效用函数

2. 基于帕累托最优的股权结构可行区间确定

（1）仅考虑议价能力的股权结构可行区间确定。由上文可知由于双方在对股权进行决策时不存在最优值，而是会根据双方议价能力的不同进行议价。因此，本章将根据双方议价能力的不同，分情况确定股权结构的可行区间。

①当政府部门的议价能力大于私人部门时。通过对政府部门与私人部门双方各自的股权结构最优值进行分析后发现，对于政府部门的最优股权结构为：

$$s_1^* = \frac{\alpha - \beta - \frac{I}{R^2}}{\alpha - 2\beta} \tag{6-76}$$

其中，$\frac{I}{R^2}$可近似忽略。对于一个私人部门愿意参与的大型成功项目来说，项目收益需大于等于项目投资，因此，$R^2 \gg I$。若项目收益的平方 $R^2 \gg I$，为了简化计算过程，对于$\frac{I}{R^2}$可在计算时忽略。当政府部门的最优股权结构占比 $s_1^* < 0$，即

$$\frac{\alpha - \beta - \frac{I}{R^2}}{\alpha - 2\beta} < 0 \tag{6-77}$$

此时存在两种情况：$\alpha < \beta$ 且 $\alpha > 2\beta$，或 $\alpha > \beta$ 且 $\alpha < 2\beta$。由于 α、β 分别表示政府部门和私人部门双方的议价能力水平，因此 α、β 均为大于 0 的自然数，对于 $\alpha < \beta$ 且 $\alpha > 2\beta$ 这种情况应舍去。

通过分析可知，若 $\alpha > \beta$ 且 $\alpha < 2\beta$，此时对于私人部门有：

$$s_2^* = \frac{\frac{I}{R^2} - \alpha}{\beta - 2\alpha}，且\ 0 < s_2^* < 1 \tag{6-78}$$

因此，当 $\beta < \alpha < 2\beta$，即政府部门的议价能力大于私人部门的议价能力时，有 $s_1^* < 0$ 且 $0 < s_2^* < 1$。

由于在 PPP 模式的基建项目中，股权结构的确定需公私双方进行讨价还价，并且最终的结果需双方都达到满意。因此，需将双方的效用函数模型进行综合分析。综合双方各自的效用函数模型，可以得到从全社会角度考虑的效用函数，如图 6.5 所示：

从图 6.5 中可以看出，随着私人部门的股权占比增加，政府部门的效用函数在区间［0，1］上逐渐下降，而私人部门的效用函数在［0，s_2^*］上严格递增，在［s_2^*，1］上呈现出递减趋势。由于政府与私人部门进行股权决策过程符合帕累托最优理论，因此，当且仅当政府部门的效用函数处于非增，而私人部门的效用函数处于非减的区间时，该股权结构才是双方都满意的帕累托可行值。从图中

可以看出，当私人部门的股权占比处于［0，s_2^*］时，双方的效用函数呈现出一方增加的同时另一方便会减少的趋势，说明在该区间内所确定的股权结构达到帕累托效率。当私人部门的股权占比逐渐上升并且超过最优的股权结构安排时，即私人部门的股权占比超出该区间时，双方的效用函数均处于下降阶段，此时无法对私人部门形成激励，股权结构安排不合理。

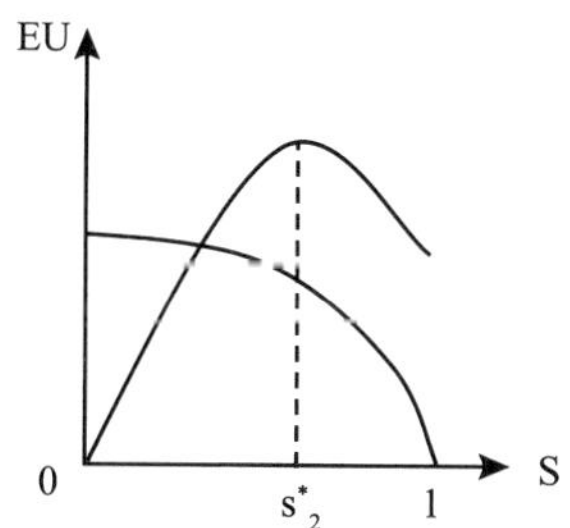

图6.5 α≥β，帕累托可行区间为［0，s_2^*］

因此，当 $\beta<\alpha<2\beta$，即政府部门的议价能力大于私人部门时，股权结构的帕累托可行区间为［0，s_2^*］，其中，$s_2^*=\dfrac{\frac{I}{R^2}-\alpha}{\beta-2\alpha}$。该区间说明当政府部门的议价能力高于私人部门时，在股权结构的协商过程中政府部门占有相对优势。由于政府部门的效用函数在［0，1］内呈现递减趋势，而其议价能力较高，因此，政府部门会在保证对私人部门形成激励的情况下尽量减少私人部门的股权占比，使私人部门适当出让股权来达到政府部门提高自身效用的目的。

②当政府部门的议价能力小于私人部门时。同理，当政府部门的最优股权结构 $s_1^*>0$，即 $\dfrac{\alpha-\beta-\frac{I}{R^2}}{\alpha-2\beta}>0$ 时，可以得到 $\alpha<\beta$ 且 $\alpha>\dfrac{\beta}{2}$，即政府部门的议价能力小于私人部门，此时私人部门 $s_2^*>1$，因此，当 $\dfrac{\beta}{2}<\alpha<\beta$，即政府部门的议价能力小丁私人部门的议价能力时，有 $0<s_1^*<1$ 且 $s_2^*>1$。综合双方各自的效用函数模型，可以得到该效用函数为（见图6.6）：

从图6.6中可以看出，双方在［0，s_1^*］上都严格递增，而在［s_1^*，1］区间内，政府的效用函数递减而私人部门严格递增。因此当私人部门的股权占比处于［0，s_1^*］时，随着私人部门的股权占比增加，双方的效用函数均处于上升阶段，此时股权结构存在改进空间。当股权占比达到 s_1^* 时，政府部门的效用达到最大，并当私人部门的股权占比继续增加时，私人部门效用上升而政府部门的效用开始下降，此时，双方确定的股权结构达到帕累托效率。在该区间内，股权结构的任意变动都不能够使一方效用上升的同时不损害另一方效用，因此双方会在该区间内对股权结构进行确定。由此可得，当$\frac{\beta}{2}<\alpha\leqslant\beta$，即政府部门的议价能力小于私人部门时，股权结构的帕累托可行区间为［s_1^*，1］，其中，$s_1^*=\frac{\alpha-\beta-\frac{I}{R^2}}{\alpha-2\beta}$。

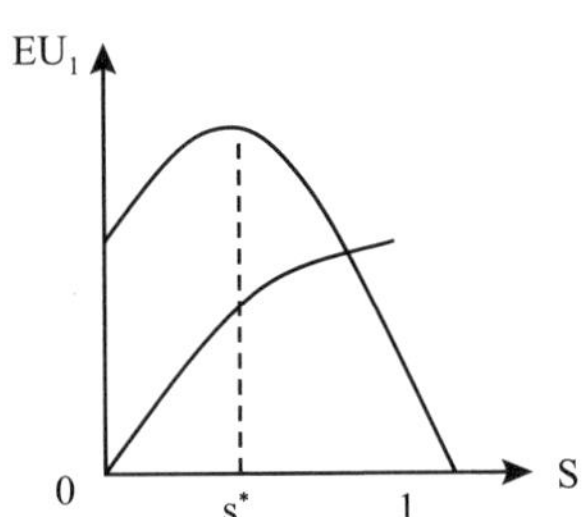

图 6.6　$\alpha<\beta$，帕累托可行区间为［s_1^*，1］

因此，当$\frac{\beta}{2}<\alpha\leqslant\beta$时，双方确定的股权结构中私人部门占比的可行区间为［s_1^*，1］。该区间说明当私人部门的议价能力存在相对优势，且其效用函数在［0，1］上严格递增时，私人部门更愿意获取更多的股权来提高自身收益。

③当政府部门的议价能力等于私人部门时。当$\alpha=\beta$时，对于政府部门当期效用最大时对应的股权结构$s_1^*=0$，私人部门对应的最优股权结构$s_2^*=1$，此时，双方的效用函数可表示为图 6.7：

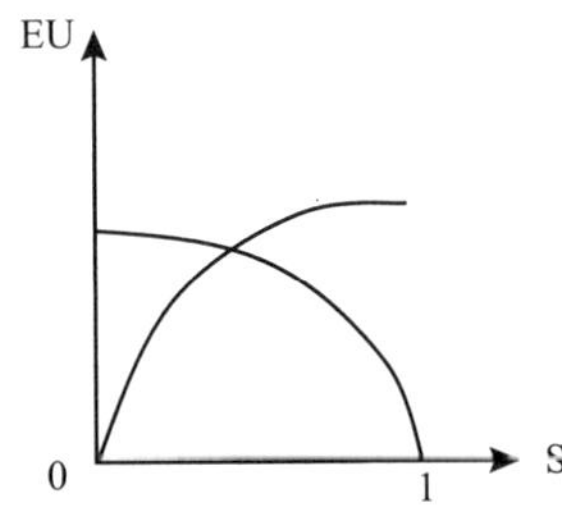

图 6.7　$s_1^*=0$，$s_2^*=1$ 时，帕累托可行区间为［0，1］

从图6.7中可以看出，当 $s_1^* = 0$，$s_2^* = 1$ 时，双方的效用函数在［0，1］上分别呈现出递增和递减的趋势，说明在该种情况下，公私双方在进行股权决策时可在［0，1］区间上进行谈判，在该区间内所确定的股权结构可以使双方都达到满意。因此，当 $\alpha = \beta$ 时，［0，1］区间内的任意点均为股权结构中私人部门占比的可行区间。

（2）考虑特许经营期的股权结构可行区间确定。本书假设在特许经营期间，私人部门负责项目的建设和运营并获得项目收益，一旦特许期结束，私人部门需要将项目无偿归还给政府，此后不再从项目中获取收益，因此本书假设项目的收益仅为特许经营期结束之时项目所带来的收益。在此种情况下，特许经营期越长，私人部门可享受项目所带来收益的时间越长；而私人部门的股权占比越多，进行收益分配时的比例越高。因此，对于私人部门来说，其效用除了受到股权份额的影响外，还与项目的特许经营期存在直接关系。

由于特许经营期越长，私人部门享受项目所带来的收益时间越长，项目产生的收益也就越多。因此，若政府部门希望保持私人部门的整体效用不发生变化，则在其决策的时候需要综合考虑特许期以及股权结构。假设特许经营期的变动使项目收益的变动为 tR，当延长特许经营期时，$t > 0$，项目的收益增加，当缩短特许经营期时，$t < 0$，项目的收益减少。同时，特许经营期的延长使私人部门能够更充足地弥补其初始投资成本，所以私人部门希望通过付出更多的努力来提高项目成功落地的概率。而特许经营期的延长并不会对政府的努力程度产生影响，只会影响效用函数中的项目收益 R，因此在政府部门的效用函数中将延长特许期后的项目收益设为 R'。基于此，双方的效用函数变为：

$$EU_1'(s) = (1 - s)(a + b)R - \frac{a^2}{2\alpha} - (1 - s)I \tag{6-79}$$

$$EU_2'(s) = (s + t)(a + b)R' - \frac{b^2}{2\beta} - sI \tag{6-80}$$

当双方仍选择自身认为最优的努力水平来进行项目的建设和运营时，通过对式（6-80）和式（6-81）求一阶导数，可得到双方的最优努力水平分别为：

$$a^* = (1 - s)R\alpha \tag{6-81}$$

$$b^* = (s + t)R\beta \tag{6-82}$$

将式（6-82）分别代入双方的效用函数中，可以得到在双方均选择最优的努力水平时，双方的间接效用函数分别为：

$$EU_1'(s) = \frac{(1 - s)^2 R'^2 \alpha}{2} + (s + t)(1 - s)R'^2\beta - (1 - s)I \tag{6-83}$$

$$EU_2'(s)=(s+t)(1-s+t)R^2\alpha+\frac{(s+t)^2R^2\beta}{2}-sI \tag{6-84}$$

分别由式（6－84）和式（6－85）的一阶条件求得极值点为：

$$s_1^{*\prime}=\frac{(1-t)\beta+\frac{I}{R'^2}-\alpha}{2\beta-\alpha} \tag{6-85}$$

$$s_2^{*\prime}=\frac{(1-t)\alpha+t\beta-\frac{I}{R'^2}}{2\alpha-\beta} \tag{6-86}$$

同理，在双方讨价还价能力不同的情况下，私人部门股权结构占比的可行区间可得到如下结论：

①当 $\beta<\alpha<2\beta$ 时，即政府部门的议价能力高于私人部门时，$s_1^{*\prime}<0$，$0<s_2^{*\prime}<1$，此时股权结构中私人部门占比的帕累托可行区间为［0，$s_2^{*\prime}$］，其中，$s_2^{*\prime}=\frac{(1-t)\alpha+t\beta-\frac{I}{R'^2}}{2\alpha-\beta}$。

②当 $\frac{\beta}{2}<\alpha\leqslant\beta$ 时，即私人部门的议价能力高于政府部门时，$s_1^{*\prime}>0$，$s_2^{*\prime}>1$，此时股权结构中私人部门占比的帕累托可行区间为［$s_1^{*\prime}$，1］，其中，$s_1^{*\prime}=\frac{(1-t)\beta+\frac{I}{R'^2}-\alpha}{2\beta-\alpha}$。如图 6.8、图 6.9 所示：

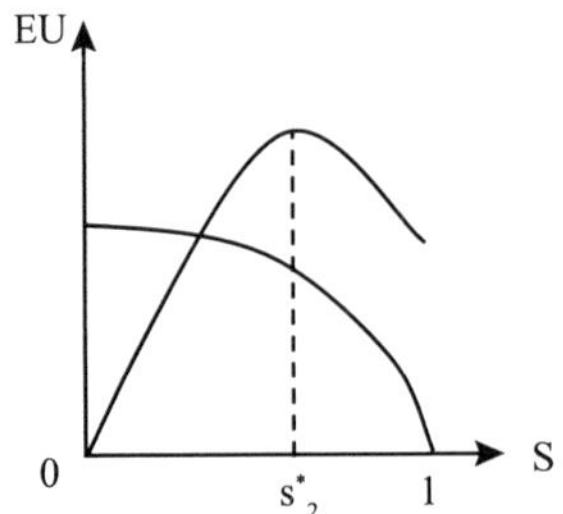

图 6.8　$\alpha>\beta$，可行区间为［0，$s_2^{*\prime}$］

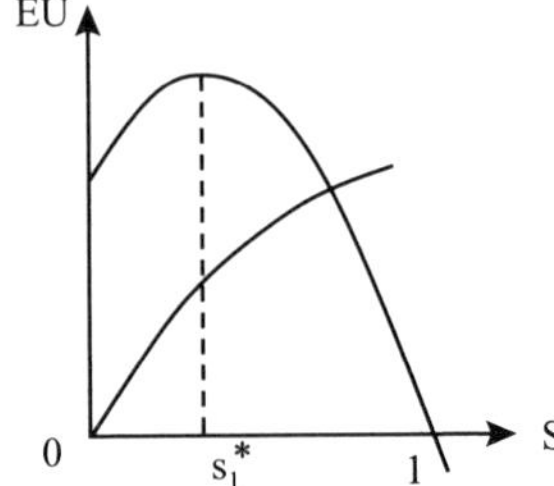

图 6.9　$\alpha<\beta$，可行区间为［$s_1^{*\prime}$，1］

当延长特许经营期时，对于 $\alpha<\beta$ 的情况下，$t>0$，此时，$s_1^{*\prime}<s_1^*$，股权结构的帕累托可行区间扩大，在协商过程中私人部门可能需出让部分股权；而在 $\alpha>\beta$ 时，特许经营期的延长使 $s_2^{*\prime}<s_2^*$，此时股权结构的帕累托可行区间缩小，私人部门需要向政府部门出让部分股权。综合以上两种情况，无论政府部门与私

人部门的议价能力对比情况如何，由于特许经营期的延长会使私人部门享受项目带来收益的时间变长，政府为保证私人部门的效用不变而使其出让部分股权。因此，政府给予私人部门的特许经营期越长，可行区间中私人部门的股权占比可能出现减少。

3. 股权结构可行区间的影响因素分析

（1）双方讨价还价能力对可行区间的影响。从前文的分析中可以看出，当政府部门的议价能力相较于私人部门占有相对优势时，私人部门获得的最优结果小于1，并且根据 $s_2^* = \dfrac{\frac{I}{R^2} - \alpha}{\beta - 2\alpha}$，对 α 求一阶导数可以得到：

$$\frac{\partial s_2^*}{\partial \alpha} = \frac{2\frac{I}{R^2} - \beta}{(\beta - 2\alpha)^2} < 0 \tag{6-87}$$

因此，政府部门的讨价还价能力越高，私人部门在股权结构中所占份额的可行区间越小，需要出让的股权越多；当私人部门的议价能力相较于政府部门存在相对优势时，政府部门得到的最优结果小于1，并且由于$\dfrac{\partial s_1^*}{\partial \beta} = \dfrac{\alpha - 2\frac{I}{R^2}}{(\alpha - 2\beta)^2} > 0$，因此私人部门的议价能力越高，政府部门在股权结构中占有的份额越少；当双方的议价能力较为均衡时，双方在［0，1］的整个区间内所协商所确定的结果均为合理可行的股权结构。

可以看出，政府部门和私人部门议价能力的大小不同不仅是通过改变其临界值来改变区间大小，而是会直接改变股权结构可行区间的位置，说明公私双方议价能力的大小在一定程度上对股权结构可行区间起到决定性作用。

（2）投资额与项目收益对可行区间的影响。通过对股权结构的可行区间进行求解并分析后发现，该区间会根据公私双方议价能力的不同而存在差异，此外，区间的大小也会受到初始投资 I 和 R 的影响。首先，当私人部门占比的可行区间为［0，s_2^*］时，由式（6－78）可知，s_2^* 随初始投资 I 的增加而增加，随 R 的增加而减少，说明项目的初始投资额越多，收益越少，私人部门可获得更多的股权份额。由于私人部门从项目中获得的收益应该能够弥补其付出的成本，因此，通过给予私人部门更多的股权份额以保证其能够从项目中分享更多的收益，来达到对其的激励；而当项目收益较低时，通过减少私人部门的股权份额，使其付出的成本较小，从而保证其从项目中获得的收益能够覆盖其成本。

其次，当私人部门占比的可行区间为［s_1^*，1］时，由式（6－76）可知，初始投资 I 与 s_1^* 呈反向相关关系，项目的收益 R 与 s_1^* 呈正相关关系，即初始投资越多，项目的收益越少，可行区间越小，政府部门需向私人部门出让更多的股权份额。

虽然项目的收益与初始投资额对双方股权结构的可行区间产生了一定的影响，但是此种影响较弱。对于一个成功的项目来说，项目收益 $R > I$，即当特许经营期结束后，私人部门从项目中获得的收益能够覆盖其初始投资额以及在建设运营过程中所付出的成本，否则将不会参与到项目中。由式（6 - 76）和式（6 - 78）可知，股权结构的可行区间主要受到$\frac{I}{R^2}$的影响，而 $R^2 \gg I$，因此，可行区间的变动受到初始投资与项目收益的影响极小。

6.3.4 数值模拟及结果分析

1. 样本选取与参数设定

数值模拟需要设定一个与现实接近的参数。本书认为对参数任意设定过于主观，因此，将依据现实中部分 PPP 项目的数据来对参数进行设定。所研究的 PPP 项目股权结构相关数据来源于中国 PPP 综合服务平台网站以及国家发展和改革委员会官方网站披露的经典案例，并通过 Excel 软件实现对数据的处理。

通过对我国基础设施建设中 PPP 项目的筛选和分析可以发现，采用 PPP 模式进行污水处理的项目占据较大比例，因此，本节将选取环保行业的污水处理相关 PPP 项目作为样本，并基于 16 个污水处理行业 PPP 项目的相关数据，对数据模拟中所需参数 s_0 进行设定。

2. 模拟结果比较及分析

（1）$\beta < \alpha < 2\beta$ 时的可行区间验证。上文通过模型推导发现，当 $\beta < \alpha < 2\beta$，即政府部门的议价能力大于私人部门时，股权结构的帕累托可行区间为［0，s_2^*］，其中，$s_2^* = \frac{\frac{I}{R^2} - \alpha}{\beta - 2\alpha}$。基于此，本章对如下模型进行数据模拟：

$$K = s_0 - \frac{\frac{I}{R^2} - \alpha}{\beta - 2\alpha} \tag{6-88}$$

其中，私人部门所占比例 s_0 为参数，通过对我国污水处理行业 PPP 项目股权结构的相关数据进行整理，本章将参数 s_0 确定为 0.6。模拟结果如图 6.10 所示：

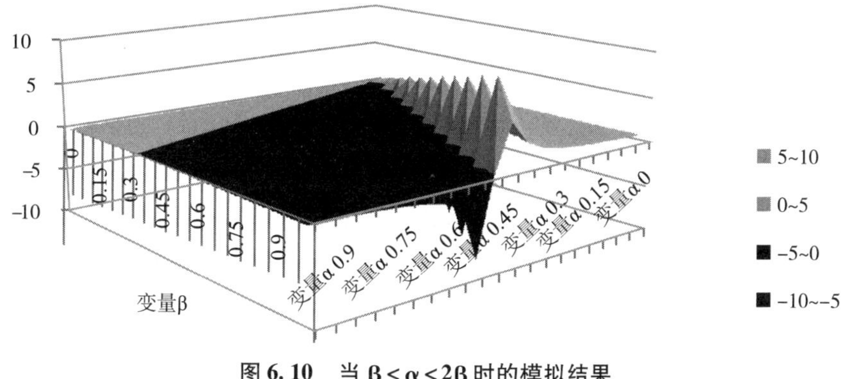

图6.10 当 $\beta<\alpha<2\beta$ 时的模拟结果

由模型的三维曲面图可以看出，当 $\beta<2\alpha$，且 $\beta>0.3\alpha$ 时，$K=s_0-\dfrac{\frac{I}{R^2}-\alpha}{\beta-2\alpha}<0$，由于 $\beta<\alpha<2\beta$ 区间在 $0.3\alpha<\beta<2\alpha$ 内，因此，当 $\beta<\alpha<2\beta$ 时，$K<0$，即：

$$s_0<\frac{\frac{I}{R^2}-\alpha}{\beta-2\alpha} \tag{6-89}$$

由于政府部门与私人部门占比均为［0，1］区间，即 $0<s_0<1$，因此，对于私人部门的占比 s 所处的可行区间，即为$\left[0,\ \dfrac{\frac{I}{R^2}-\alpha}{\beta-2\alpha}\right]$。由此可以得到，当 $\beta<\alpha<2\beta$，即政府部门的议价能力大于私人部门时，股权结构的帕累托可行区间为［0，s_2^*］，其中，$s_2^*=\dfrac{\frac{I}{R^2}-\alpha}{\beta-2\alpha}$。模型得以验证。

（2）$\dfrac{\beta}{2}<\alpha<\beta$ 时的可行区间验证。对于$\dfrac{\beta}{2}<\alpha<\beta$，即政府部门的议价能力小于私人部门时，同理对其进行数据模拟的模型如下：

$$K=s_0-\frac{\alpha-\beta-\frac{I}{R^2}}{\alpha-2\beta} \tag{6-90}$$

其中，参数 s_0 确定为0.8。模拟结果如图6.11所示：

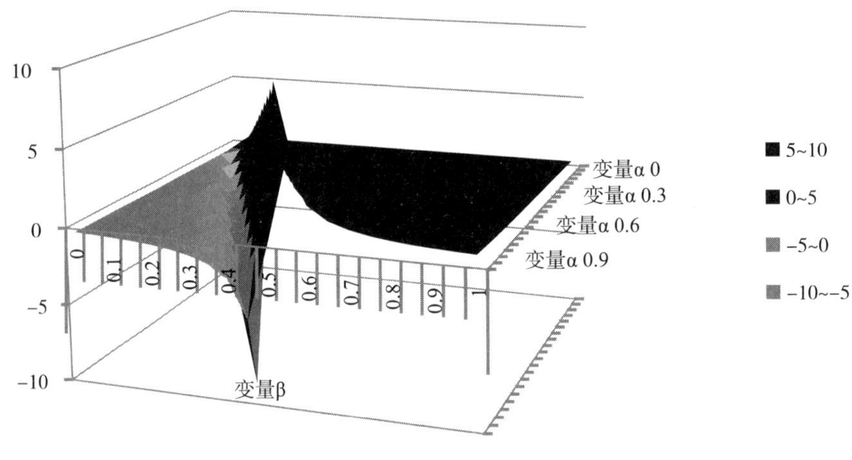

图 6.11 当$\frac{\beta}{2}<\alpha<\beta$时的模拟结果

同理，由上图可以看出，当$\frac{\alpha}{2}<\beta<1$时，$K=s_0-\frac{\alpha-\beta-\frac{I}{R^2}}{\alpha-2\beta}>0$，由于$\frac{\beta}{2}<\alpha\leqslant\beta$，区间处于$\frac{\alpha}{2}<\beta<1$，因此，当$\frac{\beta}{2}<\alpha\leqslant\beta$时，$K>0$，即：

$$s_0>\frac{\alpha-\beta-\frac{I}{R^2}}{\alpha-2\beta} \tag{6-91}$$

由于政府部门与私人部门占比均为［0，1］区间，即$0<s_0<1$，因此，对于私人部门的占比 s 所处的可行区间为$\left[\frac{\alpha-\beta-\frac{I}{R^2}}{\alpha-2\beta},\ 1\right]$。由此可以得到，当$\frac{\beta}{2}<\alpha\leqslant\beta$，即政府部门的议价能力小于私人部门时，股权结构的帕累托可行区间为$[s_1^*,\ 1]$，其中，$s_1^*=\frac{\alpha-\beta-\frac{I}{R^2}}{\alpha-2\beta}$。模型得以验证。

综上所述，本章是对不同合作主体、不同阶段、帕累托最优条件下股权结构的研究，从最优股权比例拓展到股权区间，对股权结构的研究不断深化。通过这些研究，对 PPP 模式股权结构的确定应当注意以下两个方面：

一方面，不同合作主体和不同阶段对股权结构确定的分析会产生影响，PPP 模式的运作应根据不同主体的利益诉求，最小化委托代理成本，合理设计项目公司多方参与下的股权结构，以期提升项目效率、最大化各方效用。另一方面，将股权结构的研究从最优值拓展到可行区间，应当注意双方议价能力、投资额与项目收益、特许经营期等因素对股权结构安排所产生的影响。

PPP 项目股权结构是政府招投标方案的重要决策安排，是政府管理和监督职能的重要体现，确立了政府部门和社会资本的合作机制。因此，探讨 PPP 项目股权结构选择能够为政府在甄选项目合作主体和监督、管理上提供有益的建议。

第 7 章

准经营性基建项目最优债务布置结构研究

本章是对准经营性基建项目债务布置结构的研究，以 PPP 融资模式下的基建项目为研究对象。首先分析 PPP 项目公司的债务成本，从而构建出 PPP 项目公司和社会公众的效用函数；然后，提出 PPP 项目公司债务布置结构的模型并对此进行优化；最后，对污水处理类的 PPP 项目进行数值模拟，研究得出相关因素对最优债务布置结构的影响。

7.1 PPP 项目公司债务成本分析与效用函数构建

本节将首先对 PPP 项目公司的债务融资成本进行分析，再运用成本收益理论，分别构建出 PPP 项目公司和社会公众的效用函数，为下文构建 PPP 项目公司债务布置结构模型奠定基础。

7.1.1 PPP 项目债务融资成本分析

企业进行债务融资都会支付相应的费用，这是因为融资的企业并不是资金的所有者，而是债权人暂时将资金的使用权过渡给企业，企业暂时拥有借贷资金的使用权，所支付的费用相当于是购买资金的使用权。企业的债务融资渠道有很多，包括银行贷款、债券、中期票据、融资租赁、应付账款等，每一种债务融资方式的利息并不相同，且有其自身的偿还方式。债务融资成本也就是企业通过上述的债务融资渠道借来资金，从而向债权人支付的利息以及企业为筹措资金而花费的各项支出。

PPP 项目公司从债权人手中筹措资金，以便于为 PPP 项目的建设提供充足的资金。根据债务布置结构的划分方式，可以将 PPP 项目公司的债务融资渠道分为公开债务和非公开债务。无论 PPP 项目公司是以公开债务还是非公开债务的方式筹措资金，都要向债权人支付利息，包括两部分费用：一是支付资金筹集过程中的费用，即发行公开债务的相关费用和以非公开债务进行融资的手续费；二是支付资金的使用费，即公开债务和非公开债务的利息。公开债务和非公开债务的这两部分费用构成了 PPP 项目公司的债务融资成本。

为便于下文分析 PPP 项目公司的债务融资成本和构建 PPP 项目公司及社会公众的效用函数，做出如下基本假设：

假设 1：PPP 项目公司在项目全部阶段的资本结构没有发生变化。其中，权益资本由私人部门和政府部门共同出资，私人部门投入部分权益资本，股权比例为 α；政府部门投入项目所需的剩余权益资本，股权比例为 $(1-\alpha)$，项目收益按照投入资本金额的比例分红。

假设 2：PPP 项目公司总债务融资额为 D。其中，公开债务融资额为 D_1，非公开债务融资额为 $(D-D_1)$。

假设 3：PPP 项目周期包括融资期、建设期和运营期三个阶段。在项目融资期，PPP 项目公司负责筹措到预计的债务资本，项目建设期开始偿还债务。

假设 4：若 PPP 项目成功落地，在运营阶段开始有收入，假设在整个项目周期中，PPP 项目扣除应付利息、各项成本后，剩余可分配的收益为 W。

假设 5：效用函数为线性函数，即可表示为，社会总效用函数为 $U(X)=X$，PPP 项目公司的效用函数为 $U_1(X)=X$，社会公众的效用函数（可看作政府部门效用函数）为 $U_2(X)=X$，并且 $U(X)=U_1(X)+U_2(X)$。

假设 6：计算过程中不考虑税盾。

公开债务是一种债务筹资的手段，从 PPP 项目公司的角度分析，当 PPP 项目公司通过在债券市场上发行公开债务来筹措资金时，就从债权人手中取得了资金的使用权，必然要为之付出代价，也就是向债权人支付利息。

一般来说，公开债务的融资成本包括两部分：利息费用和发行费用。第一，公开债务的利息费用较低，PPP 项目公司需要支付的成本也较小。公开债务融资直接面向投资者，不存在中间环节，因此，公开债务的利息费用比较低。第二，除了需要支付给债权人借贷资金的利息以外，还要支付与发行相关的一些费用，这部分发行费用率也较高，在我国主要有承销费、发行费、印制费、推销费等固定费用。

公开债务融资要求 PPP 项目公司在公开的债务市场上披露信息，比如社会资本方的资质、财务状况、业务范围、项目运作方式以及财务预算等相关信息，便于监管部门能够提早识别风险、防范风险，也有助于债权人对该公开债务有更透彻的了解。PPP 项目公司披露信息需要花费一定成本，因此，公开债务发行的初始发行费用较高。

对于 PPP 项目公司的公开债务来说，假设其融资成本为 C_1，按照单利计算利息，考虑公开债务的发行费用，但不考虑货币时间价值。那么，公开债务的融资成本为：

$$C_1 = D_1 \times \frac{r_1 \times D_1}{\mu D_1 - F_1} \times T \tag{7-1}$$

其中，D_1 是公开债务的融资额，r_1 是公开债务名义利息率，T 是公开债务的融资期限，μ 是公开债务折价发行的折价率（$0 < \mu < 1$），F_1 是发行公开债务的各项费用。

简单来说，非公开债务是除了信息需要公开的债务以外的其他债务融资方式。非公开债务的融资成本包括利息费用和筹资费用两部分。第一，非公开债务的筹资费用较低。当 PPP 项目公司以非公开债务筹措资金时，由于非公开债务融资并不要求 PPP 项目公司公开披露与项目运作相关的信息、财务信息和成本等关键信息，所以非公开债务的手续费率较公开债务的发行费率低。本书为简化运算，忽略非公开债务融资的手续费部分。第二，非公开债务的利息费用较高。由于非公开债务是通过银行或非银行金融机构等进行融资，其利率往往比公开债务的利率高。

对于 PPP 项目公司的非公开债务来说，假设其融资成本为 C_2，同样按照单利计算利息，不考虑非公开债务的筹资费用，且不考虑货币时间价值。非公开债务的融资成本为：

$$C_2 = (D - D_1) \times r_2 \times T \tag{7-2}$$

其中，r_2 是非公开债务的利率，假设非公开债务的融资期限与公开债务的期限相同，仍为 T。

7.1.2 PPP 项目公司效用函数构建

基于上文对 PPP 项目的利益相关者分析，本书将项目的众多参与方分为两部分：PPP 项目公司和社会公众。通过 PPP 项目公司和社会公众的成本和收益，分别构建出二者的效用函数。

PPP 项目公司的效用函数是基于利润函数构建的，是从项目公司的角度出发，通过对 PPP 项目公司的收益和成本进行分析，可得到其利润函数，进而可构建项目公司的效用函数。

首先分析 PPP 项目公司的收益。本书根据假设条件 4，PPP 项目进入运营阶段才会产生收益，在融资阶段和建设阶段，PPP 项目公司只有纯支出，并没有收益。一般情况下，政府部门和私人部门在签订合作协议时，会确定私人部门的建设期和特许经营期。当 PPP 项目建设完成后，政府部门会给私人部门一段时间的特许经营期，在特许经营期内，PPP 项目所获得的收益全部归私人部门所有。

现实中，处于运营阶段的 PPP 项目收益来源主要有两个方面，一部分是由私人部门在特许经营期内获取的，另一部分是政府部门为弥补私人部门的收益，而对私人部门在税收、地产等方面的补贴。

第一，私人部门在特许经营期内获取的收益。当 PPP 项目建成后，运营商负责项目的运营，为社会公众提供产品的同时，就能够获得相应的收益。PPP 项目通常有两种付费方式，一种是政府付费，另一种是消费者付费。无论哪种付费方式，PPP 项目在投入运营后，都会产生相对稳定的收益。例如，地铁 PPP 项目就是在地铁投入使用后，通过向乘客收取车票费而赚取收益的。项目收益的多少主要取决于产品的定价，而定价权往往是由政府部门掌握，政府部门根据消费者的需求和市场上的供给情况合理地定价。由于 PPP 项目具有一定公共产品的特性，为保障社会公众的利益，政府部门对产品的定价不会太高。

根据假设条件 4，PPP 项目扣除应付利息、各项成本后，剩余可分配的收益为 W，那么，私人部门根据股权比例所分得的收益为 αW。

第二，政府部门对私人部门的补贴方面。由于基础设施 PPP 项目的特殊性，准经营性 PPP 项目在特许经营期内的收益可能无法全部覆盖私人部门的成本支出，公益性 PPP 项目更是如此。政府部门为了使私人部门实现预期收益，或减少私人部门的损失，通常会通过税收方面的优惠、进行资金赞助、综合市场开发等途径，对私人部门给予一定的补偿。

假设政府补偿部分的金额为 Q。那么，PPP 项目公司的收益函数可以表示为：

$$W_1 = \alpha W + Q \tag{7-3}$$

再探讨 PPP 项目公司在融资期、建设期和运营期的成本支出。在项目融资期、建设期，若债务偿还期限较长，则也包括运营期，这三个阶段支出的成本都包含债务融资成本，上节对公开债务和非公开债务的融资成本已经进行分析，并且已知融资成本的表达式，则 PPP 项目公司的债务融资成本为：

$$C_1 + C_2 = D_1 \times \frac{r_1 \times D_1}{\mu D_1 - F_1} \times T + (D - D_1) \times r_2 \times T \tag{7-4}$$

此外，由于 PPP 项目公司同时包含了股权和债权两种融资方式，因此，在 PPP 项目公司的成本中还包括了股权融资的代理成本和债务融资的代理成本两部分。

股权融资的代理成本是指由于企业的所有权和经营权分离，股东仅拥有企业的所有权，而管理者一般来说只拥有经营权，双方都以自身利益最大化为目标，由于双方之间的冲突而形成的一种代理成本。股东和管理者之间是一种委托代理的关系，都会朝着自身的目标去努力。PPP 项目中的私人部门和政府部门就是典型的委托代理关系，也可以看作是股东和管理者。政府部门是 PPP 项目的发起人，是项目的委托人，代表着社会公众的利益，期望 PPP 项目的社会总效用最大化。而私人部门是 PPP 项目的参与者，同时也是项目的代理人，它追求自身利益最大化。当政府部门和私人部门的最终目标出现不一致的情况时，私人部门有可能仅考虑自身的利益，而做出不利于股东的行为，此时，股权融资代理成本就会产生。由于信息不对称，政府部门可能无法发觉，再加上如果政府部门对私人部门没有相应的惩罚措施，那么私人部门会侵占政府部门更多的利益，这也就意味着影响 PPP 项目的社会总效用实现最大化。

股权融资的代理成本与债务融资的代理成本往往是此消彼长的关系，增加债务融资可以在一定程度上降低股权融资的代理成本，但同时也会产生债务融资的代理成本。债务融资代理成本是指由于债权人对债务人具有信息不对称的特点，债权人为了使自己的资金得到保障，而做出一些损害债务人利益的举动，由此导致债务人损失的部分就是债务融资的代理成本。例如，债权人在将资金借给债务人之前，会对债务人的行为有预期，债权人担心债务人将资金投资于高风险项目，存在无法按时收回本金的可能性，那么债权人就会与债务人进行讨价还价，要求提高债务利率水平或是折价发行债务。对于 PPP 项目来说，由于其投资规模大，为缓解政府部门和私人部门的资金压力，PPP 项目公司绝大部分的投资资金都是来源于债务融资。PPP 融资模式所涉及的债权人数量众多、范围较广，并且大多数债权人的本金金额庞大，PPP 项目的债务融资渠道也较多。因此，PPP 项目公司存在债务融资的代理成本。但是由于 PPP 项目多为政府部门发起的，政府部门的信誉度较高，并且项目具有公益性，PPP 项目公司的债务融资代理成本不会太高。本书用 C_3 表示 PPP 项目公司的代理成本。

PPP 项目周期长，耗费资金量大，在项目的建设期和运营期这两个阶段还需要大量的成本支出。在项目建设阶段，支出主要是项目的建设成本，用以对项目进行投资建设等。在项目的运营阶段，支出主要是项目的运营成本，维持项目持续运营。

本书将建设成本和运营成本都看作常数，用 C_4 表示建设成本与运营成本之和，用 C 表示 PPP 项目公司的总成本，那么，PPP 项目公司的总成本函数为：

$$C = C_1 + C_2 + C_3 + C_4 = D_1 \times \frac{r_1 \times D_1}{\mu D_1 - F_1} \times T + (D - D_1) \times r_2 \times T + C_3 + C_4 \tag{7-5}$$

PPP 项目公司的效用，也就是 PPP 项目公司通过 PPP 项目获取一定收益的满足程度。这一个抽象问题可以转化为数学形式来表达，因此，需要将 PPP 项目公司的效用函数表达出来。

根据假设条件 5 可知，PPP 项目公司的效用函数 $U_1(X_1) = X_1$，可以表示为利润的线性函数，即其效用函数与利润函数是相等的。根据 PPP 项目公司的收益函数和成本函数，可以得到 PPP 项目公司的利润函数，即利润 = 收益 - 成本，PPP 项目公司的利润函数用 π_1 表示为：

$$\pi_1 = \alpha W + Q - \left[D_1 \times \frac{r_1 \times D_1}{\mu D_1 - F_1} \times T + (D - D_1) \times r_2 \times T + C_3 + C_4 \right] \tag{7-6}$$

因此，PPP 项目公司的效用函数为：

$$U_1(\pi_1) = \pi_1 = \alpha W + Q - \left[D_1 \times \frac{r_1 \times D_1}{\mu D_1 - F_1} \times T + (D - D_1) \times r_2 \times T + C_3 + C_4 \right] \tag{7-7}$$

7.1.3　社会公众效用函数构建

由于政府部门是 PPP 项目的所有者，也是公众委托的管理者，代表着社会公众的利益，政府部门的最终目的是项目能够成功落地。为了便于文章的分析，可以将社会公众的效用函数看作政府部门的效用函数，即 $U_2(X)$。

首先，对社会公众的收益进行分析。PPP 项目的外部经济效益是由社会公众得到的，也就是社会公众的收益。外部经济效益表现为项目为社会公众带来的效用，为了便于分析，项目的外部经济效益用政府部门的收益表示。在 PPP 项目中，政府部门不是追求自身的收益，而是既要实现私人部门的收益，又要使 PPP 项目的社会效用达到最大化。但是在 PPP 项目成功运营的过程中，会产生相应的收益，这部分收益按照政府和私人部门的股权比例来分成。

本书只考虑 PPP 项目融资期、建设期和运营期三个阶段，不考虑项目移交政府后的阶段，因此，本书不存在项目移交后政府获得的收益。政府部门的收益主要来源于项目在运营过程中产生的收益分红，只有当项目成功运营时，政府部门才具有收益。根据以上的假设条件，可以得到，政府部门的收益函数为：

$$W_2 = (1 - \alpha) W \tag{7-8}$$

再分析社会公众的相关成本。在 PPP 项目中，政府部门的成本主要包括两部分：一是给予私人部门的补偿，用 μ 表示。PPP 项目耗资巨大，为了吸引私人部门进入到项目中，使 PPP 项目能够运作，在 PPP 项目建设期和运营期，政府部门将项目以特许权协议形式转让给私人部门，并在特许期内让私人部门获取一定的商业利润。当 PPP 项目实际运营收益较小时，政府可视收益较小情况，除了给予私人部门经营特许权之外，还会给予适当的财政补贴，补贴用 Q 表示。

二是政府部门对私人部门监督所产生的成本。政府部门和私人部门在 PPP 项目中是委托代理关系，政府部门占有项目的所有权，私人部门仅有项目的经营权。由于所有权和经营权分离，导致私人部门在经营过程中可能出现代理问题，因此，政府部门为了避免私人部门不努力，会对私人部门进行监督，从而产生了监督成本，用 C_5 表示。政府部门的总成本函数，即社会公众的总成本用 C_S 表示，因此，社会公众的总成本函数为：

$$C_S = Q + C_5 \quad (7-9)$$

政府部门的目标是在实现私人部门收益的同时最大化项目的社会效用。由以上的假设条件可知，社会公众的效用函数等同于政府部门的效用函数。PPP 项目的顺利完成和运营，满足了社会公众的需求，获得较高的社会公众满意度，从而对社会公众产生了效用。这个效用可以用数学问题表示出来，也就是社会公众的效用函数。

根据政府部门的收益函数和成本函数，可以得到政府部门的利润函数，也即社会公众的利润函数，用 π_2 表示，则 $\pi_2 = (1-\alpha)W - Q - C_5$。

根据假设条件，社会公众的效用函数为：

$$U_2(\pi_2) = \pi_2 = (1-\alpha)W - Q - C_5 \quad (7-10)$$

7.2 PPP 项目公司债务布置结构模型与优化

本节将根据上文对 PPP 项目公司和社会公众效用函数的分析，构建 PPP 项目公司债务布置结构模型，提出模型的约束条件，并对模型进行优化，以此来确定 PPP 项目公司最优的债务布置结构。

7.2.1 最优债务布置结构的约束条件

由于我国基础设施 PPP 项目耗资额巨大，政府部门资金不足，因此引入社会资本方共同参与 PPP 项目。一般来说，政府部门和私人部门会成立一个 PPP 项目公司专门负责项目的各项经营、管理等方面的事务。PPP 项目的投资资金除了项目公司自有的资本金以外，还包括 PPP 项目公司通过各种债务融资渠道借来的债务资金。

通过前文对 PPP 项目的利益相关者分析，可以知道 PPP 项目包含政府部门、私人部门、债权人等利益相关者，这些利益相关者都不同程度地参与到 PPP 项目中。本书认为，通过调整债务融资结构，当所有的项目利益相关者的效用达到最大化时，就应该是 PPP 项目公司的最优债务布置结构。本书将 PPP 项目的社会总效用分为社会公众的效用和 PPP 项目公司的效用，其中，社会公众的效用代表着政府部门的效用，PPP 项目的利益相关者效用最大化也就意味着项目的社会总效用达到最大化。

如果要使社会公众的效用达到最大化，那么首要条件就是 PPP 项目能够成功落地。无论对于政府部门还是社会公众来说，他们的期望都是 PPP 项目顺利建设并且运营。政府部门不仅能够通过 PPP 项目带动当地的经济发展，推动就业，最主要的是建设了一项基础设施，这是事关民生的重要举措。而社会公众通过 PPP 项目的成功运营，可以享受政府带来的福利。因此，为了最大化社会公众的效用，就要保证 PPP 项目能够成功。

PPP 项目公司作为一个自主经营的企业，它的最终目标是使公司利润最大化。基于收益和成本的角度分析，也就是尽可能有高收益，并且降低成本。由于 PPP 项目进入运营阶段才会产生收益，因此项目公司也会期望 PPP 项目能够顺利运营，并且获得持续稳定的收益。项目公司降低成本可以贯穿 PPP 项目的全部阶段。在项目融资阶段，PPP 项目公司通过减少债务融资成本的方式以降低成本。在项目建设阶段和运营阶段，项目公司会通过降低建设成本和运营成本以实现低成本目标，如果过度降低成本，就有可能影响项目的质量，这就需要政府部门进行监督。

综上所述，PPP 项目社会总效用最大化的前提条件是 PPP 项目能够成功运营并且有较为稳定的现金流收入。否则的话，项目公司可能面临破产清算的风险。从财务的角度分析，当 PPP 项目进入运营阶段，并且项目收益足以偿还债务的本金和利息，就可以大大降低项目公司破产的概率，从而达到社会总效用最大化。

根据以上的分析，可以看出 PPP 项目成功运营的约束条件为：

$$W \geqslant D_1 \times \frac{r_1 \times D_1}{\mu D_1 - F_1} \times T + (D - D_1) \times r_2 \times T + D \tag{7-11}$$

即 PPP 项目全周期的总收益大于项目在建设期和运营期过程中项目公司需要偿还的公开债务和非公开债务以及它们的利息。如果 PPP 项目公司的总收益不足以覆盖后期债务偿还的金额，则面临着破产风险，导致项目无法继续运营，也就无法产生持续的收益。因此，可以得知其约束条件就是 PPP 项目公司存在最优债务布置结构。

此外，公开债务融资额 D_1 的取值范围应该是：$0 \leqslant D_1 \leqslant D$，不能超过 PPP 项目公司总债务融资额。

7.2.2 PPP 项目公司债务布置结构模型构建

本书将 PPP 项目的社会总效用分为 PPP 项目公司的效用和社会公众的效用两部分，因此，本节将基于上文中 PPP 项目公司的效用函数和社会公众的效用函数，以此构建社会总效用函数，即构建 PPP 项目公司债务布置结构模型。为便于后文的分析，现作出如下假设：

假设 7：PPP 项目仅在融资阶段融资，在建设期和运营期不进行再融资，所获得的项目收益也不进行再投资。项目公司资本结构不会发生改变，这是对实际情况的一种简化。同时，项目收益不再投资，这往往是 PPP 项目的普遍做法。

假设 8：PPP 项目在建设期不产生收益，也不支付利息。当项目进入运营期，开始产生收益，此时 PPP 项目公司有能力开始偿还债务的利息。

假设 9：PPP 项目有特许经营期，公开债务和非公开债务偿还期限小于或等于特许经营期，特许运营期结束时，PPP 项目公司将项目移交给政府部门。

假设 10：模型中的总收益和总成本均是 PPP 项目在融资期、建设期和运营期发生的，并且项目可以获得稳定的收益。

PPP 项目具有公共产品属性，因此，政府部门建设 PPP 项目最终要达到的目标是社会总效用最大化。根据前文对 PPP 项目公司和社会公众效用函数表达式的确定，再结合效用函数具有可加性，可以得到 PPP 项目的社会总效用，即为 PPP 项目公司和社会公众效用之和，表达式为 $U = U_1(\pi_1) + U_2(\pi_2)$。那么 PPP 项目的社会总效用函数为：

$$U = \alpha W + Q - \left[D_1 \times \frac{r_1 \times D_1}{\mu D_1 - F_1} \times T + (D - D_1) \times r_2 \times T + C_3 + C_4\right] + (1 - \alpha) W - Q - C_5 \quad (7-12)$$

式（7-11）化简后，得到的 PPP 项目社会总效用函数为：

$$U = W - \left[D_1 \times \frac{r_1 \times D_1}{\mu D_1 - F_1} \times T + (D - D_1) \times r_2 \times T + C_3 + C_4 + C_5\right] \quad (7-13)$$

各符号所代表的含义是：

W：PPP 项目的剩余可分配的收益

D_1：公开债务融资额

D：总债务融资额

r_1：公开债务融资的利率

r_2：非公开债务融资的利率

T：公开债务、非公开债务融资的期限

μ：公开债务折价率

F_1：发行公开债务的各项费用

C_3：PPP 项目公司的代理成本

C_4：PPP 项目公司的建设成本和运营成本之和

C_5：政府部门的监督成本

PPP 项目的所有者是政府部门，而政府部门最终的目的是使 PPP 项目能够成功落地，并且持续运营，在实现私人部门一定收益的同时，使 PPP 项目的社会效用最大化。而私人部门也期望能够通过 PPP 项目落地后获取收益，但是私人部门的最终目的仍然是追求自身利润最大化。尽管私人部门和政府部门的最终目的不一致，但是私人部门和政府部门之间是委托代理关系，政府部门在 PPP 项目中具有更多的控制权，在 PPP 项目的建设期和运营期，政府部门会对私人部门的行为进行监督，以使得 PPP 项目实现社会总效用最大化的目标。

因此，以 PPP 项目社会总效用最大化为目标，此时 PPP 项目的各个参与方的效用总和达到最高值。根据这一效用，计算得到的公开债务和非公开债务的比例关系，即为 PPP 项目公司最优的债务布置结构。

根据以上的分析，式（7－13）就是 PPP 项目公司的债务布置结构模型，变量 D_1 是模型中的自变量，社会总效用函数 U 是因变量，模型的含义为：随着公开债务融资额 D_1 的变化，社会总效用函数 U 会发生相应的改变。

7.2.3　PPP 项目公司债务布置结构的优化模型

本节首先阐述了优化债务布置结构模型的原理，并基于 PPP 项目顺利运营提出构建模型的约束条件，最后对债务布置结构模型进行优化，得到 PPP 项目公司最优债务布置结构。

PPP 项目公司的债务布置结构对项目公司的债务融资成本有着最直接的影响。由 PPP 项目公司的成本和收益可以得到其利润，因此，项目公司债务布置结构的好坏同样也会影响 PPP 项目公司的利润。基于前文的分析，PPP 项目社会总效用看作是 PPP 项目公司和社会公众的效用之和，故会进而影响到 PPP 项目的社会总效用。本书以 PPP 项目的社会总效用最大化作为基本标准，以此来衡量最优债务布置结构。

PPP 项目公司作为债务主体，要按时偿还债务，必须重点关注项目公司的利润。PPP 项目公司自主经营，自负盈亏，需要通过改变债务布置结构，减少债务融资成本、代理成本等成本支出，增加公司的利润，以保证公司持续经营，具有按时偿还债务的能力，避免产生破产风险。公开债务和非公开债务的融资成本不同，所受到的债权人监管也有很大差别，债权人的监管可以在一定程度上减少项目公司的代理成本，因此，PPP 项目公司需要权衡公开债务和非公开债务的比例关系。

由于 PPP 项目的特殊性，政府部门和 PPP 项目公司并不完全以公司价值最大化或者股东利益最大化为目标，而是要尽可能保证 PPP 项目成功落地，实现社会总效用最大化。因此，为确定 PPP 项目公司最优的债务布置结构，项目公司应该以项目的社会总效用最大化为目标，并且以 PPP 项目公司能够持续经营为约束条件。

7.3 数值模拟

由于我国基础设施建设运用 PPP 融资模式起步较晚，绝大多数的 PPP 项目仍在运作的过程中，而且基础设施 PPP 项目大多是由政府部门发起，再由私人部门进行建设和运营，为了对未完成的 PPP 项目进行保密，所以 PPP 项目仅对已完成阶段的部分数据进行公开披露，而大部分数据并没有公开。本章基于上述问题，将采用数值模拟的方法来研究。

运用数值模拟的方法，首先需要对参数进行设定，并且保证参数符合现实情况。为保证参数设定的客观性，本书将收集整理 CPPPC 平台项目库中的数据，并结合现实经济数据来设定参数。

通过对 CPPPC 平台项目库中的 PPP 项目进行筛选，可以发现“市政工程”类型下的“污水处理”PPP 项目数量较多。因此，本书选择“污水处理”PPP 项目作为样本。根据对 CPPPC 平台中 PPP 项目数据的收集，可知共有 499 个“污水处理”PPP 项目，目前已落地的项目有 278 个。除去未公开数据的项目以及数据缺失的项目等，本章将以 27 个“污水处理”PPP 项目的数据作为样本参考，并结合现实的数据以保证合理性，对 PPP 项目公司最优债务布置结构中的参数赋值。

对模型中的相关参数进行赋值，赋值结果如表 7.1 所示。

当各参数已知时，由 PPP 项目公司债务布置结构模型可求解出基于此参数设定的 PPP 项目公司最优债务布置结构，同时也可以解出公开债务融资额和非公开债务融资额。

表 7.1　　　参数 r_1、r_2、F_1、μ、D 赋值

参数	r_1	r_2	F_1	μ	D
赋值	5%	6%	700 000	0.8	70 000 000

由表 7－1 中的参数可知，公开债务融资额 $D_1 = 5\ 250\ 000$，非公开债务为 $D - D_1 = 75\ 250\ 000$。那么，在上述参数的设定下，PPP 项目公司的最优债务布置结构为 $\frac{D_1}{D - D_1} \approx 7\%$。

在 PPP 项目公司最优债务布置结构模型中，包含了公开债务利率 r_1、非公开债务利率 r_2、公开债务发行费用 F_1 和公开债务折价率 μ 四个影响因素，下面将对这四个因素对 PPP 项目公司债务布置结构的影响情况进行模拟。

首先，分析公开债务和非公开债务的利率对 PPP 项目公司债务布置结构的影响情况，仍对参数 F_1、μ 赋值，考虑 r_1 和 r_2 变化时公开债务与非公开债务的比例关系如何变化。参数按照表 7.1 进行赋值。由于在 PPP 项目公司债务布置结构中对 μ 有约束，$0 < \mu < r_1/r_2$，r_1 和 r_2 的变化要在该约束的范围内进行。因此，为了使 r_1 和 r_2 的变化满足约束条件，这里将公开债务利率和非公开债务利率放在一起讨论。模拟中是以公开债务和非公开债务的比例关系为因变量。得到的模拟结果如图 7.1 所示：

根据图 7.1 的数值模拟结果可以得出，PPP 项目公司的最优债务布置结构随着公开债务利率 r_1 和非公开债务利率 r_2 有明显的变化。在 $r_1 = 4.6\%$、$r_2 = 5.7\%$，$r_1 = 4.9\%$、$r_2 = 6.1\%$，$r_1 = 5.3\%$、$r_2 = 6.6\%$，$r_1 = 5.7\%$、$r_2 = 7.1\%$ 四种情况下，公开债务与非公开债务的比值均比小范围内的其他比值都大。在该模拟设定的参数下，基于 PPP 项目公司最优债务布置结构模型可知，这四种利率情况的出现，是在模型最大化的前提下，公开债务恰好能以较低的利率水平替代非公开债务较高的利率，以降低债务融资成本。但公开债务融资中包含发行费用，因此，不能一味地提高公开债务融资额。由图 7.1 可知，PPP 项目公司的公开债务占比不应超过总债务融资额的 30%，可以满足项目社会总效用最大化的目标。

其次，讨论公开债务发行费用 F_1 对 PPP 项目公司债务布置结构的影响情况。现对参数 r_1、r_2、μ 赋值，按照表 7－1 进行赋值。模拟结果如图 7.2 所示：

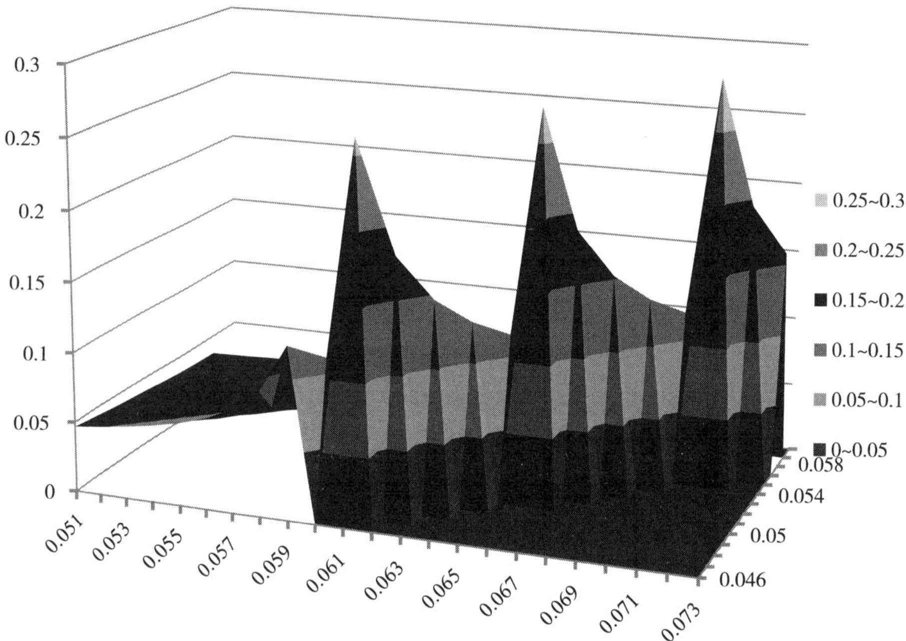

图 7.1　r_1 和 r_2 变化时的模拟结果

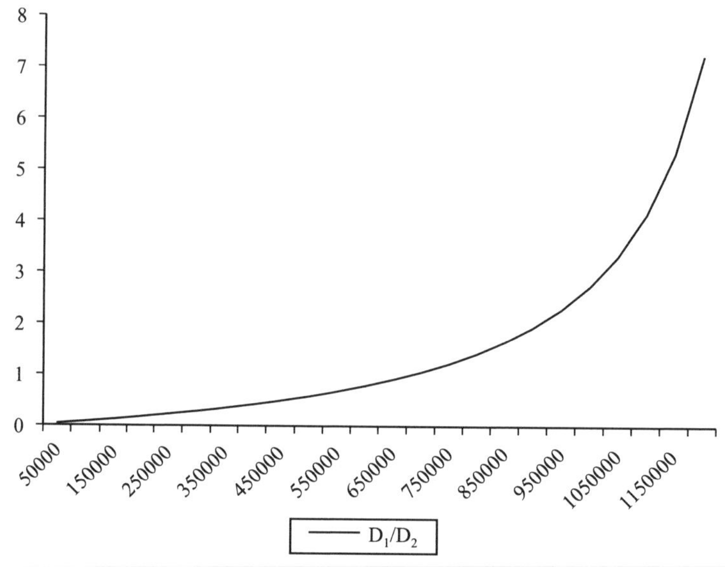

图 7.2　F_1 变化时的模拟结果

从图7.2的数值模拟结果中可以看出，PPP项目公司债务布置结构与公开债务发行费用 F_1 正相关，这是因为本书中只考虑了公开债务的发行费用 F_1，出于非公开债务的手续费率较低，并没有考虑非公开债务的筹资手续费，故公开债务发行费用的多少，在一定程度上代表了公开债务融资额。并且公开债务发行费用与公开债务融资额直接相关，因而公开债务发行费用越高，也就说明公开债务融资额 D_1 越大。此模拟过程设定参数PPP项目公司总债务融资额D为常量，因此，随着公开债务融资额 D_1 不断增加，非公开债务融资额 D_2 相应地减少，PPP项目公司的债务布置结构呈现逐渐增大趋势。

最后，为考察公开债务折价率 μ 对PPP项目公司债务布置结构的影响，对参数 r_1、r_2、F_1 进行赋值，同样按照表7.1的数据来赋值。模拟结果如图7.3所示：

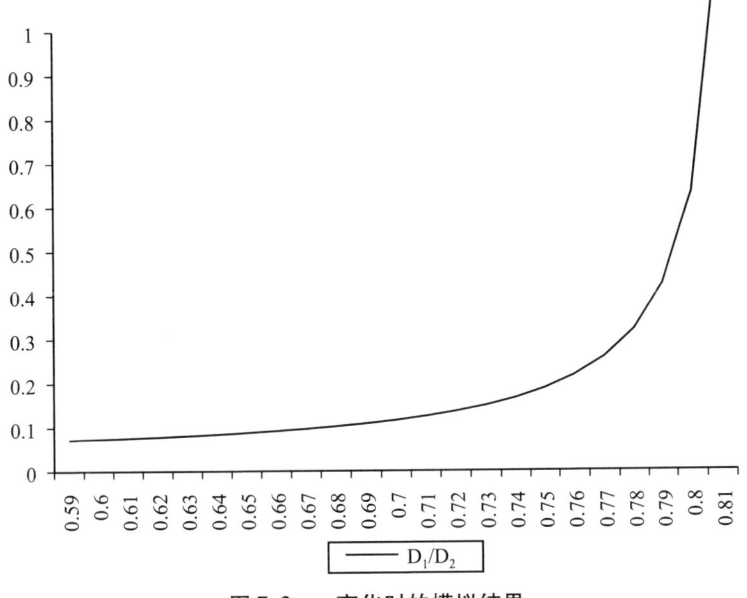

图7.3　μ变化时的模拟结果

在对 μ 进行赋值时，综合了PPP项目公司最优债务布置结构模型中对 μ 的约束条件，故 μ 的取值范围是 $0.59 \leqslant \mu \leqslant 0.81$。根据图7.3的数值模拟结果，从相关性方面分析，PPP项目公司的债务布置结构与公开债务折价率 μ 是非线性相关的，并且是正相关关系。从影响程度方面分析，在该模拟设定的参数下，公开债务折价率 μ 取值的不同，对债务布置结构的影响程度也不相同。当 $0.59 \leqslant \mu \leqslant 0.78$ 时，公开债务折价率 μ 对债务布置结构的影响程度较小；当 $0.78 < \mu \leqslant 0.81$

时，公开债务折价率 μ 每增加 1%，公开债务融资额 D_1 增加的速度越来越快，相应地，非公开债务融资额 D_2 减少的速度加快，说明对 PPP 项目公司债务布置结构的影响程度较大。

综上所述，本章的研究是以成本收益理论为基础，通过该理论，得到 PPP 项目的总利润，从而确定出 PPP 项目的社会总效用，使 PPP 项目社会总效用达到最大化，以此为目标确认满足条件下的最优债务布置结构。研究得到以下几点结论：

第一，运用成本收益理论来解决 PPP 项目公司最优债务布置结构的问题是可行的。确定 PPP 项目公司的最优债务布置结构实际上是优化的过程。由于 PPP 项目在整个融资期、建设期和运营期都会产生相应的成本，也会获得相应的收益，仅仅考虑成本最小化或者收益最大化都是片面的，要综合考虑成本和收益，即得到 PPP 项目的总利润函数，从而构建其效用函数。根据成本收益理论，通过合理的分析 PPP 项目在各个阶段的成本和收益，推导出公开债务和非公开债务之间的比例关系，即债务布置结构。

第二，根据本章中 PPP 项目最优债务布置结构的结果，可以得出公开债务利率、非公开债务利率、公开债务的发行费用、公开债务折价率、总债务融资额是影响 PPP 项目最优债务布置结构的重要因素。公开债务折价率和发行费用与公开债务融资额呈正相关关系，公开债务利率和非公开债务利率的变动也会引起公开债务融资额的明显变动。

第8章

经营性基础设施项目融资模式效率评价研究

基础设施项目中对于经营性基础设施项目来说，其核心问题是：缺乏对多种融资模式的融资绩效分析和选择机制研究。本章以城市经营性基础设施项目为出发点，基于模糊层次分析法（FAHP），将模糊综合评价法（FCE）引入层次分析法（AHP）中，建立了经营性基础设施融资模式效率FAHP评价模型，并以交通运输类项目BOT模式进行了实证分析和检验。

8.1 基于FAHP的融资效率评价模型

在我国经营性基础设施融资已经基本实现市场化的今天，如何充分利用资本市场的优势提高融资效率、改善资源配置结构，成为经营性基础设施融资需要解决的新课题。对项目融资主体来说，如何选择市场化融资模式，使之能以最低的成本与风险融得所需项目资金，并且有效利用资金最终实现投资的收益最大化，选择的依据就是融资效率。本章将模糊综合评价法引入层次分析法中，建立基于模糊层次分析法的经营性基础设施融资模式效率评价模型，为经营性基础设施项目融资模式的效率评价提供一种科学模型与方法。

8.1.1 融资模式效率评价指标体系的构建

任何评价体系的建立，都是以一定的理论和实际为基础的，既要体现理论的科学性和完备性，又要体现实际的适应性和可操作性。基于以上分析，本节从城市经营性基础设施融资模式效率评价的科学性角度出发，构建融资效率评价指标体系。

1. 指标选取

根据融资效率的定义，即融资主体能否以尽可能低的风险与成本融得所需资金，并有效地利用融得的资金实现投资收益最大化，结合对城市经营性基础设施项目特点的系统性分析，本书认为对城市经营性基础设施融资模式的效率评价主要应包括以下几项指标：

（1）融资方式（X_1）。融资方式是指市场上不同项目之间资金的融通或储蓄存款转化为投资本金的途径和形式。不同的融资方式主要通过资金占用期限（X_{11}）、融资速度（X_{12}）、融资难度（X_{13}）和融资可行性（X_{14}）这四个方面直接或间接地影响着项目融资效率。资金占用期限越短、融资速度越快、融资难度越小、融资可行性越大，则融资效率越高。

（2）融资成本（X_2）。融资成本是指为了融得所需资金而必须向投资者支付的最低价格，这里的价格不仅包括取得资金所需支付的各种利息费用，还包括资金的时间成本。融资成本也是衡量融资效率的关键因素，在其他因素不变的情况下，融资成本越高则融资效率越低，反之亦然。此处给定的融资成本是广义上的成本，包括资金筹集成本（X_{21}）、资金使用成本（X_{22}）和机会成本（X_{23}），至于具体的利息费用以及时间成本都涵盖在其中。

（3）融资风险（X_3）。由于城市经营性基础设施的融资是一个复杂的过程，不可避免地要受到多方因素的共同影响，不仅有来自项目参与方的风险，还有资本市场的环境与政策风险，更有不可抗力情况发生时不得不遭受的项目损失，因此认为影响经营性基础设施融资效率的风险主要有资金供应风险（X_{31}）、到期偿还风险（X_{32}）、金融风险（X_{33}）、政策法律风险（X_{34}）和不可抗力风险（X_{35}）。在其他因素不变的情况下，融资风险越高则融资效率越低，反之亦然。

（4）融资结构（X_4）。融资结构是指融资方案中各种资金的比例关系，包括总资金结构的合理性（X_{41}）、资本金结构的合理性（X_{42}）和债务资金结构的合理性（X_{43}）。理论上讲，综合资金成本最低的同时投资方财务风险最小的融资结构最能实现项目价值最大化，即融资效率最高。

（5）经济与社会效益（X_5）。经济与社会效益是指城市经营性基础设施能否充分发挥其社会与经济功能，满足社会公共需求，并促进国民经济的发展。政府作为公共利益的代表，在兼顾项目主办方利益的同时，应当全面考虑经营性基础设施所带来的经济与社会效益。城市经营性基础设施融资模式的效率通过其对宏观经济的影响（X_{51}）、对行业的影响（X_{52}）、对项目投资者的影响（X_{53}）这三个方面来考量。通常来讲，融资效率越高，经济与社会效益越好。

2. 指标体系构建

根据融资效率的含义，结合经营性基础设施的经济属性，构建出城市经营性基础设施项目融资效率的评价指标体系如表 8.1 所示。其中，准则层为影响经营性基础设施项目融资效率的主要元素，而因素层各元素又对准则层产生着不同程度的影响。

表 8.1　　融资效率指标评价体系

目标层		准则层		因素层	
编码	指标	编码	指标	编码	指标
U	城市经营性基础设施融资模式的效率	X_1	融资方式	X_{11}	资金占用期限
				X_{12}	融资速度
				X_{13}	融资难度
				X_{14}	融资可行性
		X_2	融资成本	X_{21}	资金筹集成本
				X_{22}	资金使用成本
				X_{23}	机会成本
		X_3	融资风险	X_{31}	资金供应风险
				X_{32}	到期偿还风险
				X_{33}	金融风险
				X_{34}	政策法律风险
				X_{35}	不可抗力风险
		X_4	融资结构	X_{41}	总资金结构合理性
				X_{42}	资本金结构合理性
				X_{43}	债务资金结构合理性
		X_5	经济与社会效益	X_{51}	对宏观经济的影响
				X_{52}	对行业的影响
				X_{53}	对项目投资者的影响

8.1.2　基于 AHP 的指标权重的确定

纵观国内外对指标权重确定方法的研究文献，目前通用的权重确定方法主要有客观赋权法和主观赋权法两大类。客观赋权法是根据指标的原始数据经过一定的数学方法测算出指标权重，利用客观赋权法确定权重的指标通常是定量指标，有原始的指标数据，不必依赖于人的主观判断，具有较强的客观性，常用的有离差及均方差法、主成分分析法等。但在一些实际问题中，并非所有指标都是定量指标，当遇到定性指标时，客观赋权法由于没有指标数据进行数学计算因而无法对定性指标做出权重判断，这时便需要采用主观赋权法。主观赋权法指当确定实际问题中涉及的定性指标的权重时，由于其没有具体的参考数据，因而只能由该领域相关人士根据以往经验给出一个数据作为判断依据，如层次分析法、德尔菲法等。主观赋权法解决了实际问题中定性指标无法定量化的问题，但缺点是评价结果的客观性不强。

在基础设施项目建设过程中，融资效率除了受融资成本等定量因素的影响外，还要受到来自外部的政策、风险等定性因素的影响，这时便需要引入主观赋权法将定性因素做定量处理。层次分析法可以很好地将定量问题与定性问题综合评判，并通过科学的数学运算减少专家打分的主观性，因此本书采用 AHP 来确定融资模式效率评价模型的指标权重。

1. 建立层次结构模型

利用 AHP 对实际问题进行分析时，首先要把实际问题分解成不同的层级，构造出一个层次结构模型。一个科学的层次结构是分析决策的前提，它决定了分析结果的有效程度。多数实际问题通常都分解成如下的三层递阶层次结构模型，如图 8.1 所示：

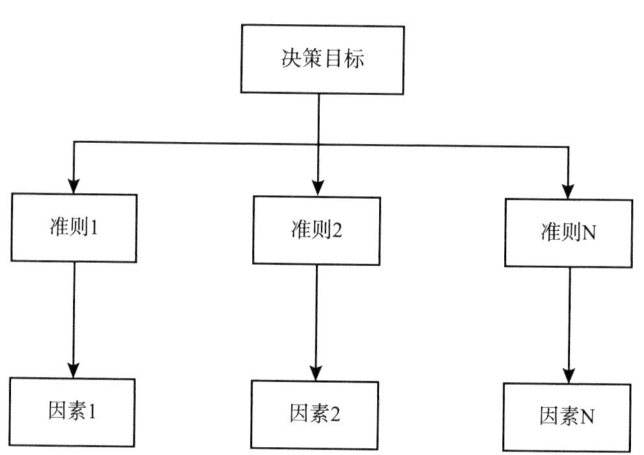

图 8.1　递阶层次结构模型

2. 构造判断矩阵

有了递阶层次结构后，各层级因素之间的隶属关系就一目了然了。在此基础上利用成对比较得出相邻层级间的判断矩阵。

一般地，对于 n 个子因素 A_1，A_2，…，A_n，两两比较后得出如式 8 - 1 所示的判断矩阵 A：

$$A=\begin{bmatrix} a_{11} & \cdots & a_{1i} & \cdots & a_{1n} \\ \vdots & \vdots & \vdots & \vdots & \vdots \\ a_{i1} & \cdots & a_{ii} & \cdots & a_{in} \\ \vdots & \vdots & \vdots & \vdots & \vdots \\ a_{n1} & \cdots & a_{ni} & \cdots & a_{nn} \end{bmatrix}=(a_{ij})_{n\times n} \tag{8-1}$$

矩阵中，a_{ij}的值表示 A_i 与 A_j 相比对于总目标的相对重要性。判断矩阵 A 具有以下性质：（1）$a_{ij}>0$；（2）$a_{ij}=1/a_{ji}$；（3）矩阵的对角线数值全部为 1，即 $a_{ii}=1$，这是因为对角线上是各因素自身比较的结果；（4）a_{ij}的值越大，表示 A_i 与 A_j 相比对于总目标的相对重要性越大。

AHP 作为一个系统评价方法，在进行因素间的成对比较时必须依据一个统一的比较基准。在实际进行成对比较时，由于定性因素只能用语言来描述其对于总目标决策的相对重要性程度，而语言性描述对于定量地分析一个决策问题是不利的，因此，萨蒂（Saaty）等引入具体数值来代替对定性指标的语言描述，用实验的方法比较了在不同标度下人们判断结果的正确性。实验结果表明，采用 1 ~ 9 级比例标尺最为恰当地代替语言对定性指标的描述，具体数值如表 8.2 所示：

表 8.2　　1 ~ 9 级比例标尺

成对比较标准	评价	含义
1	同样重要	两个因素具有相同的重要性
3	比较重要	认为其中一个因素较另一个因素重要一些
5	相当重要	根据经验与判断，倾向于某一因素
7	明显重要	实际上强烈倾向于某一因素
9	绝对重要	在两个因素比较时，某一因素绝对重要，即一个因素明显强于另一个因素可控制的最大可能
2、4、6、8		评价属于上述标准之间的折中值
上述数值的倒数		当因素一与因素二比较时，若被赋予以上某个标度值，则因素二与因素一比较时的权重就应该是该标度值的倒数

3. 层次单排序

构造出判断矩阵后，确定本层级中各因素与其隶属于上层级因素之间的重要性权重值，即为层次单排序。由于判断矩阵 A 是一个阶数相等的正互反矩阵

$(n\times n)$，由正互反矩阵的性质知其特征值只有一个为非0，其余均为0，所以此唯一的非0特征根即为最大特征根，用 λ_{max} 表示，最大特征根 λ_{max} 对应的最大特征向量为 W，对最大特征向量进行标准化处理后所得的结果就是各因素对上层级隶属因素的权重值。因此，在 AHP 确定因素重要性程度权重值的过程中，关键的一步就是用数学方法求解判断矩阵 A 的最大特征根及相应的最大特征向量。数学上计算矩阵特征根与特征向量的常用方法有和积法、幂法、最小二乘法等。本书采用和积法来计算判断矩阵的最大特征根与特征向量。

对于判断矩阵 $A=(a_{ij})_{n\times n}$，其最大特征根及最大特征向量的计算步骤如下：

（1）将判断矩阵 A 中各元素按列进行归一化处理，如式（8－2）所示：

$$\alpha_{ij}=a_{ij}/\sum_{k=1}^{n}a_{kj}，\ i，j=1，2，\cdots，n \tag{8-2}$$

（2）将按列归一化处理后的矩阵的同一行各元素相加，如式（8－3）所求：

$$\varpi_i=\sum_{j=1}^{n}\alpha_{ij}，\ i=1，2，\cdots，n \tag{8-3}$$

（3）将同一行各元素相加后的值除以 n 即得到本层级各因素对于上层级相应隶属因素的权重值，如式（8－4）所示：

$$\omega_i=\varpi_i/n，\ i=1，2，\cdots，n \tag{8-4}$$

（4）计算其最大特征根，如式（8－5）所示：

$$\lambda_{max}=\frac{1}{n}\sum_{i=1}^{n}\frac{(Aw)_i}{\omega_i} \tag{8-5}$$

4. 层次总排序

得到各层级的层次单排序后，就可以结合上一层级的单排序结果，计算出该层级全部因素对于目标决策的总排序，称为判断矩阵的层次总排序。若总目标决策模型共分为三层，从上至下依次为目标层 U、准则层 X_i（共 m 个要素）、因素层 X_{ik}（共 n 个要素），准则层各要素 X_i 对于目标层 U 的层次单排序结果为 W_1，W_2，…，W_m，因素层各要素 X_{ik} 对于准则层各要素 X_i 的层次单排序结果为 W_{1j}，W_{2j}，…，W_{nj}，则因素层各要素 X_{ik} 对于目标层 U 的层次总排序结果依次为：

$$\sum_{j=1}^{m}W_jW_{1j},\sum_{j=1}^{m}W_jW_{2j},\cdots,\sum_{j=1}^{m}W_jW_{nj}$$

5. 一致性检验

对于正互反判断矩阵 $A=(a_{ij})_{n\times n}$，根据其矩阵性质应满足互反性、自反性、非负性，以及式（8－6）给出的基本一致性：

$$a_{ij}=a_{ik}a_{kj}\ (i，j=1，2，\cdots，n) \tag{8-6}$$

基本一致性是指，对于判断矩阵中的任意三个因素，若因素一比因素二重要，因素二又比因素三重要，则可断定因素一比因素三重要。这是根据决策者思维过程的前后一致性决定的，即在同一思维过程中，两个相互矛盾的判断结果不可能同时成立，其中至少有一个判断是错误的，或者两个判断都是错误的。

由于实际决策中要受到来自多方面的影响，这些因素是复杂的且不是全部明确可判定的，因此决策者常常很难将全部因素对决策目标影响的相对重要程度判断得非常准确，有时得出的评判结果便不能满足上述的基本一致性。针对评判结果不满足一致性的问题，萨蒂教授提出应当对判断矩阵的评价结果进行基本一致性检验，只有当结果满足基本一致性时，所求得的各因素的相对重要性排序才是真实可信的。

所谓判断矩阵 A 的基本一致性检验，即计算 A 的一致性指标 C. I. ，如式（8-7）所示：

$$C.I. = (\lambda_{max} - n)/(n-1) \tag{8-7}$$

其中，n 为判断矩阵的阶数。从一致性指标 C. I. 的计算公式可以看出，对于同一个决策目标进行权重排序，即使专家给出的打分完全相同，最终的一致性检验结果也会因矩阵的阶数不同而有所差异。因此萨迪（Saaty）教授又相继引入了一致性比例 C. R. 来对一致性指标 C. I. 进行二次检验，如式（8-8）所示：

$$C.R. = C.I./R.I. \tag{8-8}$$

其中，R. I. 为随机一致性指标，相对于不同阶数判断矩阵的数值不同，具体数值见表 8. 3。

表 8. 3　　随机一致性指标 R. I. 数值

阶数	3	4	5	6	7	8	9	10	11	12	13	14	15
R. I.	0. 58	0. 89	1. 12	1. 24	1. 32	1. 41	1. 45	1. 49	1. 52	1. 54	1. 56	1. 58	1. 59

对于一致性比例 C. R. 的计算结果，当 $C.R. = 0$ 时，称 A 为完全一致性矩阵；$0 < C.R. < 0.1$ 时，称 A 为满意一致性矩阵；当 $0.1 < C.R.$ 时，称 A 不满足基本一致性，此时需要对 A 进行一致性修正，直到其满足基本一致性为止。

需要指出的是，在具体计算中，对于每个判断矩阵都要进行一致性检验，并且只有当层次单排序中的全部判断矩阵都满足一致性后，才能继续进行层次总排序的计算，否则需要依次修改不满足一致性的矩阵直到符合一致性为止。

6. 一致性修正

在构造判断矩阵两两比较时，如果决策者在经过严谨思考后做出的判断结果仍造成矩阵不能满足基本一致性要求，则可能存在以下原因：在成对比较的过程中，决策者的判断准则发生了细微的变化。由于人的思维在决策过程中可能会受客观或主观因素的影响发生细微的变化，由此造成的判断结果不一致是难以完全避免的，故需要对不一致的判断矩阵做出适当修正。对于常见的三阶判断矩阵的不一致性修正步骤如下：

（1）利用计算求得的权重 w_1，…，w_i，…，w_j，…，以 w_i/w_j 为（i，j）的成分制作矩阵；

（2）求得 w_i/w_j 与 a_{ij}的差（取正值）；

（3）寻找差值比较大的成分作为修正对象；

（4）对修正对象进行调整，直至矩阵满足一致性为止。

8.1.3 FAHP 模型的建立

模糊层次分析法是将层次分析法与模糊综合评价法结合使用，解决了层次分析法中对模糊因素的量化处理问题，并通过引入隶属函数来消除专家打分对结果造成的主观性影响，从而使评价结果更加准确合理。

1. 确定评价模型的决策目标集 U

城市经营性基础设施融资模式效率评价模型的决策目标集 U 只包含一个元素，即城市经营性基础设施融资模式的效率，它位于递阶层次结构中的最高层。

2. 确定评价模型的决策因素集：$X=\{X_1, X_2, \cdots, X_m\}$

本书通过运用系统性分析方法，以及借鉴现有研究中对融资效率影响因素的分析，认为影响决策目标 U = {城市经营性基础设施融资模式的效率} 的主要因素有五个，即准则层因素 $X=\{X_1, X_2, X_3, X_4, X_5\}$ 分别为 {融资方式，融资成本，融资风险，融资结构，社会与经济效益}，而准则层各因素又分别受到不同因素的影响，即因素层的若干组成元素，此处不做赘述，详见指标选取部分。

3. 确定评价模型的评价集：$V=\{V_1, V_2, \cdots, V_n\}$

城市经营性基础设施融资模式效率评价模型的评价集是对决策目标评价区间的一个划分，V 是对决策目标所处状态的 n 种评价的集合。评价个数 n 由决策者或专家来给定，评价个数过少会使评价结果过于笼统不够准确，而过多则会使相邻评语之间的差异不易区分，同样影响评价结果的准确性。故本书根据城市经营性基础设施融资效率的特点，选取 V = {高，较高，一般，较低，低} 这五个评语来对决策目标 U = {城市经营性基础设施融资模式的效率} 进行评价，评语集从左至右表示城市经营性基础设施融资模式的效率依次递减。

4. 确定评价模型的权重集：$W=(W_1, W_2, \cdots, W_m)$

为了体现评价模型中准则层与因素层各指标对决策目标 U = {城市经营性

基础设施融资模式的效率｝的不同影响程度，需要对模型中的全部评价指标赋予相应的权重值 $W_i(i=1, 2, \cdots, m)$，由这些权重值构成的集合 $W=(W_1, W_2, \cdots, W_m)$ 称为评价模型的权重集，有 $\sum_{i=1}^{m} W_i = 1$。权重集中的各个值可视作各评价指标 $X_i(i=1, 2, \cdots, m)$ 对决策目标 U 的“重要程度”的隶属度，数学表示如式（8－9）所示：

$$W = \frac{W_1}{X_1} + \frac{W_2}{X_2} + \cdots\cdots + \frac{W_m}{X_m} \tag{8-9}$$

本书选用 AHP 确定因素（指标）的权重集 W，具体确定方法上文已有详细阐述，此处亦不做赘述。

5. 确定隶属函数

隶属函数是模糊数学中的重要概念，表示给定论域内集合之间的一种模糊从属关系。简单来讲，给定论域内两集合 X 和 Y，集合 X 内各元素对应于集合 Y 的从属关系并不能明确确定，因此通过建立集合 X 对 Y 的隶属函数来表示集合 X 中元素对集合 Y 的模糊从属程度。城市经营性基础设施融资模式效率评价模型中的隶属函数具体指因素层各指标 X_{ik} 对于决策目标评价集 V＝｛高，较高，一般，较低，低｝的隶属程度。模糊综合评价法中的隶属函数通常利用模糊统计法得出，具体过程如下：

定义 X_i 到 U 的模糊评价矩阵为 R_i，数学表达如式（8－10）所示：

$$R_i = \begin{bmatrix} r_{11} & r_{12} & \cdots & r_{1n} \\ r_{21} & r_{22} & \cdots & r_{2n} \\ \cdots & \cdots & & \cdots \\ r_{m1} & r_{m2} & \cdots & r_{mn} \end{bmatrix} \tag{8-10}$$

其中，$r_{ij}(i=1, 2, \cdots, m; j=1, 2, \cdots, n)$ 表示因素层元素 X_{ik} 对于评语 V_j 的隶属度，即从指标 X_{ik} 来看，决策目标 U 属于评语 V_j 的模糊集的隶属程度。r_{ij} 值的确定方法如下：给决策专家发放设计好的打分表格，由专家对决策目标 U 的实现按照各影响因素 X_{ik} 分别进行评判打分。然后对专家的打分结果进行统计整理，就可以得到对于因素 X_{ik} 有 V_{i1} 个 V_1 级评语，V_{i2} 个 V_2 级评语，…，V_{in} 个 V_n 级评语，则对于 $i=(1, 2, \cdots, m)$，如式（8－11）所示：

$$r_{ij} = w_{ij} / \sum_{i=1}^{n} W_{ij} \ (j=1, 2, \cdots, n) \tag{8-11}$$

模糊统计法是利用统计分析原理对专家打分进行科学处理的结果，但其中仍旧可能存在由专家打分造成的评价结果的主观影响。因此，本书引入如下的指标隶属函数来消除单纯利用模糊统计法确定隶属函数时所造成的主观影响。

指标隶属函数通过给定性指标各评价等级赋边界值的方法来消除专家打分结果中存在的主观性。按照指标隶属函数的界定，此处对应于评语 V_1（高）、V_2（较高）、V_3（一般）、V_4（较低）、V_5（低）的隶属函数，分别对应经营性基础设施融资模式效率评价的评语 V = {高、较高、一般、较低、低}。数学表达如式（8-12）所示：

当 j = 1 时，隶属函数为：

$$X_{vj}(x_i)=\begin{cases}1, & x_i \geqslant d_j \\ \dfrac{x_i-d_{j+1}}{d_j-d_{j+1}}, & d_{j+1} \leqslant x_i < d_j \\ 0, & x_i < d_{j+1}\end{cases}$$

当 j = (2, 3, …, n-1) 时，隶属函数为：

$$X_{vj}(x_i)=\begin{cases}\dfrac{x_i-d_{j+1}}{d_j-d_{j+1}}, & d_{j+1} \leqslant x_i < d_j \\ \dfrac{d_{j-1}-x_i}{d_{j-1}-d_j}, & d_j \leqslant x_i < d_{j-1} \\ 0, & x_i \geqslant d_{j-1} \text{或} x_i < d_{j+1}\end{cases} \tag{8-12}$$

当 j = n 时，隶属函数为：

$$X_{vj}(x_i)=\begin{cases}0, & x_i \geqslant d_{j-1} \\ \dfrac{d_{j-1}-x_i}{d_{j-1}-d_j}, & d_j \leqslant x_i < d_{j-1} \\ 1, & x_i < d_{j+1}\end{cases}$$

6. 单因素模糊评价

城市经营性基础设施融资模式效率评价模型中的单因素模糊评价是指评价模型递阶层次结构中的因素层各因素对准则层因素的影响程度的模糊评价。

设对准则层中的影响因素 X_i 进行评价，X_i 对评语集中第 j 个评语 V_j 的隶属程度为 r_{ij}，则对准则层因素 X_i 评判的结果可用模糊集合 R_i 来表示，数学表达为式（8-13）：

$$R_i=\frac{r_{i1}}{v_1}+\frac{r_{i2}}{v_2}+\cdots+\frac{r_{in}}{v_n} \tag{8-13}$$

R_i 称为模型的单因素模糊评价集，它是评语集 V 上的一个模糊子集，数学表示为 $R_i=(r_{i1}, r_{i2}, \cdots, r_{in})$。

由此，可得到因素层对准则层全部因素的单因素模糊评价集：

$$R_1=(r_{11},\ r_{12},\ \cdots,\ r_{1n})$$
$$R_2=(r_{21},\ r_{22},\ \cdots,\ r_{2n})$$
$$\vdots$$
$$R_n=(r_{m1},\ r_{m2},\ \cdots,\ r_{mn})$$

由全部单因素模糊评价集依次为行组成的矩阵 R 称为模型的总模糊评价矩阵，如式（8－14）所示：

$$R=(r_{ij})_{m\times n}=\begin{bmatrix} r_{11} & r_{12} & \cdots & r_{1n} \\ r_{21} & r_{22} & \cdots & r_{2n} \\ \vdots & \vdots & & \vdots \\ r_{m1} & r_{m2} & \cdots & r_{mn} \end{bmatrix} \tag{8-14}$$

7. 模糊综合评价

城市经营性基础设施融资模式效率评价模型中的模糊综合评价是指模型递阶层次结构中的准则层指标对决策目标 U 的影响程度的模糊评价。

从上面的总模糊评价矩阵 R 可以看出：R 的第 i 行反映了准则层第 i 个因素 X_i 影响城市经营性基础设施融资模式的效率取各个评语的程度；R 的第 j 列则反映了准则层所有因素影响城市经营性基础设施融资模式的效率取第 j 个评语 V_j 的程度，因此，可用每列元素之和 $R_j=\sum_{i=1}^{m} r_{ij}$（j＝1，2，…，n）来反映准则层所有因素对城市经营性基础设施融资模式的效率的综合影响。因此，引入评价集 V 上的一个模糊子集 B，则对决策目标 U＝{城市经营性基础设施融资模式的效率}的模糊综合评价可表示为：$B=W\circ\times R$。上式称之为模糊综合变换，其中∘为模糊数学中的加权算子符号，与普通矩阵乘法的运算规则相同。则对决策目标 U＝{城市经营性基础设施融资模式的效率} 的模糊综合评价运算为：

$$B=(b_j)_{1\times n}=W\times R=(W_1,\ W_2,\ \cdots,\ W_m)\begin{bmatrix} r_{11} & r_{12} & \cdots & r_{1n} \\ r_{21} & r_{22} & \cdots & r_{2n} \\ \vdots & \vdots & & \vdots \\ r_{m1} & r_{m2} & \cdots & r_{mn} \end{bmatrix}$$
$$=(b_1,\ b_2,\ \cdots,\ b_n) \tag{8-15}$$

式（8－15）即为本书基于 FAHP 建立的城市经营性基础设施融资模式效率评价模型。其中模糊子集 B 的各组成元素 b_j（j＝1，2，…，n）称为模糊综合评价指标，反映了在综合考虑因素层全部影响因素 X_{ik} 的基础上，评价对象 U＝{城市经营性基础设施融资模式的效率} 对评语集 V＝{高，较高，一般，较低，低} 中第 j 个元素 V_j 的隶属程度。W_i 为准则层各因素 X_i 相对于决策目标 U 的权重值，r_{ij}为准则层各因素 X_i 对评语集 V 中第 j 个评语 V_j 的隶属程度。

得到评价结果 $b_j(j=1, 2, \cdots, n)$ 后，可根据最大隶属度原则，将计算出的评价对象对每个评语隶属度的综合分值由大到小排序，从而得出对决策目标的评价结果。如果评价结果 $\sum b_j \neq 1$，则应将它做归一化处理。

8.2 交通运输类项目 BOT 模式融资效率评价的实证分析

本节在上文所建立的城市经营性基础设施融资模式效率评价模型式（8－15）的基础上，对 BOT 模式应用于交通运输类基础设施的融资效率进行评价，验证所建融资模式效率评价模型的正确性与可行性，为其他类别的城市经营性基础设施融资模式的效率评价以及各类城市经营性基础设施项目的融资模式选择提供一种科学的思路与方法。

8.2.1 BOT 模式融资效率的准则层的比较

有关 BOT 模式融资效率的准则比较如表 8.4 所示。

表 8.4　BOT 模式融资效率的准则层比较

融资效率	融资方式	融资成本	融资风险	融资结构	经济与社会效益	权重 W_i
融资方式	1	2	1/4	2	1/3	0.134
融资成本	1/2	1	1/5	1	1/4	0.078
融资风险	4	5	1	3	1	0.366
融资结构	1/2	1	1/3	1	1/3	0.093
经济与社会效益	3	4	1	3	1	0.329

检验判断矩阵的一致性：

$$A_1W_1=\begin{bmatrix}1 & 2 & 1/4 & 2 & 1/3\\ 1/2 & 1 & 1/5 & 1 & 1/4\\ 4 & 5 & 1 & 3 & 1\\ 1/2 & 1 & 1/3 & 1 & 1/3\\ 3 & 4 & 1 & 3 & 1\end{bmatrix}\begin{bmatrix}0.134\\ 0.078\\ 0.366\\ 0.093\\ 0.329\end{bmatrix}=\begin{bmatrix}0.678\\ 0.393\\ 1.9\\ 0.568\\ 1.688\end{bmatrix}$$

根据公式 $\lambda_{max}=\frac{1}{n}\sum_{i=1}^{n}\frac{(Aw)_i}{w_i}$，其中 n＝5，得：

$$\lambda_{max} = 1/5(0.678/0.134 + 0.393/0.078 + 1.9/0.366 + 0.568/0.093 + 1.688/0.329) = 5.31$$

一致性指标 C. I. = (λ_{max} − n)/(n − 1) = 0.08，C. R. = C. I. /R. I. = 0.07 < 0.1，因此该矩阵满足一致性要求。

8.2.2 各因素层的比较

（1）融资方式的因素层比较。有关融资方式的因素层比较如表 8.5 所示。

表 8.5 融资方式的因素层比较

融资方式	资金占用期限	融资速度	融资难度	融资可行性	权重 w_1
资金占用期限	1	4	6	9	0.611
融资速度	1/4	1	3	8	0.244
融资难度	1/6	1/3	1	4	0.106
融资可行性	1/9	1/8	1/4	1	0.039

经检验，该矩阵的一致性指标 C. I. = 0.07，C. R. = 0.08 < 0.1，因此该矩阵满足一致性要求。

（2）融资成本的因素层比较。有关融资成本的因素层比较如表 8.6 所示。

表 8.6 融资成本的因素层比较

融资成本	资金筹集成本	资金使用成本	机会成本	权重 w_2
资金筹集成本	1	1	3	0.405
资金使用成本	1	1	5	0.481
机会成本	1/3	1/5	1	0.114

经检验，该矩阵的一致性指标 C. I. = 0.014，C. R. = 0.024 < 0.1，因此该矩阵满足一致性要求。

（3）融资风险的因素层比较。有关融资风险的因素层比较如表 8.7 所示。

表 8.7 融资风险的因素层比较

融资风险	资金供应风险	到期偿还风险	金融风险	政策法律风险	不可抗力风险	权重 w_3
资金供应风险	1	2	1/4	2	1/3	0.108
到期偿还风险	1/2	1	1/5	1	1/4	0.078
金融风险	4	5	1	3	1	0.369
政策法律风险	1/2	1	1/3	1	1/3	0.104
不可抗力风险	3	4	1	3	1	0.341

经检验，该矩阵的一致性指标 C.I. =0.0375，C.R. =0.033 <0.1，因此该矩阵满足一致性要求。

（4）融资结构的因素层比较。有关融资结构的因素层比较如表 8.8 所示。

表 8.8 融资结构的因素层比较

融资结构	总资金结构合理性	资本金结构合理性	债务资金结构合理性	权重 w_4
总资金结构合理性	1	1/5	1/3	0.105
资本金结构合理性	5	1	3	0.637
债务资金结构合理性	3	1/3	1	0.258

经检验，该矩阵的一致性指标 C.I. =0.019，C.R. =0.033 <0.1，因此该矩阵满足一致性要求。

（5）经济与社会效益的因素层比较。有关经济与社会效益的因素层比较如表 8.9 所示。

表 8.9 经济与社会效益的因素层比较

经济与社会效益	对宏观经济的影响	对行业的影响	对项目投资者的影响	权重 w_5
对宏观经济的影响	1	3	7	0.669
对行业的影响	1/3	1	3	0.243
对项目投资者的影响	1/7	1/3	1	0.088

经检验，该矩阵的一致性指标 C.I. =0.004，C.R. =0.007 <0.1，因此该矩阵满足一致性要求。

8.2.3　层次总排序

将因素层得到的层次单排序结果，与准则层因素进行加权计算，即可得到各项指标的总权重，即层次总排序，如表 8.10 所示。

表 8.10　　层次总排序

准则层			因素层			
编码	指标	权重 W_i	编码	指标	单权重	总权重
X_1	融资方式	0.134	X_{11}	资金占用期限	0.611	0.082
			X_{12}	融资速度	0.244	0.033
			X_{13}	融资难度	0.106	0.014
			X_{14}	融资可行性	0.039	0.005
X_2	融资成本	0.078	X_{21}	资金筹集成本	0.405	0.032
			X_{22}	资金使用成本	0.481	0.038
			X_{23}	机会成本	0.114	0.009
X_3	融资风险	0.366	X_{31}	资金供应风险	0.108	0.040
			X_{32}	到期偿还风险	0.078	0.029
			X_{33}	金融风险	0.369	0.134
			X_{34}	政策法律风险	0.104	0.038
			X_{35}	不可抗力风险	0.341	0.125
X_4	融资结构	0.093	X_{41}	总资金结构合理性	0.105	0.010
			X_{42}	资本金结构合理性	0.637	0.059
			X_{43}	债务资金结构合理性	0.258	0.024
X_5	经济与社会效益	0.329	X_{51}	对宏观经济的影响	0.669	0.220
			X_{52}	对行业的影响	0.243	0.079
			X_{53}	对项目投资者的影响	0.088	0.029

从层次总排序可以看出，影响基建项目融资效率的因素首先是融资风险和经济社会效益，其次是融资方式，再次是融资结构与融资成本。这说明交通运输类基础设施运用 BOT 模式融资时承担的潜在风险比较大，但是未来创造的经济与社会效益也较大。

8.2.4 融资模式的效率评价

1. 指标评价集的建立

根据10位基建领域的专家对交通运输类基础设施各项指标的打分，建立如表8.11所示的指标评价集。

表8.11　BOT模式融资效率的指标评价集

指标＼专家	1	2	3	4	5	6	7	8	9	10
资金占用期限 X_{11}	82	86	81	83	85	82	80	77	78	81
融资速度 X_{12}	85	85	83	81	86	82	82	80	80	82
融资难度 X_{13}	79	83	73	74	81	77	72	76	81	79
融资可行性 X_{14}	78	82	75	70	87	75	77	75	74	83
资金筹集成本 X_{21}	83	87	81	81	85	80	82	77	75	83
资金使用成本 X_{22}	71	75	76	71	78	74	75	77	65	75
机会成本 X_{23}	81	85	75	79	83	80	81	75	69	82
资金供应风险 X_{31}	86	90	90	85	90	84	89	87	84	90
到期偿还风险 X_{32}	68	72	80	70	74	66	65	77	65	72
金融风险 X_{33}	80	84	85	82	87	79	76	75	77	85
政策法律风险 X_{34}	80	84	83	83	87	81	81	79	80	84
不可抗力风险 X_{35}	76	80	80	83	82	82	80	80	83	85
总资金结构合理性 X_{41}	79	83	81	85	85	78	81	75	77	85
资本金结构合理性 X_{42}	70	74	80	79	81	72	76	76	75	83
债务资金结构合理性 X_{43}	73	77	74	77	80	75	73	77	78	80
对宏观经济的影响 X_{51}	73	77	83	75	80	77	77	78	75	79
对行业的影响 X_{52}	73	77	78	80	75	69	75	72	73	78
对项目投资者的影响 X_{53}	76	80	80	76	84	77	78	75	76	82

2. 隶属函数的确定

对于模型评价集 V 中五个评语 V_1（高）、V_2（较高）、V_3（一般）、V_4（较低）、V_5（低）的分数，本书给定的值依次为 90、80、70、60、50。其中 j =（1，2，3，4，5）。指标隶属函数如式（8-16）所示：

$$X_{v1}(x_i)=\begin{cases}1, & x_i\geqslant 90\\ \dfrac{x_i-80}{90-80}, & 80\leqslant x_i<90\\ 0, & x_i<80\end{cases}$$

$$X_{v2}(x_i)=\begin{cases}\dfrac{x_i-70}{80-70}, & 70\leqslant x_i<80\\ \dfrac{90-x_i}{90-80}, & 80\leqslant x_i<90\\ 0, & x_i\geqslant 90 \text{ 或 } x_i<70\end{cases}$$

$$X_{v3}(x_i)=\begin{cases}\dfrac{x_i-60}{70-60}, & 60\leqslant x_i<70\\ \dfrac{80-x_i}{80-70}, & 70\leqslant x_i<80\\ 0, & x_i\geqslant 80 \text{ 或 } x_i<60\end{cases}$$

$$X_{v4}(x_i)=\begin{cases}\dfrac{x_i-50}{60-50}, & 50\leqslant x_i<60\\ \dfrac{70-x_i}{70-60}, & 60\leqslant x_i<70\\ 0, & x_i\geqslant 70 \text{ 或 } x_i<50\end{cases}$$

$$X_{v5}(x_i)=\begin{cases}0, & x_i\geqslant 60\\ \dfrac{60-x_i}{60-50}, & 50\leqslant x_i<60\\ 1, & x_i<50\end{cases} \tag{8-16}$$

3. 单因素模糊评价矩阵

对于资金占用期限 X_{11} 来说，10 位专家给出的评价分数分别为 82、86、81、83、85、82、80、77、78、81，根据公式则有：

$$X_{v1}(x_{11})=1/10[X_{v1}(82)+X_{v1}(86)+X_{v1}(81)+X_{v1}(83)+X_{v1}(85)+X_{v1}(82)+X_{v1}(80)+X_{v1}(77)+X_{v1}(78)+X_{v1}(81)]=0.2$$

$$X_{v2}(x_{11})=1/10[X_{v2}(82)+X_{v2}(86)+X_{v2}(81)+X_{v2}(83)+X_{v2}(85)+X_{v2}(82)+X_{v2}(80)+X_{v2}(77)+X_{v2}(78)+X_{v2}(81)]=0.75$$

$$X_{v3}(x_{11}) = 1/10[X_{v3}(82) + X_{v3}(86) + X_{v3}(81) + X_{v3}(83) + X_{v3}(85) + X_{v3}(82) + X_{v3}(80) + X_{v3}(77) + X_{v3}(78) + X_{v3}(81)] = 0.05$$

$$X_{v4}(x_{11}) = 1/10[X_{v4}(82) + X_{v4}(86) + X_{v4}(81) + X_{v4}(83) + X_{v4}(85) + X_{v4}(82) + X_{v4}(80) + X_{v4}(77) + X_{v4}(78) + X_{v4}(81)] = 0$$

$$X_{v5}(x_{11}) = 1/10[X_{v5}(82) + X_{v5}(86) + X_{v5}(81) + X_{v5}(83) + X_{v5}(85) + X_{v5}(82) + X_{v5}(80) + X_{v5}(77) + X_{v5}(78) + X_{v5}(81)] = 0$$

因此，资金占用期限 X_{11} 的隶属度为（0.2，0.75，0.05，0，0）；

同理可得融资速度 X_{12} 的隶属度为（0.26，0.74，0，0，0）；

融资难度 X_{13} 的隶属度为（0.06，0.62，0.32，0，0）；

融资可行性 X_{14} 的隶属度为（0.12，0.50，0.38，0，0）。

整理得到融资方式下的单因素模糊评价矩阵 R_1 如式（8－17）所示：

$$R_1 = \begin{bmatrix} 0.20 & 0.75 & 0.05 & 0 & 0 \\ 0.26 & 0.74 & 0 & 0 & 0 \\ 0.06 & 0.62 & 0.32 & 0 & 0 \\ 0.12 & 0.50 & 0.38 & 0 & 0 \end{bmatrix} \tag{8-17}$$

资金筹集成本 X_{21} 的隶属度为（0.22，0.7，0.08，0，0）；

资金使用成本 X_{22} 的隶属度为（0，0.42，0.53，0.05，0）；

机会成本 X_{23} 的隶属度为（0.12，0.67，0.2，0.01，0）。

整理得到融资成本下的单因素模糊评价矩阵 R_2 如式（8－18）所示：

$$R_2 = \begin{bmatrix} 0.22 & 0.70 & 0.08 & 0 & 0 \\ 0 & 0.42 & 0.53 & 0.05 & 0 \\ 0.12 & 0.67 & 0.20 & 0.01 & 0 \end{bmatrix} \tag{8-18}$$

资金供应风险 X_{31} 的隶属度为（0.75，0.25，0，0，0）；

到期偿还风险 X_{32} 的隶属度为（0，0.25，0.59，0.16，0）；

金融风险 X_{33} 的隶属度为（0.23，0.64，0.13，0，0）；

政策法律风险 X_{34} 的隶属度为（0.23，0.76，0.01，0，0）；

不可抗力风险 X_{35} 的隶属度为（0.15，0.81，0.04，0，0）。

整理得到融资风险下的单因素模糊评价矩阵 R_3 如式（8－19）所示：

$$R_3 = \begin{bmatrix} 0.75 & 0.25 & 0 & 0 & 0 \\ 0 & 0.25 & 0.59 & 0.16 & 0 \\ 0.23 & 0.64 & 0.13 & 0 & 0 \\ 0.23 & 0.76 & 0.01 & 0 & 0 \\ 0.15 & 0.81 & 0.04 & 0 & 0 \end{bmatrix} \tag{8-19}$$

总资金结构合理性 X_{41} 的隶属度为（0.2，0.69，0.11，0，0）；

资本金结构合理性 X_{42} 的隶属度为（0.04，0.58，0.38，0，0）；

债务资金结构合理性 X_{43} 的隶属度为（0，064，0.36，0，0）。

整理得到融资结构下的单因素模糊评价矩阵 R_4 如式（8－20）所示：

$$R_4 = \begin{bmatrix} 0.20 & 0.69 & 0.11 & 0 & 0 \\ 0.04 & 0.58 & 0.38 & 0 & 0 \\ 0 & 0.64 & 0.36 & 0 & 0 \end{bmatrix} \tag{8-20}$$

对宏观经济的影响 X_{51} 的隶属度为（0.03，0.68，0.29，0，0）；

对行业的影响 X_{52} 的隶属度为（0，0.51，0.48，0.01，0）；

对项目投资者的影响 X_{53} 的隶属度为（0.06，0.72，0.22，0，0）。

整理得到经济与社会效益下的单因素模糊评价矩阵 R_5 如式（8－21）所示：

$$R_5 = \begin{bmatrix} 0.03 & 0.68 & 0.29 & 0 & 0 \\ 0 & 0.51 & 0.48 & 0.01 & 0 \\ 0.06 & 0.72 & 0.22 & 0 & 0 \end{bmatrix} \tag{8-21}$$

4. 模糊综合评价

本书选用加权平均算子（普通矩阵乘法）来进行项目融资效率的模糊综合评价运算，依次得到：

对融资方式的模糊综合评判 $B_1 = W_1 \times R_1 = (0.197,\ 0.724,\ 0.079,\ 0,\ 0)$

对融资成本的模糊综合评判 $B_2 = W_2 \times R_2 = (0.103,\ 0.562,\ 0.310,\ 0.025,\ 0)$

对融资风险的模糊综合评判 $B_3 = W_3 \times R_3 = (0.241,\ 0.638,\ 0.109,\ 0.012,\ 0)$

对融资结构的模糊综合评判 $B_4 = W_4 \times R_4 = (0.046,\ 0.607,\ 0.347,\ 0,\ 0)$

对经济与社会效益的模糊综合评判 $B_5 = W_5 \times R_5 = (0.025,\ 0.642,\ 0.330,\ 0.003,\ 0)$

则得到模糊综合评价矩阵 R 如式（8－22）所示：

$$R = \begin{bmatrix} B_1 \\ B_2 \\ B_3 \\ B_4 \\ B_5 \end{bmatrix} = \begin{bmatrix} 0.197 & 0.724 & 0.079 & 0 & 0 \\ 0.103 & 0.562 & 0.310 & 0.025 & 0 \\ 0.241 & 0.638 & 0.109 & 0.012 & 0 \\ 0.046 & 0.607 & 0.347 & 0 & 0 \\ 0.025 & 0.642 & 0.330 & 0.003 & 0 \end{bmatrix} \tag{8-22}$$

最后得出 BOT 模式下交通运输类基础设施的融资效率综合评价为式（8-23）：

$$B = W \times R = (0.135,\ 0.642,\ 0.216,\ 0.007,\ 0) \tag{8-23}$$

根据评价结果得出 BOT 融资模式下交通运输类基础设施的融资效率相应于评语（高，较高，一般，较低，低）的隶属程度分别为（0.135，0.642，0.216，0.007，0），可看出 BOT 融资模式用于交通运输类基础设施的融资效率较高，是比较适合应用于此类基础设施的融资模式。

8.3 评价结果分析

由综合评价结果可知 BOT 模式应用于交通运输类基础设施融资的效率较高，这是由 BOT 模式特点与交通运输类基础设施项目特性的匹配程度决定的。BOT 作为经典的项目融资模式，适用于建设规模大、持续周期长、投资收益稳定的项目，投资者通过项目建成投入使用后向使用者收取费用来获得投资回报，政府只负责项目的监管，不提供或少提供资金支持或补偿。而交通运输类基础设施具有较高的可经营性，符合 BOT 模式的融资特点，使得实际应用中的融资效率较高。但在具体的项目融资实践中，BOT 模式对投融资环境、来自政府方面的保障、项目可行性，以及项目公司的实力要求很高，而我国实行市场化融资改革至今的时间尚短，与发达国家相比，在市场化融资方面的经济环境、政策法规、运营管理经验等仍有不足，使得 BOT 模式不能充分发挥其模式优势，因而在实际项目融资中的融资效率还有待提高。

经实证检验，基于 FAHP 建立的城市经营性基础设施融资模式效率评价模型是科学可行的，故可运用该模型对各种创新型市场化融资模式用于交通运输类项目的融资效率进行评价，根据评价结果的比较分析，选择评语最高的模式作为交通运输类项目融资的优选模式。

此外，该评价模型亦可用于对其他类别的城市经营性基础设施融资模式进行效率评价。不同类别间的属性差异在评价模型的实际运用中体现为专家们对各项评价指标给出的打分不同，故同种模式运用于不同类别的经营性基础设施项目融资时体现出的融资效率各有不同。通过运用融资模式效率评价模型，可以结合各类经营性基础设施的特有属性对众多的创新型融资模式做效率评价，评价结果最高的模式即为与该类项目最为匹配的融资模式。这样可以提高经营性基础设施建设的融资效率，实现资源的高效利用，充分发挥经营性基础设施的经济导向功能，推动社会与经济发展。

本章根据不同类别经营性基础设施的不同经济属性，运用 FAHP 建立了融资模式效率评价模型，并通过引入指标隶属函数来对已有 FAHP 方法进行改进，消除了专家打分对评价结果造成的影响误差，使评价结果更加科学合理。在此基础上通过交通运输类基础设施利用 BOT 融资模式的实证分析，验证了所建模型的可行性，为城市经营性基础设施的融资模式进行效率评价，以及通过准确的效率评价选择高效的融资模式提供了一种思路与方法。

第 9 章

研究结论与展望

本章对上述章节的研究内容进行进一步整体梳理，对三类项目的市场化融资模式中关键问题以及解决这些问题的关键路径进行概括和总结，并在此基础上归纳出本书的创新点，并分为三类项目分别提出其各自的市场化融资建议，并分析研究不足和对未来研究方向进行展望。

9.1 研究结论

本书按照项目区分理论将基础设施划分为公益性基建、准经营性基建和经营性基建，以多元融资主体、多元融资渠道以及多元融资工具为主线建立了三类基础设施的理论融资框架，分别分析并论证了其市场化融资进程中的现实困境和拟解决的思路。首先，通过采用影子定价法和向量自回归方法对民间资本进入公益性基础设施建设进行引入渠道的探讨；其次，基于博弈论、委托代理理论以及帕累托最优理论，对股权结构、资本结构和债权结构进行研究，探讨准经营性项目中公私双方的边界问题；最后，运用模糊层次分析等研究方法，对经营性基础设施的融资模式效率评价进行深入研究。具体结论如下。

1. 公益性基建项目

本书从研究公益性基础设施与民间资本的现状出发，分析得到制约其各自发展的症结所在：即公益性基建的运营效率短板与民间资本的投资渠道限制。在公共物品理论与技术溢出理论的理论支持下，提出解决方案设想，将民间资本引入公益性基础设施参与运营，以实现二者现状的改善。随后，利用 VAR 实证得出民间资本在基础设施领域的运营效率影响程度和影响形态，并最终结合实证结果与影子收费基本模式，为民间资本进入公益性基建设计具体的引入渠道。全书围绕民资进入公益性基建这一核心问题，完成了问题提出，分析验证，操作方案制定，为问题的解决提供了完整的思路。主要形成了以下几点结论：

第一，民间资本对于公益性基础设施的运营效率改善作用显著。相对于国有资本，各类民间资本都能够有效提升运营效率下辖的各项指标。鉴于此种情况，我国在着力提高基础设施发展水平的过程中，应当摆脱数量至上的发展模式，建设者及管理者的关注焦点需要向整个经营环节前段延伸，通过调节基建企业的资本结构来改善企业在整个运营周期内的效率，实现基础设施领域高效、集约发展。

第二，不同类型民间资本的运营效率影响效果存在差异。在影响程度与影响形态方面，各类民间资本有着较为迥异的表现。因此，针对公益性基建企业普遍存在的低效率问题，在引入民间资本的阶段应更具针对性，例如，将国外民间资本注入融资效率显著偏低的项目公司，而将国内民间资本更多注入管理生产效率不足的项目公司，以最大化完成公益性基建企业效率改善，同时，基于不同资金的影响形态，进一步为民间资本选择最优的进入时机。

第三，完成了民间资本引入公益性基建的渠道设计，将民间资本对运营效率影响的时滞，强度等因素纳入渠道设计的思路当中，通过合理制定政府对参与民间资本的补贴价格，以价格引导民间资本流量与流向，力求完成民间资本与公益性基础设施建设的最优匹配。

2. 准经营性基建项目

本书从公私双方合作的边界问题入手，对最优股权结构、债权结构、最优资本结构进行研究，并基于帕累托最优视角对PPP项目的股权结构安排做了进一步分析，考察了其最优值存在的现实约束。在考虑双方议价能力、投资额与项目收益，以及特许经营期等因素后，对政府与私人部门股权结构的可行区间进行了分析，并得到以下结论：

第一，公私双方股权结构的决策过程符合帕累托最优理论，利用该理论进行分析存在一定的指导意义。政府部门与私人部门确定股权结构的过程实则为管理决策过程，若股权结构的变动能够使双方的效用都上升，此时的股权结构便存在改进空间，只有当股权结构的任意变动会使一方效用上升的同时另一方效用下降，此时的股权结构才可能成为最终的决策结果。

第二，由于现实约束条件的存在，对PPP项目股权结构的研究应该从最优值拓展到可行区间。由于政府部门与私人部门都存在讨价还价能力，并且不同的私人部门讨价还价能力不同，因此最终确定的股权结构会处于一个波动区间，而不是一个固定的最优值，在该区间内的股权结构经过双方的讨价还价均可能成为最终的决策结果。本书通过数据模拟的方法对可行区间模型进行验证，可为现实中公私双方的股权决策提供理论依据。

第三，公私双方的讨价还价能力是影响可行区间的决定因素，而投资额与项目收益的影响可近似忽略，特许经营期会对区间大小产生影响。公私双方讨价还价能力的不同会完全改变可行区间，当政府部门的议价能力大于私人部门时，政府部门可享有的股权较多，并可能获得全部的股权。对于特许经营期的影响，若保证私人部门的效用不变，则特许经营期的延长可以使私人部门收回投资成本的时间更充足，其可享有的股权份额相应较少，可行区间缩小；当项目的特许经营期较短，私人部门可通过占有较大的股权来享受项目带来的收益，进而弥补其初始投资成本。

3. 经营性基建项目

本书通过对城市经营性基础设施进行科学分类，根据不同类别的不同经济属性，利用模糊层次分析法构建融资模式的效率评价模型，通过实证分析验证了所建模型的可行性，为城市经营性基础设施的融资模式进行效率评价以及通过准确的效率评价选择高效的融资模式提供了一种思路与方法。研究结论主要有以下几点：

第一，在我国放开基础设施建设的市场化以来，积极运用股票、债券等市场化融资方式，并引入国外先进的项目决策理念以及一系列创新型融资模式，使基础设施建设融资的效率较之传统的银行贷款等融资方式有了显著提高。随着2015年4月国务院对《基础设施和公用事业特许经营管理办法》的审核通过，未来以PPP模式为主导的基础设施建设将成为大势所趋。面对各具特色的PPP及其衍生模式，如何为具体建设项目选择融资效率最高的模式，是大力开展基础设施建设所必须要研究的课题。

第二，本书在现有研究的基础上，对城市经营性基础设施进行了概念界定，并参考世界银行等对基础设施的评价标准，将我国城市经营性基础设施分为五大功能类别。根据城市经营性基础设施特有的经济属性，构建了融资模式效率评价指标体系与模型。

第三，运用FAHP建立了融资模式效率评价模型。在运用FAHP理论建立融资模式效率评价模型时，引入指标隶属函数消除了专家打分对评价结果造成的影响误差，使评价结果更加科学合理。通过对交通运输类基础设施利用BOT融资模式进行效率评价，验证了所建模型的可行性，为城市经营性基础设施如何科学地评价融资模式效率以及如何选择高效的融资模式提供了一种思路与方法。

9.2 创新点

本书在系统地总结了国内外城市基础设施建设融资模式的理论成果、实务经验和主流趋势的基础上，首先搭建了一个我国基建项目市场化融资的理论分析框架，通过为不同类型基础设施项目中的关键问题设计解决方案，深入探索适合我国国情的基础设施多元化市场融资体系。创新点具体体现在以下几个方面：

第一，本书的研究基于一个以对象多元化，视角多元化，方法多元化为架构的基础设施市场融资理论分析框架。我们分别把公益性、准经营性和经营性这三类基础设施项目作为研究对象，从融资主体、融资渠道和融资工具三个要素进行考量，试图找出不同类别项目市场化融资过程中的关键症结所在，并针对性地提出解决方案，最终形成系统的多元化市场融资体系。相比于国内外已有的较为零散孤立的单一市场融资模式的研究，本书提出的是一个理论分析框架和系统化的解决方案。

第二，本书在公益性基础设施建设项目市场化融资的研究中，定量分析了公益性基建项目的运营效率，并以影子定价为基础对社会资本进入公益性项目进行了初探。基于技术溢出理论与公共物品理论，本书针对公益性基础设施项目中民间资本进入渠道的关键问题，围绕政府补贴价格这一吸引民间资本的核心要素，结合影子收费的基本思路与对社会资本影响的实证结果，通过民间资本与公益性基建的最优匹配来实现运营效率的最大化改善，摆脱传统经济学生产函数的限制，为引导民间资本进入公益性基础设施领域的微观渠道研究做出贡献。

第三，在准经营性基础设施项目中，本书着力解决公私合作的边界问题，分别从资本结构、股权结构和债权结构三个视角展开研究，并在已有研究的基础上进行了不同程度的创新。在资本结构部分，本书以PPP项目公司为研究视角来构建具体的理论分析框架，在此基础上以权衡理论为基础构建项目公司负债权益比例的量化模型，相比于以往以PPP项目进行分析的国内外研究，本书对于项目公司资本结构的研究更具有实践意义。在股权结构部分，本书从两个维度进行了创新：一方面，本书尝试将PPP项目合作主体由公私两方拓展为多方合作主体，基于委托代理理论定量确定多合作主体PPP项目股权比例。这种股权比例的定量研究对实践中PPP项目的股权比例确定具有更好的指导意义；另一方面，本书基于不同社会资本的能力水平及讨价还价能力，尝试将PPP项目股权结构的研究从最优值拓展到可行区间，从帕累托最优的视角对PPP项目的股权结构进行定量分析，得到的测算结果相比于已有的最优股权比例结构研究具有更强的理论意义。在债权结构部分，本书跳出了已有的债务融资渠道、债务期限结构及其影响因素的研究思路，运用成本收益理论，对PPP项目公司债权融资中公开债务与非公开债务的布置结构进行定量研究，为实践中PPP项目公司债务布置结构的确定提供合理的理论依据与支撑。

第四，本书对于经营性基建项目的融资，重点关注其融资模式的效率评价这一关键问题。本书对效率评价模型采用模糊层次分析法进行了改进，并以交通运输类 BOT 建设项目进行了实证研究。结果表明，较之传统的模糊统计法，本书消除了决策评价中的个体主观性影响，所构建的融资模式效率评价模型更加科学客观，使得融资模式效率评价结果更加准确且更具有参考价值。

9.3 政策建议

本书分别对公益性、准经营性和经营性基础设施项目市场化融资过程中的关键问题进行分析，并相应进行关键路径的设计研究并得出相关理论研究成果，在此基础上有针对性地对我国基础设施项目建设市场化融资模式提出以下政策建议：

9.3.1 打通引入民间资本的渠道

1. 完善法律法规体系

建立完善的法律法规体系是基础设施项目融资成功的重要保障。我国基础设施项目融资方面的法律法规存在很多不足，法律效力低，并且调整和变更的频率较高，导致项目融资成本、融资风险增加，影响基础设施项目的融资效率和融资质量。

我国基础设施项目融资存在周期长、参与者众多、涉及面广、外部环境变化大等特点，政府应根据我国基础设施项目融资的特点完善法律法规体系，适应我国基础设施项目发展的需要。首先，调整基础设施项目融资的立法文本，统一项目融资标准，明确项目融资细则，针对基础设施项目融资提供专业的立法支持，并对政府融资平台及项目融资环节进行严格监督，降低基础设施项目融资成本和风险。例如，明确基础设施项目融资程序和方法，对各种程序和方法制定具体的实施办法，提高融资的效率；确定政府的信用担保结构及范围，在签订特殊授权协议时获得政府的承诺或政府相关部门的承诺，降低政治、法律等融资风险发生的可能性，另外，要严格监督基础设施项目的审批，防止政府腐败、过分担保等损害国家利益。其次，简化审批程序，加强政府协调。政府应设立专门主管基础设施项目的部门，对基础设施项目进行集中管理，简化招标、谈判等内容，有效缩短项目准备时间。

此外，基础设施采用 PPP 模式的情况下，不仅投资大，而且期限通常在十年以上，因此能否对政府部门与私人部门在项目中需要承担的责任和风险进行明确界定，从而有效保障政府和私人部门的合法权益就成为参与各方共同关注的焦点。从世界上成功应用 PPP 模式的国家经验来看，与 PPP 模式相关法律法规的健全是基础设施 PPP 项目顺利启动、成功实施的基本保障。但是，我国目前没有专门针对 PPP 模式的法律法规，主要采用的是部门规章的形式，法律效力低，且国务院各部委做出的规定都是从自身的管理范围和角度出发，导致其只能适用于一部分行业，相互之间不能衔接。相关法律法规的不健全、不一致所带来的一个直接后果是私人部门在参与 PPP 项目时对政府行为与政策、自身的回报等无法做出一个可靠的、理性的预期，导致其风险与不可控性的增加，从而大大挫伤了私人部门通过 PPP 模式参与基础设施项目建设的积极性。因此，目前亟须通过立法完善 PPP 模式相关的法律法规来保证 PPP 项目中参与各方尤其是私人部门的利益。考虑到我国的实际情况，建议先由全国人大对 PPP 模式中政府责任、权益保障机制、准入与退出机制等框架性内容进行基础性、全面性的立法，之后再由各部委根据该基本法在各自所管辖的领域和行业制定相关的规章。

2. 制定吸引民间资本的激励措施

在基础设施项目中，政府的角色从传统意义的建设投资者逐步向与私人部门的合作者转型。在合作的过程中，私人部门作为投资的主导，而政府应该加强对项目的监督、指导工作。在这个过程中，政府应加强对基础设施建设的投融资体制进行不断优化和改革，在项目推进过程中，突破原有管理制度的藩篱，创新符合新型投融资体制下的管理模式，以便更好地发挥政府监督、指导以及合作者的角色。

由于以 PPP 模式进行的基础设施项目的周期一般较长，这就要求政府在监管的过程中，遵循市场经济的运行规则，公平公正的维护各方利益，在建立法律法规的基础上，严格监管各方的行为，保证项目长期、健康、稳定的运行。同时，由于民间资本参与公共基础建设，存在技术创新和投资回收周期长等难题，为了推进 PPP 模式的进一步发展，政府部门应该建立科学有效的激励机制。民间资本参与 PPP 模式的目的是追求稳定的收益，公共部门的目的是保证项目建设推进及运营质量，因此，激励机制的主要矛盾在于风险和收益的平衡，避免出现民间资本偷工减料，或出现项目亏损的状况。

3. 完善基础设施项目的定价机制——以 PPP 模式为例

定价是 PPP 模式中实现利益共享的核心环节，直接影响着私人部门参与 PPP 项目的决策。理想的定价既能让经济利益主体获取一定的利润，又能保护公共物品消费者的利益，从而实现资源的最优配置和社会效益的最大化。建议采取英国、澳大利亚等国所使用的价格上限监管方法，其原理是根据成本、预期收益等计算出一个管制价格，再将管制价格与社会零售物价指数、生产效率等联系起来确定一个调价公式。在该种方法下，价格的增长受到了限定，企业想要获得利润，就需要降低成本、提高生产效率。也就是说，价格上限管制方法通过激励性的价格机制，使对 PPP 项目所提供的公共产品和服务的价格管制从单纯的价格部门监管转变为私人部门自身的内部控制行为，从而提高了公共物品的供给效率。

9.3.2 促进公私部门最优边界的形成

1. 明确政府与市场的边界

这是基础设施项目融资中需要解决的首要问题。在基础设施项目进行中，项目的设计、建设、运营、维护等工作都由私人部门进行负责，同时也要承担这部分的风险和责任。对这些方面的工作，政府应树立起符合市场要求的契约精神，不随便对私人部门进行干预。政府则应由过去基础设施的提供者，转变为项目的参与者和监督者。具体来说，政府在参与基础设施项目的过程中主要应做好以下几个方面的工作：一是要做好项目整体规划、组织招标、明确项目类型、项目分类等工作；二是建立政策调整机制，在特许经营期内，根据项目的运营情况、公众的满意度对定价进行调整；三是对私人部门进行有效监督，保护社会公众利益。

此外短期来看，基础设施采用 PPP 模式可以有效缓解当期的政府财政支出压力。但是，如果地方政府为了吸引私人部门参与项目而给予过多的优惠政策和承诺，就会导致一些企业在没有经过充分论证的情况下就贸然进入，从而使项目的收益无法得到保证，增加政府在未来的财政支出压力，甚至最终造成政府部门与私人部门“双输”的局面。因此，在 PPP 模式下，政府部门需要树立长远意识，不仅要算好眼前账，更要从长远的角度来看待当前项目的投入和产出。

2. 建立合理的风险分担机制

风险分担是基础设施项目融资的核心环节，是项目能否成功的最主要的因素。在基础设施项目中，政府公共部门作为社会公共利益的代表，其参与项目的出发点最主要是为了维护公共利益，其次是资金的使用效率与资源的配置效率。对私人部门来说，其之所以参与项目目的是为了追求一定的资金回报，因此，资金回报率和资金的投资安全是其风险分担所最关注的。而基础设施项目风险的阶段性、复杂性等特征决定了无论是政府部门还是私人部门承担过多的风险都会导致项目的失败，因此需要政府部门与私人部门之间建立合理的风险分担机制。

首先是要严格遵循风险分担的三大原则：一是由对风险最能应对、最有控制力的一方承担相应风险；二是承担的风险程度与所得的回报相匹配；三是承担的风险具有上限。尤其是第一条原则至关重要。按照此原则，建设、经营等活动的市场风险由私人部门所承担，政府部门不能对此类风险进行究底。而超出私人部门控制范围的法律、利率等风险则应主要由政府公共部门承担，对于不可抗力风险政府部门与私人部门可由公私双方平等协商共同分担。其次是要建立风险分担的动态管理机制。基础设施项目的长期性使得其在不同阶段所面对的风险种类及其风险的大小都各不相同，因此需根据项目的具体情况对风险分担进行一些必要的调整：一是分析之前风险分担的合理性，并根据需要进行调整；二是对之前没预期到或者随着环境变化新出现的风险进行分配。

3. 积极拓宽项目融资渠道

基础设施项目涉及多方利益，由于政府与私营合作方之间站立的角度不一致，必然会导致利益冲突，因此，公平的利益分配机制是基础设施项目融资能否成功的一大关键。在基础设施项目的建设和运营过程中，一旦涉及利益纠葛，政府与私营合作方之间一方面要加强沟通，就产生的利益分配问题达成双方认可的共识；另一方面，利益分配方案要顾及各方利益，由于基础设施项目大多涉及民生，需要考虑社会公共利益，合适的利益分配方案是促进基础设施项目最终成功的关键。利益分配机制设计好后，还需要政府和私人部门签订完善的协议来约束双方行为。

对于以 PPP 模式展开的基础设施项目建设，可以进一步采取措施来拓宽项目融资渠道。PPP 模式与以往传统模式相比有所不同，PPP 模式需要通过竞争中标的社会资本方先与政府协商，草签特许经营协议，然后依靠此协议，在事先约定的时间内完成融资，至此社会资本方才能与政府签订正式的特许经营协议。政府在大力推广 PPP 模式的同时应不断与各部门对接，出台新的政策促进金融机构参与到 PPP 模式中去，努力为 PPP 项目构建一个公开、透明、可交易、可流转的市场，形成一套特有的 PPP 交易规则，并积极创新金融产品和金融服务的内容。例如，可以在股权融资、债权融资等传统业务的基础上进行产品创新和改良，也可以采用信托、基金、IPO 等多种全新的形式对 PPP 项目进行支持。

9.3.3 完善项目融资评价机制

1. 建立融资风险预警体系

融资风险预警体系主要是通过预警指标的设置对融资风险进行检测和估计，预警指标越高，预警体系的灵敏度越高，预警指标的设计对预警体系的有效性起决定性作用。因此，建立有效的融资风险预警体系，对基础设施项目融资风险控制有重要的实践意义。有效控制基础设施项目融资风险，充分发挥私人部门在基础设施项目中的优势，对提高项目效用和效率有重要意义。基础设施项目融资风险控制体系主要包括事前、事中和事后三个阶段，各阶段的融资风险控制指标和目标不同。在建立各阶段的风险指标时，首先，要明确融资风险控制的目标和指标体系范围，对项目所处环境进行及存在的风险因素进行分析；其次，根据融资风险因素的分析、评价，建立科学、合理的融资风险预警系统，增强风险管理部门对融资风险的分辨力和抵抗力，有效控制风险的发生和发展。风险具有不确定性，在基础设施项目融资过程中忽略对风险的管理，可能造成项目实施的失败，对基础设施建设产生极为不良的影响，因此，对融资风险预警体系的建立和有效实施的监管尤为重要。政府部门对于基础设施项目应建立严格监管体系，监督融资风险预警体系的建立和实施状况，定期对其进行改进和评价，保证融资风险预警体系的合理性和有效性。一方面，提高项目监管部门职权执行的有效性，例如，监管部门独立于管理部门或者由政府监管，提高监管人员的专业素质，加强监管部门的奖惩力度等：另一方面，扩大监管部门的职责权限，境地信息部对称程度，使其能够全民了解和分析风险预警体系的建立和实施状况。

2. 强化监督机制并建立信息公开制度

如果缺少外部的有效约束，私人部门作为经济理性人，在利益最大化的目的下，会利用基础设施的自然垄断性通过降低公共产品和服务的质量、提高价格等方式获取暴利，导致市场失灵，造成社会公众福利的损失。因此，有效的监管机制是保证基础设施项目成功的关键。需要明确的是，政府的监管并不是为了替代市场，而是通过有形的手在让市场机制发挥作用、保证私人部门的运营并取得合理利润的同时解决基础设施项目建设运营中的市场失灵和社会福利问题。结合我国的实际情况，一是可考虑建立专业监管为主、社会监督为辅的监督管理机制。所谓专业监管为主是指针对公用事业各个领域，例如水、电等，分别建立一个全国性的统一监管机构，并在各地设立若干分支进行监管，对公用事业实行垂直型监管。而社会监督为辅是指建立各个领域的消费者组织，他们独立于社会监管机构与私人运营部门之外，只代表消费者的利益。二是对基础设施项目从设计、建设到运营等各个阶段制定不同的监督管理依据和措施，实行全过程监督管理。三是要注重对质量、环境、服务水平等社会公益性方面的监督管理，提升私人部门的社会意识与责任感。四是采取事前监督和事后监管相结合的形式，提高监督管理的效率。

而对于采用 PPP 模式进行的基础设施项目，由于公共部门与私人部门之间处于信息不对称的地位。作为信息劣势一方的私人部门，有关项目信息必须从政府处获得，而信息获得量的多少会影响私人部门参与 PPP 项目的决策。私人部门只有在掌握比较充分信息的条件下，才有可能对项目的相关情况进行深入的研究讨论，并根据自身的情况，做出是否参与、参与程度多少等的有效决策。因此，作为信息优势一方的政府，有必要提高 PPP 项目的透明度，建立信息公开制度，以此促进基础设施 PPP 模式的应用。目前计算机和互联网在我国已得到广泛的普及，因此建议打造电子政府，在互联网上对 PPP 项目的相关信息进行公开，增加其透明度，在方便私人部门做出决策的同时也有利于广大民众进行监督。

9.4　不足与展望

本书通过梳理国内外现有文献，在现阶段研究的基础上，分别就公益性、准经营性和经营性基础设施建设项目市场化融资模式中的关键问题进行分析并针对相关问题完成了融资关键路径的设计，取得的研究成果具有一定的理论意义和现实意义。但由于我国目前基建项目发展迅猛，各种市场化融资实务操作不断创新，而囿于数据采集的难度和课题组成员的水平有限，本书今后还可以从以下几个方面继续深入：

第一，将民间资本引入公益性基础设施当中，是一项复杂的系统性工程。受客观条件限制，本书仍有一些问题需要继续探索，由于国内关于公益性基础设施信息公开限制，本书并未能采集到更多关于基础设施资本构成的相关数据，因而对于民间资本所划分的种类有限。在全样本数据条件下，更加多样的民间资本种类，其运营效率影响又有着何种不同的表现，成为后续研究的重要工作。同时，在引入渠道设计中，服务量区间划分是根据政府对不同投资者的保障程度来进行的，中间仍包含一些政府主观因素，如何将这一因素定量化，有待进一步探讨。

第二，未来可以进一步搜集基建项目的详细数据，来对本书建立的准经营性 PPP 项目资本结构及其动态调整模型进行验证。由于 PPP 模式近年来才在我国得到广泛关注，开展项目的时间不长，对数据的披露也不完整，这使得本书目前无法对建立的模型进行实证验证。相信随着 PPP 模式在我国基础设施建设中日趋广泛的应用，相关项目数据信息必将得到丰富，届时一方面可以通过项目详细数据，将本书得出的最优资本结构比例与实际当中采用的比例进行对比，以便可以更好地对模型进行改进。另一方面，可以分别利用成功和失败的项目数据进行实证，以证明本书模型在实务当中的适用性。

进一步，在 PPP 项目公司资本结构的动态调整问题上，即资本结构的优化过程中，本书出于构建模型和求解简便的需要对实际当中的相关问题进行了简化，其中一个就是假设 PPP 项目公司资本结构不会再变化，但在现实环境中这一假设并不符合实际。大量研究都表明，公司纵使存在着目标资本结构，也就是公司的最优资本结构，公司实际资本结构也会随着生产运营而改变，当有外部冲击使得现有资本结构偏离目标值时，公司就会进行调整使其重新达到或者接近这个最优水平。但是这种调整是一个逐步回归的过程，不是一蹴而就的。那么关于PPP项目公司资本动态调整速度、调整路径及其影响因素就是值得后续深入探讨的问题。

第三，随着科技的进步与经济的发展，经营性基础设施的属性特征以及市场需求皆呈现出日新月异的变化，本书所建立的融资模式效率评价指标体系与评价模型是基于规范的理论分析得出的，因此，未来需要根据社会发展变化对评价指标及模型进行更新与完善，使其更具时代性。此外，城市经营性基础设施的融资效率评价模型的计算较为复杂，在下一步的研究中，可以借助先进的科学技术，尝试建立出一种计算机评估系统，减少人工计算的成本与计算误差。

参 考 文 献

[1] R. Scott Fosler, Renee A. Berger. Public-private partnership in American cities [J]. *Lexington Books*, 1998 (5): 7 -8.

[2] Jonathan P. Doh, Ravi Ramamurit. Reassessing risk in developing country infastructure [J]. *Long Range Planning*, 2003 (36): 337 -353.

[3] Mike Goodliffe. The new UK model for air traffic services a public private partnership under economic regulation [J]. *Journal of Air Transport Management*, 2008 (8): 49 -58.

[4] Alonso Conde, Christine Brown, Rojo Suarez. Public private partnerships: ncentives, risk transfer and real options [J]. *Review of Financial Economics*, 2007 (16): 335 -349.

[5] S. Brooke, J. G. Vailu. Public - and Priuate - Sector Partnerships in Contraceptive Research and Development [M]. *International Journal of Gynecology & Obstetrics*, 1999.

[6] M. M. Kumaraswamy, X. Q. Zhang. Governmental role in BOT - led infrastructure development [J]. *International Journal of Project Management*, 2001 (19): 195 -205.

[7] 陆维．我国城市基础设施建设项目 BOT 融资模式研究 [D]. 北京：北京邮电大学，2012.

[8] 李竞．BT 模式在市政基础设施建设中的应用研究 [D]. 武汉：武汉理工大学，2012.

[9] 培健，张燎．基础设施 BT 项目运作与实务 [M]. 上海：复旦大学出版社，2009：6 -69.

[10] 周毓林，潘光文．天津城市轨道交通建设和发展浅析 [J]. 城市，2012，26 (3)：7 -38.

[11] 董丽，陈宇峰．关于地方政府投融资平台资产证券化的思考 [J]. 吉林金融研究，2011，59 (3)：11 -13.

［12］尹贻林，杜亚灵．基于治理的公共项目管理绩效改善［J］．北京科学出版社，2010，86（8）：45－47.

［13］陈靖升．BT 融资建设模式的风险研究［D］．广西大学，2017.

［14］Chen. C. DoloiH. BOT and PPP pattern in China：driving and impending factors［J］. *Project Management*，2008，12：21.

［15］Abhijit Banerjee，Esther Duflo. On the road：access to transportation infrastructure and economic growth in China［J］. *NBER Working Paper* No. 17897，2012.

［16］Jamal，Awida，Kollarayam. Performing value analysis on construction project variation orders［J］. *Cost Engineering*，2007，39：44.

［17］M. C. Bekker，H. Steyn. Defining "Project Governance" for large capital，project［J］. *South African Journal of Industrial Engineering*，2009，53：59.

［18］闪静．PPP 融资模式在轨道交通建设中的应用［J］．财会学习，2018（34）：167－169.

［19］柯永建，王守清，陈炳泉．基础设施 PPP 项目的风险分担［J］．建筑经济，2008（4）：31－35.

［20］杜亚灵，尹贻林．基于治理的代建项目管理绩效改善研究［J］．北京理工大学学报（社会科学版），2010（6）：19－26.

［21］叶晓甦，徐春梅．我国公共项目公私合作（PPP）模式研究述评［J］．软科学，2013，27（6）：6－9.

［22］李晓东．基于 AHP 法的公共项目 PPP 模式选择［J］．企业经济，2010（11）：148－150.

［23］李启明．基于多方满意的 PPP 项目调价机制的设计［J］．东南大学学报（哲学社会科学版），2010（1）：16－20.

［24］王颖林．基于风险与社会偏好理论的 PPP 项目风险分摊及激励机制研究［D］．西南交通大学，2017.

［25］Martin Haran，Michael McCord，Norman Hutchison，et al. Financial structure of PPPs deals post－GFC：an international perspective［J］. *Journal of Financial Management of Property and Construction*，2013，26：56.

［26］Luc E. Leruth. Public-private cooperation in infrastructure development：a principal－agent story of contingent liabilities，fiscal risks，and other（Un）pleasant surprises［J］. *Networks and Spatial Economics*，2012，18：23.

［27］M. C. Bekker，H. Steyn. Defining "Project Governance" for large capital， project [J]. *South African Journal of Industrial Engineering*, 2009, 53: 59.

[28] 李晓明. PPP 项目风险分配研究 [J]. 建材与装饰, 2018 (39): 160 - 161.

[29] Tamar Frankel, Mark Fagan. Law and the financial system - securitization and asset backed securities: law, process, case studies, and simulations [J]. *Vandeplas Publishing*, 2009, 12: 16.

[30] Hart O, Moore J.. Property rights and nature of the firm [J]. *Journal of Political Economy*, 1990, 98 (6): 1119 - 1158.

[31] Hart O, Moore J.. Foundations of incomplete contracts [J]. *Review of Economic studies*, 1999 (66): 115 - 138.

[32] Hart O, Shleifer A, Vishny R. W., The proper scope of government: theory and application to prisons [J]. *Quarterly Journal of Economics*, 1997, 112 (4): 127 - 1161.

[33] John Bennett, Elizabeth Iossa. Building and managing facilities for public services [J]. *Journal of Public Economics*. 2006 (90): 2143 - 2160.

[34] 张喆, 贾明, 万迪昉. PPP 背景下控制权配置及其对合作效率影响的模型研究 [J]. 管理科学学报, 2009, 23 (3): 23 - 30.

[35] 张婕. 基于契约理论的公私合作伙伴关系组织结构的研究 [D]. 中国科学技术大学硕士论文, 2010.

[36] 易朋成. 基于控制权理论的 PPP 项目合作效率研究 [D]. 重庆大学, 2011.

[37] 秀贤. 基于不完全契约的 PPP 项目剩余控制权配置研究 [D]. 天津大学, 2011.

[38] 胡振. 公共项目公司合作 (PPP) 控制权配置的决策模型 [J]. 西安建筑科技大学学报, 2012, 20 (1): 90 - 108.

[39] 卢言红. 基于自利性角度下的 PPP 项目剩余控制权配置研究 [D]. 天津大学, 2013.

[40] 李晓光, 郝生跃, 任旭. 契约治理影响 PPP 项目公司控制权配置研究——基于信任的前因和中介作用 [J]. 中央财经大学学报, 2018 (7): 115 - 128.

[41] Sudoku Ye, Robert L. K. Motioning. The effect of concession period design on completion risk management of BOT projects [J]. *Construction Management and Economics*, 2003, 215.

[42] Charles Y. J. Cache, Jicai Liu. Valuing governmental support in infrastructure projects as real options using Monte Carlo simulation [J]. *Construction Management and Economics*, 2006, 245.

[43] Span Markup Bagpipe, Bearish Ghost. Traffic and revenue forecast at risk for a BOT road project [J]. *KSCE Journal of Civil Engineering*, 2012, 166.

[44] Michael J. Garrison, Charles Y. J. Cache. Valuation techniques for infrastructure investment decisions [J]. *Construction Management and Economics*, 2004, 224.

[45] Yang Y B, Wang A L. Research the model of pricing of BOT project of sewage treatment based on real option and time series [C]. 2008 *International Conference n Wireless Communications*, *Networking and Mobile Computing* (WiCOM2008), Dalian, 2008: 1–5.

[46] 刘洪积. 基于博弈论的PPP模式收益分配研究 [D]. 四川: 西南交通大学, 2010.

[47] 孙慧, 范志清, 石烨. PPP模式下高速公路项目最优股权结构研究 [J]. 管理工程学报, 2011, 25 (1): 154–157.

[48] 高颖, 张水波, 冯卓. 不完全合约下PPP项目的运营期延长决策机制 [J]. 管理科学学报, 2014, 17 (2): 48–57.

[49] 刘广平, 陈立文, 潘辉等. PPP高速公路项目合作双方投资比例与特许经营期决策 [J]. 工业工程, 2014, 17 (4): 42–46.

[50] 宋波, 徐飞. 不同需求状态下公私合作制项目的定价机制 [J]. 管理科学学报, 2011, 14 (8): 86–96.

[51] 杭卓珺. 基于PPP的我国铁路投融资模式研究 [D]. 武汉: 华中科技大学, 2014.

[52] Scharle, P. PPP in transport infrastructure development as a social game [J]. *Innovation*, 2002 (3).

[53] 钟云, 丰景春, 薛松等. PPP项目利益相关者关系演化动力的实证研究 [J]. 工程管理学报, 2015, 29 (3): 94–99.

[54] 郭威, 郑子龙. 专有技术转让、融资成本差异与PPP最优股权架构: 来自发展中国家的实证研究 [J]. 世界经济研究, 2018 (12): 96–114, 134.

[55] Medea F, A game theory approach for the allocation of risks in transport public private partnerships [J]. *International Journal of Project Management*, 2007: 213–218.

［56］亓霞，柯永建，王守清．基于案例的中国 PPP 项目的主要风险因素分析［J］．中国软科学，2009，16（5）：107－113.

［57］杨宇，穆尉鹏．PPP 项目融资风险分担模型研究［J］．项目管理，2008，26（2）：4－66.

［58］韩红云．高速公路特许经营投资风险管理研究［D］．武汉：武汉理工大学，2008.

［59］李文佩．TOT 融资模式下高速公路项目特许经营期风险问题研究［D］．昆明：昆明理工大学，2012.

［60］叶晓甦，吴书霞，单雪芹．我国 PPP 项目合作中的利益关系及分配方式研究［J］．科技进步与对策，2010，36（19）：36－39.

［61］何涛，赵国杰．基于随机合作博弈模型的 PPP 项目风险分担［J］．系统工程，2011，7（4）：88－92.

［62］胡丽，张卫国，叶晓甦．基于 shapely 修正的 PPP 项目利益分配模型研究［J］．管理工程学报，2011，13（2）：149－154.

［63］Roberta Propelling，Novena Acidic，Zinnia Carbonara. Real option theory for risk mitigation in transport PPP［J］. *Built Environment Project and Asset Management*，2013，32.

［64］Chan，Albert P. C.，Lam，Patrick T. I.，Wen，Yang. Cross－sectional analysis of critical risk factors for PPP water projects in China［J］. *Journal of Infrastructure*，2015，21（1）：551－566.

［65］Oyedele，Lukumon O. Avoiding performance failure payment deductions in FI/PPP projects：model of critical success factors［J］. *Journal of Performance of Constructed Facilities*，2013，27（3）：283－294.

［66］林丽．基础设施 PPP 融资模式风险分担研究［J］．财会通讯，2018（35）：107－110，129.

［67］何守奎．基于管理效率的公私合作项目伙伴选择与激励机制［J］．数学的实践与认识，2010，40（8）：1－7.

［68］张喆，万迪昉，贾明．PPP 二层次定义及契约特征［J］．软科学，2008，22（1）：5－8.

［69］张喆，贾明，万迪昉．PPP 合作中控制权配置及其对合作效率影响的理论和实证研究——以中国医疗卫生领域内的 PPP 合作为例［J］．管理评论，2009（2）：3－29.

［70］柯永建，王守清，陈炳泉．激励私营部门参与基础设施 PPP 项目的措

施［J］. 清华大学学报（自然科学版），2009，49（9）：48－51.

［71］陈菲，叶晓甦. PPP 项目融资中利益相关者的协调机制构建研究［C］. 公共事业基础设施项目特许经营国际会议论文集，2007：77－78.

［72］陈菲. PPP 项目利益相关者的利益协调与分配研究［D］. 重庆：重庆大学，2008.

［73］叶晓甦，李丹丹，马烈，叶青[illegible]. 基于公众感知的 PPP 项目收益分配模型研究［J］. 建筑经济，2017，38（10）：33－37.

［74］Ho S P. Realoptions and game theoretic valuation，financing and tendering for investments on build operate transfer projects［D］. University of Illinois at Urbana Champaign，2011.

［75］Savas E. S. Privatization and public private partnerships［M］. New York：Chatham House，2011.

［76］Faruqi S，Smith N J. Karachi light rail transit：a private finance proposal［J］. *Journal of Engineering，Construction and Architecture Management*，1997，4（3）：233－246.

［77］Ucbenli C. A bargaining mechanism with incomplete information and its application in trilateral BOT negotiations［D］. Columbia University，2011.

［78］Yelin Xu，Yi Peng，Qian，Queena K，Chan Albert P. C. An alternative model to determine the financing structure of PPP－based young graduate apartments in China：a case study of hangzhou［J］. *Sustainability*，2015，7（5）：5720－5734.

［79］左廷亮，赵立力. 两种股东结构下 BOT 项目收益的比较［J］. 预测，2007，26（6）：6－80.

［80］左廷亮，赵立力. BOT 项目公司的稳定性及股东行为特征研究［J］. 数学的实践与认识，2007，37（16）：47－58.

［81］白祖纲. 公私伙伴关系视野下的地方公共物品供给［D］. 苏州：苏州大学，2014.

［82］Matthew Billett，Tao－Hsien Dolly King，David C.，Mauer. Growth opportunities and he choice of leverage，debt maturity，and covenants［J］. *The Journal of Finance*，2007（2）：697－730.

［83］黄莲琴，屈耀辉. 经营负债杠杆与金融负债杠杆效应的差异性检验［J］. 会计研究，2010（9）：59－65.

［84］李建军. 中小制造企业盈利能力与债务来源结构关系研究［J］. 财会通讯，2014（17）：16－17.

[85] Johnson S A. An empirical analysis of the determinants of corporate debt ownership structure [J]. *Journal of Financial and Quantitative Analysis*, 1997 (1): 47 -69.

[86] 王璐，余丽霞，温文. 银行借款与公司业绩相互关系的研究——以银企债权关系为视角 [J]. 会计之友，2014 (9): 54 -60.

[87] 耿越. 债务布置结构与公司价值关系研究 [J]. 商业现代化，2016 (15): 231 -232.

[88] Davydov D, Vaha maa S. Debt source choices and stock market performance of Russian firms during the financial crisis [J]. *Emerging Markets Review*, 2013 (3): 48 -159.

[89] 黄文青. 债权融资结构与公司治理效率——来自中国上市公司的经验证据 [J]. 财经理论与实践，2011 (2): 46 -50.

[90] Pianeselli D, Zaghini A. The cost of firms' debt financing and the global financial risis [J]. *Finance Research Letters*, 2014 (2): 74 -83.

[91] Diamond. D. W. Monitoring and reputation: the choice between bank loans and irectly placed debt [J]. *Journal of Political Economy*, 1991 (99): 689 -721.

[92] David J. Denis, Vassil T. Mihov. The choice among bank debt, non-bank private ebt, and public debt: evidence from new corporate borrowings [J]. *Journal of Mathematical Economics*, 2003 (70): 3 -28.

[93] Almazan, Andres, Javier Suarez. Entrenchment and severance pay in optimal overnance structures [J]. *Journal of Finance*, 2003 (58): 519 -547.

[94] Lin, C., Y. Ma, P. Malatesta, Y. Xuan. Corporate Ownership Structure and the Choice between Bank Debt and Public Debt [J]. *Journal of Financial Economics*, 2013 (2): 517 -534.

[95] 刘星，李宁，张超. 银行竞争、终极控制与债务配置结构 [J]. 会计研究，2015 (10): 44 -50.

[96] Yosha. Asymmetric Information and the Choice of Corporate [J]. *The Review of Financial Studies*, 1995 (11): 391 -426.

[97] 吴文军. PPP 模式下债券市场面临多层次变化 [N]. 中国财经报，2015 -03 -31 (005).

[98] 姬江帆，曹渝，王志飞，许艳. 中国 PPP 模式及对债券市场的影响 [J]. 债券，2015 (5): 69 -76.

[99] 曹萍. PPP 与债券市场发展 [J]. 中国金融，2015 (15): 30 -31.

[100] 赵鹏. 项目收益债券在 PPP 项目中的应用研究 [D]. 重庆: 重庆大学, 2016.

[101] 王平. PPP 债券市场融资路径探索 [J]. 中国财政, 2017 (12): 46 - 47.

[102] 苗纪江. 基础设施资产证券化融资研究 [D]. 上海: 同济大学, 2005.

[103] 戴晓凤, 伍伟, 吴征. 我国基础设施资产证券化变通模式的分析与选择 [J]. 财经理论与实践, 2006 (2): 11 - 15.

[104] 余宏. 市政项目资产证券化可行性研究 [J]. 武汉金融, 2006 (9): 52 - 53.

[105] 谢晓霞. 我国公共交通设施资产证券化的应用研究 [D]. 广州: 暨南大学, 2014.

[106] 何承胜. F 市轨道交通建设资产证券化融资方案设计 [D]. 广州: 华南理工大学, 2015.

[107] 褚晓凌, 刘婷, 陆征, 王守清, 伍迪. PPP 项目资产证券化产品利差定价实证研究 [J]. 地方财政研究, 2017 (10): 13 - 18.

[108] 李鹏. 交通基础设施建设 BT 项目资产证券化研究 [D]. 上海: 上海交通大学, 2013.

[109] 戴澂. 基础设施收费权资产证券化模式的定价研究 [D]. 北京: 国际贸易经济合作研究院, 2017.

[110] 裴玉波. 浅谈 PPP 项目融资模式及方案 [J]. 金融经济, 2016 (20): 131 - 132.

[111] 张继峰. PPP 项目融资的几种主要方式 [J]. 施工企业管理, 2016 (9): 38 - 41.

[112] 杜红静. 我国 PPP 项目的融资困境与对策建议 [J]. 价值工程, 2017, 36 (32): 51 - 52.

[113] 古寒月. 我国 PPP 融资发展现状及建议 [J]. 合作经济与科技, 2018 (3): 51 - 53.

[114] Vaaler PM, James BE, Aguilera RV. Risk and capital structure in Asian project finance [J]. *Asia Pacific Journal of Management*, 2008 (1): 25 - 50.

[115] De Marco A., Mangano G., Zou X. Y. Factors Influencing the Equity Share of Build - Operate - Transfer Projects [J]. *Built Environment Project and Asset Management*, 2012 (1): 70 - 85.

[116] 胡一石，盛和太，刘婷，王守清. PPP 项目公司资本结构的影响因素分析 [J]. 工程管理学报，2015 (1)：102 – 106.

[117] 边叶，刘哲奇. PPP 项目资本结构决策分析 [J]. 企业导报，2016 (3)：9 – 10.

[118] 李超，张水波. 基于模糊 DEMATEL 的轨道交通 PPP 项目资本结构关键影响因素 [J]. 都市快轨交通，2014 (1)：72 – 75.

[119] 张萌. 新型城镇化 PPP 项目最优资本结构及其影响因素研究——基于合作共赢的一般均衡视角 [J]. 工业技术经济，2017 (3)：89 – 97.

[120] Antonio Dias J, Ioannou PG. Debt capacity and optimal capital structure for privately financed infrastructure projects [J]. *Journal of Construction Management and Engineering*, 1995 (4): 404 – 414.

[121] Yun S, Han S H, Kim H. Capital structure optimization for build-operate-transfer BOT projects using a stochastic and multi-objective approach [J]. *Canadian Journal of Civil Engineering*, 2009 (5): 777 – 790.

[122] K. C. lyer, Mohammed Sagheer. Optimization of Bid – Winning Potential and Capital Structure for Build – Operate – Transfer road projects in India [J]. *Journal of Management in Engineering*, 2012 (4): 104 – 113.

[123] 盛和太，王守清，黄硕. PPP 项目公司的股权结构及其在某养老项目中的应用 [J]. 工程管理学报，2011 (8)：388 – 392.

[124] 杨文安，李敏. 城市轨道交通 PPP 项目股权结构配置研究 [J]. 西部交通科技，2015 (12)：94 – 97.

[125] Sandalkhan Bakatjan, Metin Arikan. Optimal capital structure model for BOT power projects in Turkey [J]. *Journal of Construction Engineering and Management*, 2003, 129 (1): 89 – 97.

[126] Xueqing Zhang. Financial viability analysis and capital structure optimization in privatized public infrastructure projects [J]. *Journal of Construction Engineering and Management*, 2005, 131 (6): 656 – 668.

[127] 林则夫，郭健. 基础设施项目融资中的一类决策优化模型 [J]. 中国管理科学，2011 (10)：253 – 257.

[128] 雷定猷，戴时清，王娟. 基于 BOT 模式的高速公路项目投融资组合决策模型 [J]. 统计与决策，2011 (8)：54 – 56.

[129] 吴萍，鞠春宏. 高速公路 BOT 项目融资结构决策模型研究 [J]. 交通科技与经济，2006 (2)：15 – 18.

［130］袁永博，叶公伟，张明媛．基础设施 PPP 模式融资结构优化研究［J］．技术经济与管理研究，2011（3）：91－95.

［131］Sungmin Yun，Seung Heon Han，Hyoungkwan Kim，Jong Ho Ock. Capital structure optimization for build-operate-transfer（BOT）projects using a stochastic nd multi-objective approach［J］. *Canadian Journal of Civil Engineering*，2009（36）：777－790.

［132］K. C. Lyer，Mohammed Sagheer. Optimization of Bid－Winning potential and capital structure for Build－Operate－Transfer road projects in India［J］. *Journal of Management in Engineering*，2012（4）：104－113.

［133］Emmanuel A. Donkor，Michael Duffey. Optimal capital structure and financial risk of project finance investments：a simulation optimization model with chance constraints［J］. *The Engineering Economist*，2013（58）：19－34.

［134］吴孝灵，周晶，王冀宁，洪巍．基于 CAPM 的 BOT 项目“有限追索权”融资决策模型［J］．管理工程学报，2012（2）：175－183.

［135］吴春海．我国建筑施工上市公司资本结构对公司绩效影响的实证研究［D］．浙江大学，2018.

［136］宋文兵．中国的资本外逃问题研究：1987－1997［J］．经济研究，1999，28（5）：5－39.

［137］阳晓小，赖明勇．技术外溢：基于金融发展的理论视角与实证研究［J］．数量经济技术经济研究，2006，22（9）：19－28.

［138］蒋殿春．经济转型与外商直接投资技术溢出效应［J］．经济研究，2008，51（5）：4－37.

［139］凌勇．区域民间资本的发展与引导［D］．上海：复旦大学，2009.

［140］张晓琴．我国民间资本发展问题研究［D］．上海：华东师范大学，2009.

［141］刘生龙，胡鞍钢．交通基础设施与中国区域经济一体化［J］．经济研究，2011，4（11）：12－24.

［142］宋英杰．交通基础设施的经济集聚效应［D］．济南：山东大学，2013.

［143］王艺瑾．我国创业板上市公司股权融资效率研究［D］．吉林：吉林财经大学，2012.

［144］娄洪．长期经济增长中的公共投资政策——包含一般拥挤性公共基础设施资本存量的动态经济增长模型［J］．经济研究，2004，47（1）：15－27.

［145］刘伦武．农业基础设施发展与农村经济增长的动态关系［J］．财经科学，2006，4（4）：8－18.

［146］徐智鹏．中国基础设施投资的经济增长效应研究［J］．统计与决策，2013，38（5）：3－64.

［147］陈婷婷，王俏尹．融资方式对中小企业融资效率的影响［J］．经营与管理，2013，6（9）：42－43.

［148］李立孔．河北省中小上市企业融资效率研究［D］．陕西：西北农林科技大学，2013.

［149］熊维群．利率市场化背景下实体经济融资效率研究［D］．海南：海南大学，2013.

［150］李芳．创新型中小企业融资效率评价体系构建［D］．湖南：湖南工业大学，2014.

［151］高文君，马众．民间资本发展问题分析与对策研究［J］．时代金融，2016（14）：201，203.

［152］周海波．交通基础设施、产业集聚与区域经济发展：关联性与效率分析［D］．东南大学，2017.

［153］梁菁菁．企业融资效率及其融资模式的实证分析［J］．金融经济，2018（22）：148－149.

［154］Zoltan Acs. How Is Entrepreneurship Good for Economic Growth?［J］. Innovations，2006（9）：67－79.

［155］赖明勇，阳小晓．技术外溢：基于金融发展的理论视角与实证研究［J］．数量经济技术经济研究，2006，22（9）：19－28.

［156］J E Stiglitz. Capital market liberalization and development［M］. JA Ocampo，2008：13－118.

［157］Arthur Grimes. Infrastructure and regional economic growth［J］. *Handbook of Regional Science*，2014（9）：23－39.

［158］S. Ping Ho，Liang Y. Liu. An option pricing-based model for evaluating the financial viability of privatized infrastructure projects［J］. *Construction Management and Economics*，2002，56：59.

［159］Zeki Ayag. An analytic-hierarchy-process based simulation model for implementation and analysis of computer-aided systems［J］. *International Journal of Production Research*，2002，40（13）.

［160］Chen. C. DoloiH. BOT and PPP pattern in China：driving and impending factors [J]. *Project Management*, 2008, 12: 21.

[161] Robin Lindsey. Introduction to the special issue on road pricing and infrastructure Financing [J]. *International Journal of Sustainable Transportation*, 2009, 79: 82.

[162] Zillante G. Factors influencing the success of BOT power plant projects in China [J]. *Renable and Sustainable Energy Reviews*, 2013, 18: 22.

[163] Han Xiao juan, Zhang H, Yu X, et al. Economic evaluation of grid-connected micro-grid system with photovoltaic and energy storage under different investment and financing models [J]. *Applied Energy*, 2016, 184: 103 - 118.

[164] 刘宁. BOT项目实物期权决策模型研究 [D]. 辽宁: 大连理工大学, 2012.

[165] 王琳. 交通基础设施建设投融资的SWOT分析 [J]. 现代商业, 2012, 23 (6): 9 - 20.

[166] 赵辉, 王雪青. 城市基础设施项目BOT融资风险管理探析 [J]. 管理观察, 2013, 59 (3): 11 - 13.

[167] 王娟. 小城镇基础设施建设融资现状实证分析 [J]. 长春理工大学学报 (社会科学版), 2010, 36 (2): 42 - 43.

[168] 乔恒利. 基础设施项目多元投融资模式选择研究 [D]. 上海: 上海交通大学, 2009.

[169] 魏喆. 基于实物期权的基础设施特许经营项目价值研究及实证分析 [D]. 天津: 天津大学, 2006.

[170] 宋丽锋, 许静, 孙钰. 基于DEA模型的高速公路BOT项目特许经营者选择研究 [J]. 北京城市学院学报, 2018 (5): 53 - 59.

[171] 郑树荣, 陈阳. 高速公路企业引进人力资源外包效果模糊评价研究 [J]. 中国 - 东盟博览, 2011, 23 (5): 19 - 20.

[172] 王卫玲. 大型旅游项目融资模式及效率研究 [D]. 陕西: 西安建筑科技大学, 2010.

[173] 王健琴. 项目融资的效率研究 [J]. 现代商业银行, 2005, 16 (11): 53 - 55.

[174] 朱萌. PPP项目上市公司股权融资效率的评价及影响因素研究 [J]. 经济论坛, 2018 (09): 67 - 74.

[175] 李稚. 转轨时期基础设施运营机制的改革思路——《1994年世界发展报告》评介. 管理世界, 1995 (03): 215 - 216.

[176] 王晓峰. 做好投融资工作加快我市基础设施投资建设 [J]. 天津经济, 2005 (8): 43-45, 76.

[177] 张志强, 肖淑芳. 节税收益、破产成本与最优资本结构 [J]. 会计研究, 2009 (4): 47-54, 97.

[178] 张红, 杨飞. 我国房地产企业最优资本结构模型的仿真分析 [J]. 系统工程理论与实践, 2015, 35 (4): 865-871.

[179] 郑开焰. 基于 Black-Scholes 模型视角的资本结构研究 [J]. 福建论坛 (人文社会科学版), 2009 (11): 37-40.